労働法

Labor Law

著

川田知子 *Tomoko Kawada*　　長谷川　聡 *Satoshi Hasegawa*

弘文堂

は　し　が　き

　本書が刊行される 2020 年、私たちは 2 つの側面から働き方に関する考え方を見直すこととなった。1 つは、法の整備・施行によってより身近なものになってきた「働き方改革」であり、もう 1 つは、誰も想像していなかった社会の変化の中で突然迫られた「新たな働き方」である。

　「働き方改革」は日本の労働環境を抜本的に見直すための取り組みであり、2018 年 6 月に成立した「働き方改革関連法」によって、時間外労働の罰則付き上限規制、高度プロフェッショナル制度の新設、正社員とパートタイム・有期雇用労働者との間の不合理な待遇差の禁止など様々な改正が行われた。この法律は 2019 年 4 月から順次施行されており、法制度上、働き方改革はすでにスタートしている。職場においても本格的な取り組みが始まる、2020年はまさにその年になるはずであった。

　しかし、2020 年初頭に始まった新型コロナウィルスの世界的な感染拡大は、世界経済に大きな打撃を与えた。日本では同年 4 月に緊急事態宣言が発令され、経済活動は停滞し、企業の業績悪化による倒産、解雇、失業、休業による収入減、採用内定取消し、非正規労働者の雇止めなど、雇用・就業環境や労働者の生活に多大な影響を及ぼした。また、同年 5 月に政府の専門家会議が示した、感染拡大を予防するための「新たな生活様式」は、「働き方の新しいスタイル」への対応として、テレワークやローテーション勤務、時差通勤などを求め、それに前後して、在宅勤務を取り入れる企業も増えてきた。コロナ禍はこれまでの日本の働き方に疑問を投げかけ、本当に必要な「働き方改革」は何かを私たちに問いかけている。

　コロナ収束後の社会変化と今後の働き方を予想することは難しい。予測不可能な雇用社会を生き抜くためには、世の中がどう変わるかを傍観するのではなく、働く者が主体的に働き方の決定に関わらなければならない。そのためには、自分や家族の毎日の生活を支えていくための手段である労働のあり

方を考え、自ら働き方を選択し、自分や家族を守るために必要な労働に関する情報や法的知識に関心を持つ必要がある。本書がその一助になれば幸いである。

　この本を執筆するきっかけは、「大学の講義で使う教科書を作りましょう。」という弘文堂編集部の高岡俊英氏のお誘いであった。その言葉のとおり、本書は、労働法の条文の解説書でも、労働法を体系的に整理して叙述した体系書でも、初心者向けの分かりやすさを狙った読み物でもなく、大学の講義で使用することを目的として構想した教科書・テキストである。そのため、本書は、雇用社会の変化を意識しながら、労働法の基本的なテーマや制度の仕組み、多くの法律の制定・改正、さらに判例・裁判例をフォローするとともに、必要に応じて伝統的な議論や自身の見解を示すこととした。特に意識したのは、主要な労働法規の改正や制度の説明に埋もれがちな法制度や法理の背景を掘り起こし、読者が当該法制度や法理の妥当性や解釈のあり方について考えるときの素材を提供することである。そのため、本書では可能な限り、それぞれの論点の社会的・歴史的背景や実態、なぜそのような制度や解釈になるのかといった点に言及することを心掛けた。

　本書における我々の狙いが成功しているかどうかは読者の判断に委ねたいと思う。読者の皆様からの忌憚なきご批判を賜り、今後さらに改善を図っていく所存である。

　本書は、先人（先学）の数多くの研究業績や、労働法の研究に我々を導き啓発してくださった諸先生方に負うものである。特に、大学・大学院時代の指導教授である角田邦重先生（現中央大学名誉教授）と山田省三先生（現中央大学名誉教授）には、これまでに賜った学恩に心から感謝申し上げたい。また、中央大学労働判例研究会等で諸先生方、諸先輩方からご指導いただく貴重な機会に恵まれたことに、この場を借りて改めて感謝したい。

　最後に、今回我々にこの本を執筆する機会を与えてくださった弘文堂にお礼申し上げたい。とりわけ、編集部の高岡俊英氏は、我々のスローペースの執筆作業を辛抱強く待ち続け、我々が常に初心を忘れないように絶えず叱咤

激励し、適切かつ丁寧なご助言と気配りの行き届いたサポートをしてくだ
さった。本書は高岡氏の協力なくして出版されることはなかったであろう。
心より感謝を捧げたい。

2020年7月吉日

川田　知子

長谷川　聡

目　次

第2章　労働条件の最低基準の法規整

第4章　労働協約

第5章　争議行為

●略語一覧●

令　施行令
則　施行規則

育介　育児休業、介護休業等育児又は家族介護を行う労働者の福祉に関する法律
　　　（育児介護休業法）
会社更生　会社更生法
基収　（厚生）労働省労働基準局長が疑義に応えて発する通達
基発　（厚生）労働省労働基準局長名で発する通達
行労　行政執行法人の労働関係に関する法律（行労法）
刑　刑法
憲　憲法
健保　健康保険法
厚生保　厚生年金保険法
公通　公益通報者保護法
高年　高年齢者等の雇用の安定等に関する法律（高年齢者雇用安定法）
厚労告　厚生労働大臣告示
雇均　雇用の分野における男女の均等な機会及び待遇の確保等に関する法律（男
　　　女雇用機会均等法、均等法）
国徴　国税徴収法
雇保　雇用保険法（雇保法）
個別労紛　個別労働紛争解決促進法
最賃　最低賃金法
次世代育成　次世代育成支援対策推進法（次世代育成支援法）
障害差別解消　障害を理由とする差別の解消の推進に関する法律（障害者差別解
　　　　　　消法）
障雇　障害者の雇用の促進等に関する法律
職安　職業安定法
女性活躍　女性の職業生活における活躍の推進に関する法律（女性活躍推進法）
所得税　所得税法
短労　短時間労働者の雇用管理の改善等に関する法律（パート労働法）
短有労　短時間労働者及び有期雇用労働者の雇用管理の改善等に関する法律
　　　（パートタイム・有期雇用労働法）
地公　地方公務員法（地公法）
地公労　地方公営企業等の労働関係に関する法律（地公労法）
賃確　賃金の支払の確保等に関する法律（賃確法）
法適用　法の適用に関する通則法
民　民法
民事再生　民事再生法

民執　　民事執行法

労安衛　　労働安全衛生法（労安衛法）

労安衛則　　労働安全衛生規則

労安衛令　　労働安全衛生法施行令（労安衛法施行令）

労基　　労働基準法（労基法）

労契　　労働契約法（労契法）

労告　　労働大臣告示

労災　　労働者災害補償保険法（労災法）

労災則　　労働者災害補償保険法施行規則

労災保　　労働者災害補償保険法（労災保険法）

労承継　　会社分割に伴う労働契約の承継等に関する法律（労働契約承継法）

労審　　労働審判法

労組　　労働組合法（労組法）

労調　　労働関係調整法

労働施策推進　　労働施策の総合的な推進並びに労働者の雇用の安定及び職業生活
　　　　　　　　の充実等に関する法律（労働施策総合推進法）

派遣　　労働者派遣事業の適正な運営の確保及び派遣労働者の保護等に関する法律
　　　　（労働者派遣法、派遣法）

労保徴　　労働保険の保険料の徴収等に関する法律（労働保険徴収法）

最判（決）　　最高裁判所判決（決定）

最大判（決）　　最高裁判所大法廷判決（決定）

高判（決）　　高等裁判所判決（決定）

地判（決）　　地方裁判所判決（決定）

支判（決）　　支部判決（決定）

民集　　最高裁判所民事判例集

労判　　労働判例

判時　　判例時報

労民集　　労働関係民事裁判例集

労経速　　労働経済判例速報

第1部 総　論

第1章　労働法の意義と基本構造

本章のねらい

　今日、多くの人は、会社や国・地方公共団体などに雇われて、給料をもらって生活しています。自分や家族の生活を支えるために働く人にとって、給料をいくらもらうことができるかは切実な問題です。どのような労働条件で働くかという契約内容は、雇う人（使用者）と雇われる人（労働者）が合意して決めるのが基本です。でも、実際には労働者と使用者の間には経済力・交渉力・情報力など力の差があるため、すべてを当事者の自由に委ねてしまうと労働者にとって不利な内容になってしまうかもしれません。労働者の権利を保護し、公正な労働条件を実現するために必要なことは何でしょうか。

　この章では、現代社会における労働法の意義や労働法の形成過程、労働法の適用範囲などについて学びましょう。

第1節　企業の経済活動と労働法

　今日、日本をはじめとした世界の多くの国々は、資本主義経済という仕組みの下で経済活動を営んでいる。資本主義経済は、企業や個人が自由な経済活動を行い、それぞれの利潤を追求することで、社会全体の利益も増大するという考えに立脚している。

　わたしたちが生きる現代社会（資本主義社会）では、一般に、土地、資金、施設・設備などの生産手段を所有する者（＝資本家、企業）が生産手段を持たない者（＝労働者）を雇い、物やサービスを生産し、それを商品として提供する経済活動を行っている。企業が生産・販売活動を拡大させて、企業の利益が

増大すると、企業利益の分配の1つである賃金を増加させることができ、企業に雇用されている労働者は、雇用の場と生活するために必要な所得が保障されうる。反対に、景気が悪くなり、企業が生産・販売活動を縮小させると、企業利益が減少し、労働者の賃金も下落することになる。さらに企業が経済活動に失敗して倒産などの事態に追い込まれると、労働者は失業の脅威にさらされる。このように、労働者の職業生活は、企業の経済活動に組み込まれ、その成否に依存している。

労働法は、このように主として他人に雇われて労働し賃金を支払われる、いわゆる雇用労働を対象とする法分野である。雇用労働は、契約によって他者に労務提供を行う労働形態であるため、労働者の労働能力は契約によってあたかも商品と同様に取引の対象となる。

しかし、生産手段を所有する資本家や企業とは異なり、労働者は貯蔵も売り惜しみもきかない自らの労働力という特殊な財を提供して対価を得なければ生活していくことができない。労働者は労働市場において使用者と対等な交渉力を持つことは難しく、労働条件決定過程において使用者に対して圧倒的に不利な経済的立場に置かれているし（経済的従属性）、労働過程においても労働者は使用者の指揮命令のもとで労務を提供せざるをえない地位にある（人的従属性）。また、労働者は企業組織の一員に組み入れられ、階層的な企業秩序のなかでの労務提供と、労働条件の集合的・画一的処理、様々な拘束など、企業組織への従属を強いられている（組織的従属性）。

本書で学ぶ労働法は、企業の経済活動に組み込まれ、企業に依存して展開される労働者の労働生活関係を対象とする。

「労働の従属性」は過去のもの？ *column*

近年、企業と雇用関係を持たず個人事業主として業務を請け負う個人請負型就業や、フリーランスやクラウドワーカーなど、「雇用関係によらない働き方」が普及している。今後、AIやIoTなどの技術革新によって、時間や場所、雇用関係という制約から解放された働き方がさらに広がっていくだろう。このような企業組織に縛られない独立した働き方をみると、従

来労働法が考察の対象としてきた「労働の従属性」は過去のものと思われるかもしれない。

雇用関係によらない働き方においても、相手方（発注者）に対してなんらかの従属関係をもつ就業者が少なくない。例えば、特定の発注者から専属的または継続的に委託を受けた仕事から報酬を得て、生活の糧としている就業者にとっては、不本意な契約内容や契約変更を受け入れざるをえない。発注者との間の情報の質及び量や交渉力にも格差がある。このような状態は依然として「経済的従属性」が高いのではないかと考えられる。

社会構造や雇用社会が変化しても、資本主義社会においては、何らかの経済活動に依存して自らの労働力を提供し、報酬を得なければ生活していくことができない社会的・経済的弱者の立場にある個人が存在することを見過ごすことはできない。もちろん従属性の内容や程度は異なるが、そこには過去から現在にまで通底する「従属」問題が存在する。「労働の従属性」は古くて新しい問題なのである。

第2節　労働法の形成と展開

Ⅰ　近代市民法原理と労働法

近代市民法は、人間を抽象的に自由・平等な権利主体としてとらえ、所有権絶対の原則、契約自由の原則、過失責任の原則を基本原理とする。契約自由の原則の下では、労働者と使用者は対等であり、賃金や労働時間などの労働条件は当事者間の自由な合意によって決定される。しかし、生産手段を所有する資本家や企業とは異なり、交渉力が弱く経済的にも弱い立場にある労働者が自分や家族の生活を支えるためには、劣悪で不利な労働条件や労働環境であってもそれを受け入れて働かざるをえない。その結果、労働者は失業と貧困の脅威の下、長時間労働や不利な労働条件、人権侵害など悲惨な状況のなかで働かざるをえない状態におかれた。また、長時間労働による労働者の酷使によって労働災害が多発したり、健康被害を被ったりしても、過失責任の原則により、労働者が使用者の故意・過失を立証できなければ、使用者に補償を求めることもできなかった。

このような労働者階級の困窮状態に対して、近代市民法原理を修正して、

労働者の人間的な生活を確保しようとする動きが生まれた。1つは、労働者が自主的に団結して争議行為を含む集団的圧力を背景に、使用者との団体交渉により労働条件の維持・改善を図る動きであり、もう1つは、労働者保護のために国家が労働条件の最低基準を規制する動きである。

Ⅱ 日本における労働法の形成と展開

1. 戦 前

　初期の資本主義社会において、低賃金や長時間労働などの労働条件の劣悪化、危険有害な労働環境、職場における使用者の専制的支配下に置かれた労働者は、それを自力で克服するために労働組合を組織した。これに対して、当初、いずれの国でも、労働組合の団結活動は個人の自由や経済活動の自由に対する侵害として刑罰をもって「禁止」された。

　しかし、19世紀後半から20世紀初頭の欧米諸国では、組合の結成や団体行動を労働者の自由に属するものとして「放任」する立場をとるようになった。この団結放任の時代は、契約の自由や労働の自由という市民法原理と適合する限りで、労働組合の存在と活動を法的に承認するものであった。

　20世紀に入ると、各国の立法は労働組合の団結権を保障する規定を設けるようになった（法認）。それらは国家が積極的に使用者による団結権の侵害を禁止する趣旨を含むものであった（1919年ドイツのワイマール憲法や1935年アメリカのワグナー法）。

　日本では日清戦争後の不況時に本格的な労働運動、労働争議が始まったが、労働者の団結活動は、1900（明33）年の治安警察法によって徹底的に弾圧された。大正期に入ると、労働組合法の制定の機運が高まり、種々の労働組合法案が政府や政党によって策定されたが、いずれも成立には至らなかった。労働者団結が法的に承認されたのは戦後のことである。

　他方、労働者保護のための立法は、当初、国家による営業の自由の侵害であるとして資本家による強い抵抗にあった。日本では1911（明44）年に工場法が制定されたが、その適用範囲は、常時15人以上の職工を使用する工場と、事業の性質が危険または衛生上有害な一定の工場に限られていた。また、就業制限についても、すべての労働者を対象としたものではなく、12歳未満

の児童の就労禁止や、女子・年少者の労働時間の制限（1日12時間）および深夜労働の禁止などに限定されていた。成年男子労働者を含む一般的な労働者保護立法の制定は第2次世界大戦後のことである。

2．戦後民主化から高度経済成長期の労働法

第2次世界大戦後、GHQ は財閥解体、農地改革とならんで労働政策を重視し、労働組合を積極的に育成することによって、日本の民主化を担う主体の形成を図った。戦前の治安立法は廃止され、1945（昭20）年には労働組合法（1949年に改正）、翌年には労働関係調整法が制定された。1947（昭22）年5月に施行された日本国憲法は、すべての勤労者の基本的人権として、団結権、団体交渉権、団体行動権を保障した。また同年、労働条件の最低基準を包括的に定め、原則としてすべての労働者に適用される労働基準法（労基法）が制定された。

このような占領政策の下で労働組合の結成や労働運動が高揚したが、アメリカとソ連の東西冷戦体制が深化していくなかで、占領政策は大きく転換した。1948（昭23）年7月に公務員の争議行為を禁止する政令201号が発せられ、この趣旨に従って国家公務員法が改正された。また、国鉄と専売事業がそれぞれ公社化されて（日本国有鉄道、日本専売公社）、そこでの争議行為を禁止しつつ団体交渉の手続きなどを定める公共企業体労働関係法が制定された。これにより、公務員の労働基本権を制約する法体制ができあがった。

1950年代半ばから1973年のオイル・ショックまでの約20年間、日本経済は急速な経済成長を遂げた。労使関係においては、1955（昭30）年に産業別労組の共闘による春季生活闘争（春闘）が始まった。労働組合活動が活発化し、三井三池炭鉱争議などの大規模な労働争議が続発した。法律によって争議行為が禁止された公務員や公社職員の組合によるスト権奪還闘争も激しくなされた。しかし、最高裁は、公務員の地位の特殊性や職務の公共性などを根拠に、争議権の一律禁止規定を合憲と判断した（全農林警職法事件：最大判昭48・4・25刑集27巻4号547頁。12頁参照）。また、1975（昭50）年には、国鉄などの組合がスト権回復を目指して「スト権スト」を行ったが挫折した。これを境に労働運動はかつてのような勢いを失っていった。

3．転換期の労働法

　1980 年代には、技術革新や産業構造の変化、高齢労働者の増加、女性の職場進出、雇用・就業形態の多様化などを背景として、個別労働法の分野で多くの法令が制定・改正された。1985（昭 60）年には男女雇用機会均等法と労働者派遣法、翌年には高年齢者雇用安定法が制定された。また、貿易摩擦が深刻化する中で、日本の長時間労働に対する欧米からの批判を受けて、1987（昭 62）年には労基法の労働時間規定を改正し、労働時間短縮が推進された。

　1989 年から 90 年代初期にかけて市場経済のグローバル化が急速に進んだ。国内では 90 年代初めのバブル経済崩壊後、経済の停滞に直面して、日本の雇用・労働をめぐる状況は大きく変わった。企業の競争力を強化するために日本の労働政策は規制緩和の方向にかじを切り、1998（平 10）年の労基法改正では有期契約期間の上限規制の緩和（原則 1 年、例外的に専門的知識等を有する労働者を新たに雇い入れる場合と 60 歳以上の高齢者に関しては 3 年）、翌年の派遣法改正では派遣対象業種の原則自由化（ネガティブリスト化）などが行われた。さらに、2001 年に誕生した小泉内閣による規制改革政策の一環として、2003（平 15）年労基法改正では有期契約期間の上限延長（原則 3 年、例外 5 年）、派遣法改正では禁止業務の派遣解禁や派遣期間の上限延長などの規制緩和が行われた。このような労働法の規制緩和は非正規雇用の拡大をもたらした。

　この他にも、2004（平 16）年には労働紛争解決のための労働審判法制定、2006（平 18）年の均等法改正、2007（平 19）年の労働契約法（労契法）制定と最賃法改正など、相次いで労働関係の法制定や改正が行われた。

　2008（平 20）年秋のリーマン・ショック後の急激な景気悪化は、日本の雇用失業情勢に深刻な影響をもたらした。製造業を中心に多くの派遣労働者が大量に雇止めされ、「派遣切り」が社会問題化するなかで、いき過ぎた規制改革に対する規制の強化が求められるようになった。2009 年に労働組合を支持基盤とする民主党政権が誕生し、2011（平 23）年の求職者支援制度や 2012（平 24）年の派遣法改正及び労契法改正など非正規労働者保護を強化する政策がとられた。

　2012 年末の政権交代で自公連立政権が復活すると、第 2 次安倍政権は、労働市場における人材の流動化を図る必要があるとして労働市場の構造改革

を行った。一方、2016年10月に発足した第3次安倍内閣は、少子高齢化に歯止めをかけ、家庭・職場・地域、あらゆる場で誰もが活躍できる「一億総活躍社会」を宣言し、それを実現するために「働き方改革」が必要だとして新たな規制枠組みを推進した。

4．働き方改革

　現在、日本は、少子高齢化に伴う労働力人口の減少や、育児・介護等と仕事の両立など働く人のニーズの多様化などの課題に直面している。この課題に対応するために、すべての労働者が意欲と能力を十分発揮できる環境を整備し、生活と仕事の調和のとれた働き方を実現することが求められている。

　2018（平30）年6月29日に成立した「働き方改革を推進するための関係法律の整備に関する法律」（働き方改革関連法）は、労基法、労安衛法、労契法、雇用対策法などを含む8つの法律を一括して改正したものであり、時間外労働の罰則付き上限規制の導入、使用者による年5日の年休の時季指定、勤務間インターバル制度、高度プロフェッショナル制度の創設、正規・非正規間の不合理な待遇格差の禁止などその内容は多岐にわたっている。法改正の内容については賛否両論あるものの、働き方改革によって日本の労働法政策は大きな転換点を迎えている。

2020年新型コロナで変わる働き方： 「在宅勤務」 *column*

　新型コロナウィルスの感染拡大による世界経済の停滞は、雇用・就業に大きな打撃を与えた。本書の校正をしている2020年4月末時点においても新型コロナウィルスの収束の兆しは見えず、雇用や労働法制に与える影響を予測することは難しい。しかし、新型コロナウィルス感染拡大の影響で、働き方に大きな変革が起きている。

　日本では、新型コロナウィルス感染拡大を抑止するための外出自粛要請を受け、多くの企業が原則あるいは部分的に「在宅勤務」を実施しはじめた。すでに政府は「働き方改革」の一環として、時間や場所を有効に活用できる柔軟な働き方を可能とする「テレワーク」を推進している。一般に

「テレワーク」には、「雇用型」（事業主と雇用契約を結んだ労働者が情報通信技術等を用いて行う事業場外労働）と、「自営型」（注文者から委託を受け、情報通信機器等を活用して、自宅等の自ら選択した場所において、成果物の作成又は役務の提供を行う就労）がある。「雇用型テレワーク」は、業務を行う場所に応じて、「在宅勤務」「サテライトオフィス勤務」「モバイル勤務」に分類される（雇用型及び自営型「テレワークの適正な実施のためのガイドライン」厚生労働省HP参照）。今回急速に拡大したのは「在宅勤務」である。

　新型コロナウィルスによって、私たちの社会は非常に大きな被害を被った。これは決して忘れてはならない事実である。もっとも、在宅勤務の普及に限っていえば、新型コロナ収束後において、雇用の場面に以下のような効果をもたらす可能性もなお残されている。例えば、労働者は通勤ラッシュや長時間勤務のストレスから解放されることになるかもしれない。また、在宅で仕事をするなら日々の通勤を考えずに住む場所を選ぶこともできる。在宅で仕事をするために必要なスペースや、家族一緒に過ごすのに十分な広さの家を求めた場合、地方に住むという選択肢が広がるかもしれない。パートナーの海外赴任や転勤に帯同しても、在宅勤務により自分の仕事を続けることが可能になるし、これまでのような転勤問題も解消されるかもしれない。これまで労働者の生活は職場中心で、家族と過ごす時間や私生活のための時間は限られていたが、在宅勤務の普及によって、この関係が逆転するかもしれない。

　今回のコロナ禍により、社会や人々の価値観が大きく変わり、働き方も予想できないくらい変貌を遂げるだろう。それでは「労働の従属性」は今後どのように論じられることになるだろうか。その答えはいますぐに出そうにないが、これまでの労働法の学習が決して無駄にはならないことだけは断言できそうである。

第3節　労働法の体系と憲法

I　労働法の体系

　労働法は、労働に関する様々な法律関係を規律する法律の総称をいう。労働法は、一般に「個別的労働関係法」「集団的労働関係法」「雇用保障法（あるいは労働市場の法）」という3つの体系に分類される。

「個別的労働関係法」は、個々の労働者と使用者の間の関係を規律する法分野の総称であり、労基法、労契法、最賃法、均等法などの多様な法律が位置づけられる。これらの法律はさらに2つの法領域に分類することができる。1つは、労働者を経済的弱者としてその保護を国家が担保する労働保護法領域である。これには、労働者の人権尊重のための諸規制（例えば労基3条・4条・5条や均等法など）と最低労働条件のための法規制（例えば労基法や最賃法）が含まれる。これらの法律は実効性を確保するために、刑事罰や行政監督という公法上の履行確保措置が整備されている。もう1つは、労契法や労働契約承継法などの労働契約法領域である。これらの法律は民事規範からなり、公法上の実効性確保措置を伴わないものである。

「集団的労働関係法」は、労働組合の結成・運営、団体交渉および労働協約などを規整する法分野の総称であり、労働組合法や労働関係調整法が含まれる。

「雇用保障法（あるいは労働市場の法）」は、国家が労働市場を適正に規制して雇用の促進や失業者への援助を図る法分野の総称であり、労働施策総合推進法（旧雇用対策法）、職業安定法、雇用保険法、高年齢者雇用安定法、障害者雇用促進法などが分類される。なお、「労働施策総合推進法」の正式名称は「労働政策の総合的な推進並びに労働者の雇用の安定及び職業生活の充実等に関する法律」であり、2018年7月6日に労働8法が一括改正された際に、雇用対策法が同法に改正された。

Ⅱ　労働法と憲法

労働法の基本原則の多くは憲法に宣明されている。

まず憲法25条1項は、「すべて国民は、健康で文化的な最低限度の生活を営む権利を有する」として、国民の生存権を規定している。同条の生存権保障を受けて、労基法1条1項は、労働者に人たるに値する生活を営む必要を満たすべき労働条件を保障するという基本理念を宣言している。

憲法25条は同法27条および28条の趣旨の基底をなす根本原則である。憲法27条1項は、国に対して勤労権（労働権）を保障する積極的施策を求めている。これに基づいて制定されたのが、職業安定法、職業能力開発促進法、

雇用保険法などである。また、同条2項は、「賃金、就業時間、休息その他の勤労条件に関する基準」を法律で定めることを求めている。これに基づいて制定されたのが、労基法、最賃法、労安衛法、労災保険法などの労働保護立法である。

　憲法28条は、勤労者の団結権、団体交渉権、および団体行動権を保障している。同条が保障する権利は、勤労者に対して直接に保障されている。同条の権利保障を具体的に実現するために、労働組合法の各規定が設けられている（→本書第3部）。

　この他にも、個人の尊厳や幸福追求を保障した憲法13条は、労働法においても、個人情報の保護（→224頁）、労働者の自己決定の尊重、ワーク・ライフ・バランスなどの場面で重要な意義を有する。法の下の平等を定めた憲法14条は、労働法の平等原則（労基3条・4条（→204頁以下）、均等法、パート・有期法の差別禁止規定（→229頁）、障害者雇用促進法の障害者差別の禁止（→217頁以下）など）の基底となる重要な役割を担っている。憲法18条の価値を体現した労働法規定として、労基法5条の強制労働の禁止（→113頁）がある。また、憲法22条が保障する「職業選択の自由」は、自己の従事する職業を決定する自由を意味しており、これには、自己の選択した職業を遂行する自由（営業の自由）も含まれるとされている。

Ⅲ　労働基本権と公務員の労働基本権制限

1．労働基本権

　憲法28条は、「勤労者の団結する権利及び団体交渉その他の団体行動をする権利は、これを保障する」と定め、「労働基本権」を保障している。「労働基本権」の中核は、勤労者の団結権、団体交渉権、団体行動権（これを「労働三権」という）であるが、憲法27条が保障する「勤労の権利」も含むものとして理解されている。労働基本権は、憲法が保障する人権カタログの中で、生存権（社会権）に属し、日本国憲法に保障された生存権を実現するための手段として保障されている。

　憲法による労働基本権保障の効果として、まず、国家は労働者の団結、団体交渉、団体行動に対し、立法や行政による抑圧を行ってはならず、労働組

合の結成・運営や団体交渉、団体行動を制限・禁止する立法や行政措置は違憲・無効とされる。また、労働基本権を制約する約定や使用者の行為が制限される。さらに、団体行動の中核をなす争議行為については、争議権の保障の範囲にある（正当性が認められる）場合には、民事・刑事上の責任が免除される（労組1条2項、8条）。

2．公務員の労働基本権制限

（1）法律上の制限　公務員も憲法28条にいう「勤労者」であるから、同条による労働基本権の保障は公務員に対しても及ぶ。しかし、公務員の労働基本権は法律によって大幅な制約を受けている。

国家公務員は「職員団体」を結成することができるものの、職員団体は交渉事項が限定されており、管理運営事項については交渉することができず（国公108条の5第3項）、団体協約を締結する権利も否定されている（同108条の5第2項）。国家公務員の争議行為は禁止され、争議行為をあおる等の行為をした者は何人であれ処罰される（同98条2項3項・110条1項17号）。非現業の公務員も同様である（地公52条以下）。

警察・消防職員などの職員団体の結成・加入は禁止されており（国公108条の2第5項、地公52条5項）、違反した場合は処罰される（国公110条1項20号）。

行政執行法人および地方公営企業・特定地方独立行政法人の職員は労働組合を結成することができるが、団体交渉事項については制約を受ける（行労8条、地公労7条）。争議行為およびこれをあおる等の行為が禁止され、これに違反した職員は解雇される（行労17条1項・18条、地公労11条1項・12条）。

（2）争議行為禁止をめぐる判例の変遷　争議行為禁止規定については、判例は当初、「公共の福祉」や「全体の奉仕者」という論拠で合憲と判断してきた（弘前機関区事件：最大判昭28・4・8刑集7巻4号775頁）。しかし学説からの批判を受けて、最高裁は、公務員の労働基本権を認め、争議行為禁止規定を限定解釈した（全逓東京中郵事件：最大判昭41・10・26刑集20巻8号901頁、全司法仙台事件：最大判昭44・4・2刑集23巻5号685頁）。また、東京都教組事件（最大判昭44・4・2刑集23巻5号305頁）は、争議行為が全面一律禁止であれば違憲の疑いを免れないが、限定解釈により合憲性が肯定されることがあると判断し

た（いわゆる「二重のしぼり論」）。

　しかし、最高裁はその後、「国民生活全体の共同利益」の見地から、公務員の労働基本権は制約を免れないとし、限定解釈論を否定した（前掲全農林警職法事件最判）。その論拠として、①勤務条件法定主義・議会制民主主義、②市場の抑制力の欠如、③争議行為の国民の共同利益への影響、④代償措置を挙げた。この最高裁判決の枠組みは、その後、非現業の地方公務員の事案（岩手県教組事件：最大判昭51・5・21刑集30巻5号1178頁）や、公労法上の職員の事案（全逓名古屋中郵事件：最大判昭52・5・4刑集31巻3号182頁）にも踏襲された。こうして公務員の争議権については判例理論上の決着をみた。

第4節　労働法の適用範囲

I　労働者の概念

1．労基法・労契法上の労働者

　労基法は、労働者を「職業の種類を問わず、事業…に使用される者で、賃金を支払われる者」と定義づけている（9条）。労基法から派生した労安衛法や最賃法などの適用範囲も労基法と一致している。また、労契法2条1項は、労働者を「使用者に使用されて労働し、賃金を支払われる者」と定義づけている。一般には、労基法9条の定義と同義と理解されているが、労基法と同一に考える必要はないとして、労契法上の労働者を広く解する見解もある。

　労基法上の労働者にあたるかどうかのメルクマールは、使用されて賃金を支払われる者といえるかどうかである。「使用される」とは、使用者の指揮命令ないし具体的な指示の下に労務を提供する関係（使用従属関係）をいい、「賃金を支払われる」とは、そのような労働への対価として報酬を受けとることをいう。労基法上の労働者に該当するか否かの判断は、契約の名称や形式に左右されることなく、実態に即して判断される。具体的には、仕事の依頼、業務の指示等に対する諾否の自由の有無、業務の内容および遂行方法に対する指揮命令の有無、勤務時間・勤務場所の拘束の程度、労務提供の代替可能性の有無、報酬の労務対償性、事業者性の有無、専属性の程度、公租公課の負担（源泉徴収や社会保険料の控除の有無）を総合的に考慮して判断される。

　最高裁は、自己所有のトラックで事実上専属的に運送業務に携わっていた

備車運転手について、業務遂行に関する指揮監督を受けておらず、時間的・場所的拘束の程度が緩やかであったこと等から、労基法および労災保険法上の労働者性を否定した（横浜南労基署長事件：最判平8・11・28労判714号14頁）。また、いわゆる一人親方の大工について、会社からの指示を受けずに自分の判断で工法や作業手順を選択していたこと、支払われた報酬は仕事の完成に対して支払われたものであり労務提供の対価ではないこと、大工道具の持ち込み状況や会社に対する専属性の程度などに照らして、労基法および労災保険法上の労働者に該当しないと判断した（藤沢労基署長（旭紙業）事件：最判平19・6・28労判940号11頁）。他方、大学病院の研修医について、指導医の指示に従って医療行為等に従事していたこと、奨学金という名目で金員が支払われていたこと、給与所得として源泉徴収されていたこと等から、労基法および最賃法上の労働者にあたると判断された（関西医科大学事件：最判平17・6・3労判893号14頁）。また、映画撮影業務に従事していたフリーのカメラマンについて、監督の指揮監督のもとで業務が行われていたことや時間的・場所的拘束性が高いこと等の事情に照らして、労基法および労災保険法上の労働者にあたると判断された（新宿労基署長事件：東京高判平14・7・11労判832号13頁）。

2．労組法上の労働者

　労組法3条は、労働者を、職業の種類を問わず「賃金、給料その他これに準ずる収入によって生活する者」と定義している。労組法上の労働者と労基法上の労働者を統一的に理解する見解もあるが、労基法上の労働者は同法の労働条件の保護を及ぼすべき者を定めているのに対して、労組法上の労働者は団結活動の保護や団体交渉の促進助成という同法の目的に即して労働者の範囲を定めているため、労基法上のそれより広い概念と解される。

　労組法上の労働者について、かつて最高裁は、テレビ局との間で自由出演契約を締結している楽団員は「発注に応じて出演すべき義務」があり、その報酬も「演奏という労務の提供それ自体の対価」であるとして、労働者性を肯定した（CBC管弦楽団労組事件：最判昭51・5・6民集30巻4号437頁）。その後も、最高裁は、財団と出演基本契約を締結したうえで個別の公演ごとに出演契約を締結してオペラに出演する合唱団員（新国立劇場運営財団事件：最判平23・4・

12労判1026号6頁)、会社と締結した業務委託契約に基づき依頼のあった顧客の下に出向いて修理・補修業務を行うカスタマーエンジニア(CE)(INXメンテナンス事件:最判平23・4・12労判1026号27頁)、会社と締結した業務委託契約に基づいて個人営業の形態で出張修理業務を行う個人代行店(ビクターサービスエンジニアリング事件:最判平24・2・21労判1043号5頁)について労働性を肯定している。

労組法上の労働者に該当するか否かについては、(1) 基本的判断要素として、①事業組織への組入れ、②契約内容の一方的・定型的決定、③報酬の労務対価性、(2) 補充的判断要素として、④業務の依頼に応ずべき関係(諾否の自由の有無)、⑤広い意味での指揮監督下の労務提供、一定の時間的場所的拘束、(3) 消極的判断要素として、⑥顕著な事業者性などの判断要素を総合考慮して、労組法の趣旨から判断される。基本的判断要素の①〜③の一部が充足されていなかったとしても、直ちに労組法上の労働者性が否定されるわけではない。また、各判断要素の検討にあたっては、契約内容にとらわれるのではなく、当事者の認識や実際の運用も重視して判断される。

Ⅱ　使用者の概念

1．労基法・労契法上の使用者

労基法10条は、使用者を、「事業主又は事業の経営担当者その他その事業の労働者に関する事項について、事業主のために行為をするすべての者」と定義している。ここでいう「事業主」とは、当該事業の経営主体であり、個人企業ではその企業主たる個人、法人企業の場合は法人それ自体をいう。「事業の経営担当者」とは、事業一般について権限と責任を負う代表取締役や支配人をいう。「その他…事業主のために行為をする」者とは、労働条件の決定・管理、労務遂行の指揮命令などについて、権限と責任を有している者をいう。

労契法2条2項は、労契法上の使用者を、「その使用する労働者に対して賃金を払う者」と定義している。契約を締結した相手方である会社ないし事業主が労契法上の使用者であることは明らかであるが、いくつかのケースで問題が生じる。

第1に、形式的な雇主の法人格そのものが否定され、その背後にある親会

社等との間に労働契約関係が認められる場合である。裁判例は、親会社が子会社に対して株式所有、役員派遣等によって事業運営の意思決定を支配しているなど、子会社が実質的に親会社の一事業部門と認められるような場合に、法人格否認の法理により、子会社従業員の親会社に対する賃金・退職金請求を認めている（黒川建設事件：東京地判平13・7・25労判813号15頁）。また、職業紹介所から派出される形式をとって病院で入院患者の世話をしていた付添婦について、病院との間に黙示の契約関係を認めたものもある（安田病院事件：大阪高判平10・2・18労判744号63頁、同事件最判平10・9・8労判745号7頁）。さらに、親会社が子会社の労働組合を嫌悪しこれを壊滅する目的で子会社を解散させた場合、法人格否認の法理によって、子会社の労働者は直接会社に対して未払賃金の支払いや労働契約上の地位の確認を求めることができる（徳島船井電機事件：徳島地判昭50・7・23労民集26巻4号580頁、第一交通産業ほか［佐野第一交通］事件：大阪高判平19・10・26労判975号50頁）。

　第2に、派遣先企業との黙示の労働契約の成否が問題になることがある。裁判所は、いわゆる偽装請負の労働者と受け入れ企業（注文者）との直接の雇用契約を認めるか否かについて、注文者が請負労働者に対して直接具体的な指揮命令をしているが、それは違法な労働者派遣に該当したとしても、派遣法の取締法規としての性格等にかんがみれば、派遣元と派遣労働者間の労働契約が無効となるものではなく、派遣先と派遣労働者間の黙示の労働契約が成立するものではないと判断した（パナソニックプラズマディスプレイ（パスコ）事件：最判平21・12・18労判993号5頁）。

2．労組法上の使用者

　労組法は使用者の定義を規定していない。そのため、労組法7条が定める不当労働行為の主体としての使用者の範囲をめぐって問題になることがある。労働契約の締結主体である雇用主がこれに該当するのは当然であるが、雇用主以外の事業主であっても、労働者の基本的な労働条件等について、部分的であれ使用者と同視できる程度に現実的かつ具体的に支配・決定できる地位にあるときは、その限りで使用者にあたる（朝日放送事件：最判平7・2・28労判668号11頁。→271頁）。

第2章　労働法の法源と労働条件決定システム

> 本章のねらい
> 　本来、労働条件は労使が対等の立場で合意によって決定するのが原則です。しかし実際に労使は対等ではないため、個別合意による労働条件の決定は労働者に不都合な労働条件を強いる可能性があります。そこで、労働条件の決定において労働者を保護するために労働法の強行規定があります。また、労働組合と使用者による団体交渉の結果として締結される労働協約や、使用者が制定する就業規則は、労働条件の決定や労使間の自主的なルール形成にとって重要な役割を果たしています。
> 　本章では、これらの基準によって労働条件がどのように決定されているかについて学びましょう。

第1節　労働法の法源

　ここでいう「労働法の法源」とは、労働関係を規律する法規範をいう。労働者と使用者の間の労働関係は、労基法を中心とする強行法規および関連法規、労働協約、就業規則、労働契約によって決定・規律されている。

I　労働契約

　賃金、労働時間や休日・休暇などの労働条件は、労働者と使用者の合意によって自由に決定されるのが原則である。労契法6条は、「労働契約は、労働者が使用者に使用され労働し、使用者が賃金を支払うことについて、労使が合意することによって成立する」と定めている。労働契約は、当事者間の意思の合致（合意）によって成立する諾成契約であり、合意に達していれば、書面による契約はもちろん、口頭による契約であっても労働契約は成立する。しかし、労働条件をめぐる紛争は、労働契約の内容が不明確なことが原因となって生じることがある。そのため、使用者は、労働契約を締結する際、労働者に対して、賃金・労働時間その他の労働条件を明示しなければならない（労基15条1項。→42頁）。

Ⅱ　強行法規および関連法規

　労基法1条2項は、この法律で定める労働条件の基準を最低限度のものとして、この基準を理由とした労働条件の引き下げを禁止するとともに、その向上を図るべき努力義務を定めている。同法は、労働条件の最低基準として、賃金の支払い原則、労働時間の原則、時間外・休日労働、割増賃金、解雇予告などについて規定している（第2部第2章参照）。

　労基法は労働条件基準に関する規定の遵守を罰則によって強制している（労基117条以下）。また、労働者の請求により、裁判所が不払い額と同一額の支払いを使用者に命ずるという付加金の制度もある（同114条）。さらに、労基法は、労働基準監督制度を設け、行政的監督を通じた実効性確保を図っている（同97条以下）。

　労基法の関連法規としては、労働者保護のために行政監督のもとに置かれ、違反すると罰則を科されるタイプ（最賃法や労安衛法など）と、私法的な規制を中心とし、違反しても罰則は科されず行政の指導・助言のもとに置かれるタイプ（均等法や育介法など）がある。

Ⅲ　就業規則

　就業規則は、使用者が労働者の労働条件および服務規律に関する事項を定めた規則をいう。労働条件は労使の合意によって決定するのが原則であるが、職場において労働条件および服務規律を統一的かつ画一的に定める必要から、使用者が就業規則を作成している。

　労基法は、常時10人以上の労働者を使用する使用者に就業規則の作成を義務づけている（89条）。同条は、就業規則に規定すべき事項（必要的記載事項）を列挙している。使用者は、就業規則の作成・変更については、事業場の労働者代表（当該事業場の労働者の過半数で組織する労働組合、それがないときは当該事業場の労働者の過半数を代表する者）の意見を聴かなければならない（同90条1項）。

　使用者は、就業規則を作成・変更した場合は、行政官庁（労働基準監督署）に届け出なければならない（労基89条）。届出にあたっては、事業場の労働者代表の意見を記した書面を添付しなければならない（同90条2項）。また、使用者は、就業規則を、各労働者に配布したり、作業場の見やすい場所に掲示

したりするなどの方法により、労働者に周知しなければならない（同106条1項）。最高裁は、就業規則の効力が認められるためには、その内容を、適用を受ける事業場の労働者に周知させることが必要であるとした（フジ興産事件：最判平15・10・10労判861号5頁）。

Ⅳ　労働協約

　労働協約とは、労働組合と使用者またはその団体との間の労働条件その他に関する書面による協定である（労組14条）。労働協約は、労働組合という組織の力を背景とした交渉の成果であることから、労働者の労働条件を設定する機能が与えられている。労働協約の設定する労働条件が適用されるのは、原則として協約の当事者である労働組合の組合員に限られる。

第2節　労働条件決定システムと効力関係

Ⅰ　労基法等の強行規定の効力

　労基法で定める基準に達しない労働条件を定める労働契約の部分は無効になり、無効となった部分は労基法で定める基準による（労基13条）。また、最賃法（労働基準法の付属法）で定める最低賃金額に達しない賃金を定める労働契約は、その部分については無効となり、無効となった部分については、最低賃金の定めをしたとみなされる（最賃4条2項）。労基法及び最賃法は、そこに定める労働条件が労働契約に対し、強行的・補充的な効力を有することを規定している。

Ⅱ　就業規則の効力

1.　法令及び労働協約との関係

　就業規則の内容は、法令または当該事業場に適用される労働協約に反してはならない（労基92条1項）。就業規則が法令に反してはならないことは当然だが、労使の合意によって締結された労働協約も就業規則に優先することを定めた規定である。法令または労働協約に反する就業規則が定められている場合には、行政官庁（労働基準監督署）はその就業規則の変更を命じることができる（同条2項）。また、就業規則が法令や労働協約に違反している場合に

は、その違反している部分については、法令又は労働協約の適用を受ける労働者との労働契約には適用されない（労契13条）。

2. 労働契約との関係

　使用者が合理的な労働条件を定める就業規則を労働者に周知させた場合、その労働条件は労働契約の内容になる（労契7条）。また、労働契約の定める労働条件のうち、就業規則で定める基準に達しない労働条件を定める労働契約の部分は無効となり、無効となった部分は就業規則で定める基準による（労契12条、労基93条）。就業規則による労働条件の決定と変更については、第2部第1章74頁以下を参照。

Ⅲ　労働協約の効力

　労組法16条によれば、労働協約に定める労働条件その他の労働者の待遇に関する基準に違反する労働契約の部分は無効となり（強行的効力）、無効となった部分は労働協約に定める基準による（直律的効力）。労働契約に定めがない部分についても同様（労働協約で定める基準による）とする（補充的効力）。労働組合と使用者との間の労働協約で定めた労働者の待遇に関する基準に、当該組合の組合員の労働契約の内容を規律する効果を認めることによって、労働組合の団結と組合員の保護を図ることを目的とした規定である。

　また、労働協約に違反する就業規則の定める労働条件は、契約規律効も最低基準効も有しない（労契13条）。労働協約は労使間の合意による規範であり、使用者が作成する就業規則に優先する。

第3章　労使紛争の解決システム

本章のねらい

解雇、退職勧奨、賃金不払い、過労死・過労自殺、職場のいじめなど、職場内での労使間のトラブルは後を絶ちません。職場でトラブルに遭遇したとき、皆さんはどうしますか。「黙って我慢する」、「仕事を辞める」、「会社の労働組合に相談する」、「弁護士に相談して訴訟を起こす」等、様々な対応が考えられます。労使間の紛争は、当事者が話し合って解決するのが基本です。しかし、近年、企業を取りまく環境や労働者の意識が変化するなかで、外部の紛争処理機関に問題が持ち込まれるケースが増加しています。労使関係紛争の解決システムにはどのようなものがあるでしょうか。

第1節　労使紛争の変化と特徴

労使紛争とは、労働関係の当事者間において生じた利害対立について主張が相互に分かれて対立している状態をいう。労使紛争には、賃金未払いや解雇の効力など、個々の労働者と使用者との雇用関係において生じる紛争（個別労働紛争）と、組合員の労働条件の改善や団体交渉、争議行為、労働協約の締結などをめぐる労働組合と使用者との労使関係において生じる紛争（集団的労使紛争）がある。また、紛争の性格に着目した場合には、労働者の解雇の有効・無効など法律や労働契約等で決められた権利義務が対象となる「権利紛争」と、賃金・労働時間等労働条件の決定・変更などのように、労使間での自主的な基準の形成が対象となる「利益紛争」に分けられる。

かつて日本の労使紛争の中心は集団的労使紛争であった。集団的労使紛争については、組合と使用者間の集団的利害が絡み合うものであるから、将来に向けての円滑な労使関係形成という視点からの解決が求められる。これを解決する制度として、労働委員会による労働争議の調整手続と不当労働行為の救済手続がある。

しかし、80年代以降、集団的労使紛争が次第に減少し、それに反比例するように労働者と使用者の間の個別労働紛争が急増してきた。その背景には、

バブル経済崩壊後の経済社会情勢の変化に伴い、企業組織の再編、企業の人事労務管理の個別化・成果主義化、長引く不況によるリストラの進展とそれに伴う解雇や退職勧奨、職場におけるいじめ・嫌がらせ、労働条件の引き下げなどの問題が多発したことがある。

増加する個別労働紛争に対応するために、2001（平13）年に個別労働紛争解決促進法（個別労紛）が制定され、個別労働紛争の簡易迅速な解決を促進するための行政上の制度が整備された。また、2004（平16）年には労働審判法（労審法）が制定され、2006年（平18）年4月から労働審判制度（→23頁）の運用が始まった。

第2節 労使による紛争解決システム

仕事の内容や会社での評価、人間関係など、職場における労働者の不満が火種となって労使間の紛争が発生すると、労使関係や雇用等の不安定化を招き、労使双方に甚大な影響を与える恐れがある。労働紛争に至る前に、労使の対話によって自主的に予防し、紛争を回避することが望ましい。また、実際に労使紛争が発生した場合には、労使関係を熟知する当事者の間で公平かつ自主的に解決を図ることが必要である。そのため、企業内で紛争を予防・解決するシステムが重要な役割を果たす。

企業内紛争解決システムとは、企業内に独自の労使間のコミュケーションの場を設け、そこにおいて従業員の意見や要望を吸い上げたり、苦情やトラブルに対処したりする方法である。もともと、日本の労働組合は企業別組合として形成されてきた経緯から、団体交渉とは別に、企業内における「労使協議制」が発展してきた。労使協議制は、労働者の代表と使用者が、労働者の雇用・労働条件や生活上の利害関係に影響する諸問題について、情報や意見を交換する常設的機関である。

また、労使協議制として制度化された機関とは別に、職場の上司などが従業員の意見や要望を吸い上げるインフォーマルな方法もある。

第3節 行政による紛争解決システム

企業内紛争解決システムにおいても十分に解決を図ることができないこ

とが多いため、行政が当事者をサポートするシステムが設けられている。個別労紛は、個々の労働者と事業主との間の紛争を対象に、行政機関を通じて迅速かつ適正な解決を促すことを目的とする（1条）。具体的には、総合労働相談コーナー、都道府県労働局長の助言・指導、紛争調整委員会によるあっせんのほか、地方公共団体も個別労働関係紛争の防止・解決を促すために必要な施策を推進するよう努めるべき旨が定められている（同20条）。

I　総合労働相談

　都道府県労働局長は、個別労働関係紛争の防止と自主的な解決を促すため、労働者、求職者、事業主に対し、情報の提供、相談その他援助を行うものとされている（個別労紛3条）。これを受けて、都道府県労働局、各労働基準監督署内、駅近隣の建物など380か所に、あらゆる労働問題に関する相談にワンストップで対応するための総合労働相談コーナーを設置し、専門の相談員が対応している。平成28年度からは、男女雇用機会均等法等に関しても一体的に労働相談として対応している。

II　都道府県労働局長による助言・指導

　都道府県労働局長は、個別労働関係紛争に関して、当事者の双方または一方から解決のための援助を求められたときには、当事者に必要な助言または指導を行うことができる（個別労紛4条1項）。都道府県労働局長が紛争当事者に対して解決の方向性を示すことにより、紛争当事者の自主的な解決を促進する制度である。助言は、当事者の話し合いを促進するよう口頭または文書で行うものであり、指導は、当事者のいずれかに問題がある場合に問題点を指摘し、解決の方向性を文書で示すものである。助言・指導を行うために必要がある場合には、都道府県労働局長は労働問題の専門家の意見を聴くものとされている（同条2項）。

III　紛争調整委員会によるあっせん

　都道府県労働局に設置されている紛争調整委員会のあっせん委員が紛争当事者の間に入って話し合いを促進することにより、紛争の解決を図る制度

である。都道府県労働局長は、個別労働関係紛争に関し、当事者双方または一方から申請があり、紛争解決のために必要があると認める場合には、紛争調整委員会にあっせんを行わせるものとされている（個別労紛5条1項）。紛争調整委員会は、学識経験者（弁護士や大学教授など労働問題の専門家）から厚生労働大臣により任命される委員によって組織されるものであり、各都道府県労働局に置かれる（同6条・7条）。あっせんは、紛争調整委員会の委員のなかから指名された3名の委員により非公開の調整手続として行われるものであり、当事者や参考人からの意見聴取等を経て、委員3名の全員一致で作成されたあっせん案の提示が行われる（同12条・13条）。当事者間で合意が成立した場合には、民法上の和解契約（民695条）として取り扱われることが一般的である。あっせん委員は手続きを打ち切ることができる（個別労紛15条）。

第4節　裁判所による紛争処理システム

　企業内紛争解決システムや行政によるサポートによっても紛争が解決しない場合に、紛争の終局的な解決を図る場として、司法による紛争解決システムが設けられている。

I　労働審判制度

　労働審判制度の対象となるのは、解雇や賃金・退職金の不払いなど、個別労働紛争のうち権利義務に関する紛争（個別労働関係民事紛争）である。労働審判制度は、個別労働関係紛争について、労働審判官（裁判官）1名と、労働関係に関する専門的な知識と経験を有する労働審判員2名の計3名で組織された労働審判委員会（労審7条以下）によって、3回以内の期日で審理し（同15条2項）、迅速かつ簡便な方法によって、紛争処理を行う制度である。

　労働審判手続は、労使当事者の一方による管轄を有する地方裁判所に対する申立てによって開始される（労審5条）。申立てを受けた労働審判委員会は、当事者の主張の整理や証拠調べを行う。個別労働紛争は労働者の生活をかけた紛争であるため、原則3回以内の期日で審理し、調停成立の見込みがある場合にはそれを試みるが、それに至らない場合には、労働審判委員会が多数決により、紛争解決のための審判を行う。この審判は、当事者間の権利義務

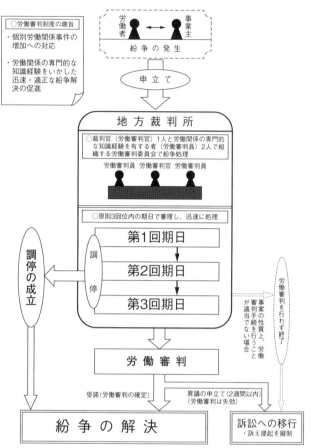

出典：「労働審判法の概要-首相官邸ホームページ」
http://www.kantei.go.jp/jp/singi/sihou/hourei/roudousinpan_s-1.pdf

の確認や金銭の支払いなどを命じるほか、紛争解決のために相当と認める事項を定めるものとされている（同20条2項）。労働審判に対して当事者の一方から2週間以内に異議の申立てがあれば、労働審判はその効力を失い（同21条）、通常の訴訟に移行する。その場合には、労働審判申立ての時に訴えの提起があったものとみなされる（同22条）。反対に、労働審判が当事者双方により受諾された場合には、和解と同一の効力を有する（同21条4項）。

労働審判制度の運用状況をみると、新たに事件として受け付けた新受件数は年々増加している。また、労働審判手続に係属した事件の多くは和解によって解決している。個別労働紛争の迅速な解決は労使にとって有益であり、労働審判制度の趣旨に沿った運営がなされているといえよう。また、労働審判手続においては、労働関係に関する専門的な知見を有する者が審判員として加わっているが、労使の審判員の役割についても肯定的に評価されている。

Ⅱ　民事訴訟（労働訴訟）

　個別労働紛争を解決するために利用することができる手続きには、労働審判制度の他に、民事訴訟や保全訴訟（仮処分手続）などがある。

　通常、個別労働紛争は、労働者による地位の確認や金銭の支払い請求などを内容とする民事訴訟として提起される。労働事件の民事訴訟においても民事訴訟法等が適用され、そこで定められた手続に従って判決や決定が下される。民事訴訟は、事件の終局的な判断を下すことを目的とするものであるが、訴訟手続のなかで、当事者の合意（和解）により紛争の解決がなされることも多い。

　通常の民事訴訟では、各当事者は自己の主張を行い、証拠提出の機会が与えられ、裁判官は、当事者の申し出た証拠により事実認定を行う。裁判官は証拠によって判断をするため、どのような証拠を提出することができるかが重要になる。しかし、労働者の立証にとって不可欠な証拠は相手方である使用者が保有していることが多い（証拠の偏在）。労働者は提出すべき事実・証拠方法を収集する能力を有していないため、裁判で直接立証することは極めて困難である。そのため、裁判における相手方である使用者と対等に戦うためには、使用者が保持する文書を裁判所に提出させる必要がある。

　民事訴訟法220条は、文書所持者が一定の場合に文書提出義務があることを規定している。一定の場合とは、①当事者が訴訟において引用した文書を自ら所持するとき（1号）、②挙証者が文書の所持者に対しその引渡しまたは閲覧を求めることができるとき（2号）、③文書が挙証者の利益のために作成され、または挙証者と文書の所持者との間の法律関係について作成されたとき（3号）などとしている。これにより、本人の人事考課の結果を記載した考

課表や、労災認定に係る請求書やそれに添付された職歴証明書、労基法108条により使用者に作成が義務づけられた賃金台帳などにつき、文書提出義務を認める裁判例が出されている。

　また、保全訴訟は、通常訴訟（本案訴訟）による権利の実現を保全するために、簡易迅速な審理によって裁判所が仮の措置（仮差押、仮処分）を命じるものである。保全手続は、民事保全法に基づき、原則として簡易な審尋手続によって行われる。労使紛争においても、解雇された労働者が労働契約上の地位の保全や賃金の仮払いを求める仮処分、団体交渉を拒否された労働組合が団体交渉を求める地位にあることの確認を求める仮処分などで、保全手続が利用されている。

第2部　個別的労働関係法

第1章　労働契約の法規整

第1節　労働契約の基本原理

> 本節のねらい
> 　家を借りたり、電車に乗ったり、この本を買ったり。私たちは毎日様々な「契約」をして暮らしています。「労働契約」もその1つ。名前を読めば、働くときに相手方と結ぶ約束事であることは分かります。でもこの契約を結ぶと、相手方に対していったい何をしなければならず、何を求めることができるのでしょうか。そもそも労働契約とは何で、どのような特徴を持った契約なのでしょうか。

Ⅰ　労働契約の性格と基本原則

1．労働契約の定義と特徴

（1）労働契約の定義　　労働契約は、労働者が使用者に使用されて労働し、使用者がこれに対して賃金を支払うことについて、労働者および使用者が合意することによって成立する（労契6条）。労働者が働く義務（労務提供義務）を負い、これが履行されたときに使用者が賃金を支払う義務（賃金支払義務）を負う双務契約であり、当事者の合意のみによって成立する諾成契約である。

　他方、民法には雇用契約の定義が置かれている（民623条）。この定義は、前述した労働契約の定義とほぼ同じであり、「労働契約」と「雇用契約」は基本的に同じ意味を持つと解する立場が有力である。

　もっとも民法は、契約当事者が対等な関係にあることを一応の前提に、私的自治を尊重してそれぞれが自由に意思表示をすることができる範囲を確保することができるように、両当事者に対して平等に権利義務を保障することを基本姿勢としている。これに対し労働法は、使用者と労働者の間にある

交渉力の差や、使用者による指揮命令を通じた組織的な統制によって、労働者が相対的に弱い立場にあることを念頭に労働契約を規制の対象とする。このように雇用契約と労働契約には、これらを支える理念に違いがある。

（2）他の役務提供型契約との違い　労働契約と同様に、一方当事者が役務を提供することを予定する典型契約として、請負契約（民632条）と委任契約（民643条）がある。ある役務提供契約関係がどの契約類型に当てはまるかは、適用される法の違いに反映される。労働法の文脈では、何らかの労働法の適用が予定される労働契約か、それ以外の契約類型かをめぐって問題となる。

　請負契約は、当事者の一方（請負人）がある仕事を完成することを約し、相手方（注文者、発注者）がその仕事の結果に対して報酬を支払うことを約する契約である。大工が家の建築を請け負うことやトラック運転手が資材の運搬を請け負うこと等がその典型例である。労働契約とは異なり仕事の完成が目的であるため、必ずしも請負人本人が役務を提供する必要はなく、注文者からの指示の下に役務を提供することを予定していない。

　委任契約は、当事者の一方（委任者）が法律行為をすることを相手方（受任者）に委託し、相手方がこれを承諾することにより成立する契約である。弁護士に債務整理を委託することがその一例であり、医者に治療行為を依頼することのような、法律行為でない事務の委託は準委任と呼ばれる（民656条）。委任は、労働契約のように役務の提供自体を契約の目的とするが、委任者の指示の下にこれを行うことを前提としない。

　労働契約を含めたこれら3つの契約類型は、①契約の目的が役務の提供か、仕事の完成か、②相手方からの指揮命令（使用）を予定するか、という点で区別することができる。しかし労働契約でも裁量労働制のように仕事の方法について労働者に広い裁量が与えられることがある一方、請負契約でも作業内容について請負人が詳細な指示を受けることもあるうえ、これらの契約類型に該当しない役務提供契約（無名契約としての役務提供契約）も存在しうることから、契約類型の特定が困難な場合も少なくない。

（3）労働契約の特徴　これから労働契約をめぐる諸論点を学ぶにあたり、労働契約の契約としての特徴を概観しておこう。この特徴とこれの評価の仕

方は、他の契約類型の特徴との異同を意識しつつ、労働契約をめぐる法の整備や解釈に影響を与えている。

　前述した当事者間に交渉力や経済力などの力の差があるという点は、労働契約の特徴の1つである。労働組合による労働条件決定が労働契約による労働条件決定よりも一般的に優先されること（→労働協約の規範的効力：301頁）や、使用者の労働条件の不利益変更の申込みに対する労働者の承諾が慎重に認定されること（→合意の認定基準：71頁）はこの特徴を反映したものである。

　また労働契約は、具体的な業務内容など、その一部分が意図的に不完全にされている（白地性、他人決定性）。これは具体的な仕事内容を予め労働契約に網羅しておくことが不可能なためである。しかし、これは労働者にとっては提供すべき役務の内容が使用者の判断を待たなければ明らかにならず、使用者が一方的に特定することができる労働条件があることを意味する。配転命令（→52頁）や時間外労働命令（→151頁）の適法性が争われる場面では、この一方的に特定可能な労働条件の範囲やこうした特定が認められる条件が争点となる。

　さらに労働契約は、労働力の利用そのものを目的とした人的な、一定の継続性を持つ関係である。人が関わる契約関係の継続は、人間関係の深まりと継続性を維持する必要性を背景に当事者に労働契約や法律に規定されていない付随義務（→34頁）を生み出す基礎となり、社会などの変化に対応するための労働条件変更法理（→69頁）の必要性を導く。

　そして、1つの使用者の下に複数締結される（集団性、組織性）ことが多いことも労働契約の特徴といえる。集団的性質は、それぞれ個人として尊重される労働者間での平等を争点化し（→労働者の人権・平等・人格権：201頁）、懲戒（→82頁）や就業規則による集団的な労働条件決定（→17頁）などの組織を維持するためのシステムを必要とする。

2．労働契約法の性格と基本原理

　こうした労働契約関係の基本原則や労働契約の成立、展開、終了等に関する基本ルールを設定しているのが労契法である。労働立法の制定・改正は、立法過程の審議会や政治の場における労使の利害対立などによって必ずし

も機動的に行われなかったため、判例法理が立法と立法時から変化した実際の社会状況との乖離を埋めるように展開してきた。この法律は2007年にそれまでに展開されてきた一部の判例法理を明文化する形で制定され、2012年に有期労働契約に関する規定を追加する改正を経て今日に至る。

　労契法の目的は、労働者および使用者の自主的な交渉の下で、労働契約が合意により成立し、または変更されるという合意の原則その他労働契約に関する基本的事項を定めることにより、合理的な労働条件の決定または変更が円滑に行われるようにすることを通じて、労働者の保護を図りつつ、個別の労働関係の安定に資することにある（1条）。法違反について労基法のような刑事罰を予定しない純粋な民事法規であり、民法に対する特別法の位置にある。

　労契法は、次に掲げるような基本理念、基本原則を規定している。

　（1）合意の原則　　労働契約は、労働者および使用者が対等の立場における合意に基づいて締結し、または変更すべきものとされる（労契3条1項）。これは、労働契約の成立と変更が使用者の意思だけでは行えないという原則と、労働契約の成立と変更を可能にする合意も両当事者が対等な立場において行われるべきという理念を宣言したものである。

　（2）均衡待遇の理念　　労働契約は、労働者および使用者が、就業の実態に応じて、均衡を考慮しつつ締結し、または変更すべきものとされる（労契3条2項）。この規定は、労働契約関係を通じて複数の労働者を1つの組織の下に置く使用者に、個人として尊重されるべきそれぞれの労働者をその就労実態に応じて平等に扱うべきことを求めるものである。この規定の視角は、典型・非典型労働者間の均等・均衡待遇を使用者に義務づける各種の規定（229頁、244頁）などの基礎になっている。

　（3）仕事と生活の調和の理念　　労働契約は、労働者および使用者が仕事と生活の調和にも配慮しつつ締結し、または変更すべきものとされる（労契3条3項）。働くことは労働者の生活の一部分に過ぎず、労働者はほかに、自身のキャリア形成・趣味などのための生活や育児・介護などの家族生活、地域の祭りや消防団への参加などの地域生活といった生活を同時に送っている。この規定は、こうした職業外生活に配慮した働き方を実現しなければ労働者

の基本的権利が実現されないと共に、少子化の進展や地域社会の衰退によって社会が十分に機能しなくなることを、労働契約の解釈の基礎に置こうとするものといえる。

(4) 信義誠実の原則　　労働者および使用者は、労働契約を遵守するとともに、信義に従い誠実に、権利を行使し、および義務を履行しなければならない（労契3条4項）。この規定は、民法の信義誠実の原則（信義則、民1条2項）を労働契約の文脈で再規定したものである。一般条項であるこの定めは、付随義務など新たな権利義務を構成する際の法的根拠として、労働契約法理を豊富化させるときの基礎になっている。

(5) 権利濫用の禁止　　労働者および使用者は、労働契約に基づく権利の行使にあたっては、それを濫用することがあってはならない（労契3条5項）。前項と並んで、この規定も民法の規定（民1条3項）を労働契約の文脈で再規定したものである。日本的雇用慣行の下で使用者に比較的広い指揮命令行使を認める傾向にあった裁判例において、権利濫用の禁止は、この権利行使を制約する規範として機能してきた。ここで形成された判例法理の一部は、労契法に明文化されている（労契14条（出向）・15条（懲戒）・16条（解雇））。

(6) 労働契約の内容の理解の促進　　当事者が労働契約の内容を理解することは、その意思に規範的基礎を置く労働契約関係が成立・展開するための前提条件である。しかし専ら使用者が自身の経営目的のために緻密に設定した労働条件の内容を、弱い立場にある労働者が十分に理解することは容易でない場合も多い。そこで労契法は、労基法上の採用時の労働条件の明示義務（労基15条）に加えて、使用者に、労働者に提示する労働条件および労働契約の内容について、労働者の理解を深めるようにすることを求め（労契4条1項）、労働者および使用者は、労働契約の内容（期間の定めのある労働契約に関する事項を含む）について、できる限り書面により確認するものとした（同条2項）。これらは使用者に対して労働条件の明示を書面で求める権利を労働者に認めたものではない。しかし労働条件を労働者に十分説明すべきとするその趣旨は、具体的場面における法解釈に影響を与えている（例えば、技術翻訳事件：東京地判平23・5・17労判1033号42頁）。

Ⅱ　労働契約法上の労働者・使用者

1．労働者

　労働契約関係に関するルールを定める労契法は、その当事者である「労働者」と「使用者」を規制対象者とする。

　労契法は、同法の「労働者」を、使用者に使用されて労働し、賃金を支払われる者と定義する（労契2条1項）。労基法の「労働者」（→ 12頁）とは「事業」に使用されていることを必要としない点で異なるが、その他の定めは基本的に共通する。これを1つの理由に両「労働者」を同一と解する立場がある一方、労契法と労基法の規制目的・方法の違いを理由に労契法の「労働者」を労基法のそれよりも広く解する立場がある。

2．使用者

　「使用者」は、その使用する労働者に対して賃金を支払う者をいう（労契2条2項）。労基法上の「使用者」（→ 14頁）（労基10条）とは異なり、労働者に対して指示をする管理職のような、労働契約の相手方でない事業主のために行為する者は含まない。

Ⅲ　労働契約上の権利義務

1．基本的権利義務

　（1）労働契約の基本的権利義務　　労働契約は、労働者が使用者に対してその指示に従って働く義務（労務提供義務）を負い、この義務を履行したことに対して使用者が賃金を支払う義務を負う双務関係を核とする（労契6条）。労働者の労務提供義務に対応して使用者はこの義務内容の特定と履行を命じる指揮命令権（労務指揮権）を有し、労働者は使用者の賃金支払義務に対応して賃金請求権を有する。

　これら労働契約を構成する基本的権利義務の内容は、当事者の合意によって具体化され、これに就業規則や労働協約等による修正や補充が行われる。そのため当事者が負う権利義務の内容はこれらの取り決めの内容を確認すれば明らかになるが、実際には労働法規による修正を受けたり、当事者が明示に取り決めていない権利義務が認められたりすることがある。ここでは賃

金支払いに関する権利義務が具体化される前提となる指揮命令権と労務提供義務の内容について、踏み込んで検討してみよう。

(2) 指揮命令権行使の限界　　使用者が労働者に対して指揮命令することができる範囲は、指揮命令権の根拠が労働契約にある以上、労働契約やその内容となっている就業規則等に規定された範囲に限られる。例えば、労働契約上限定されている職種や勤務地とは異なる職種や勤務地への異動を命じることはできないし、仮に命じたとしても、それは労働契約内容の変更（ここでは配転を命じた職種や勤務地への変更）の申込みを意味するにとどまる。

近年は、他企業でも通用するキャリアの形成やワーク・ライフ・バランスへの意識の高まりなどにより、職種や業務内容等を特定して労働契約を締結することが増える傾向にある。しかし日本の雇用が「就職」というより「就社」であるといわれることもあるように、これらを限定しない労働契約を締結することが依然として多い。命じることができる労務提供の範囲が不明確な場合はこれを具体化するための解釈が行われるが、裁判例は、本来的業務だけでなく、労働者の労務の提供が円滑かつ効率的に行われるために必要な付随的業務を含むと解する（国鉄鹿児島自動車営業所事件：最判平5・6・11労判632号10頁）など、使用者に比較的広範な指揮命令権の行使を認める傾向にある。

労働契約に根拠のある指揮命令権の行使であっても、それが制定法に違反する場合や、権利の濫用（労契3条5項）と認められる場合には、有効な権利行使にはならない。当該業務命令が、合理的理由なく、殊更に労働者に不利益を課する違法、不当な目的で行われた場合（前掲国鉄鹿児島自動車営業所事件。ただしこの事件の業務命令は有効と判断）や、労働者の人格を侵害するようなものであった場合（JR東日本（本荘保線区）事件：最判平8・2・23労判690号12頁）がこれに該当する。

(3) 債務の本旨に従った労務提供義務の履行　　労働者が具体的な賃金債権を得るためには、労務提供義務をその本旨に従って履行する必要がある。労務提供義務も労働契約を基礎に発生するものであるから、労働契約に規定される業務内容のいずれかに労働者が従事していればこの義務を果たしたといえそうである。だが労働契約で求められているのは使用者の指揮命令に従って労務を提供することであり、これにより特定された業務内容・時間・

場所等に従った労務提供でなければ債務の本旨に従った労働義務の履行とはいえない（水道機工事件：最判昭60・3・7労判449号49頁）。

　もっとも、この労務提供義務の具体的内容の特定は必ずしも自由に認められているわけではない。私傷病により現職に従事することができなくなった労働者がいた場合、使用者が現職に従事することをあくまでも命じるならば、現職に従事できない労働者は債務の本旨に従って労務提供義務を履行することができず、賃金債権を得ることはできないことになる。だが裁判例は、労働者が職種や業務内容を特定せずに労働契約を締結した場合において、諸般の事情を考慮して当該労働者が配置される現実的可能性があると認められる他の業務について労務の提供をすることができ、かつ、その提供を申し出ているならば、なお債務の本旨に従った履行の提供があると解すべきとした（片山組事件：最判平10・4・9労判736号15頁）。以上の条件が満たされている場合には、使用者が命じた職に労働者が従事することができなくても、それは使用者の責めに帰すべき事由によるものとして（民536条2項）、使用者は当該労働者に賃金を支払わなければならない。

　この判断枠組みは、労働契約の範囲内において当該労働者が従事可能な仕事に配置換えすることを事実上使用者に求めるものといえる。この判断枠組みは、その後休職からの復職可能性を判定する場面でも用いられるようになり、従事可能な仕事の有無を判断する際に、就労可能な業務を組み合わせた仕事を作るなど、使用者に一定の「工夫」を恒常的に求めるものへと展開している（東海旅客鉄道（退職）事件：大阪地判平11・10・4労判771号25頁）（→休職期間の終了と労働契約の終了：64頁）。

2．付随義務

（1）付随義務が論じられる背景　　労働契約関係は、人の労務提供を目的とする人を中心とした法律関係（人的性質）で、労務提供にあたり一定の継続が予定されている（継続的性質）。人間関係が継続するにつれて互いの立場や利害に関する理解は深くなり、この理解を基礎に互いに配慮しなければ労働契約関係は続かない。また、個人の尊重などの普遍的価値や社会の形成維持に不可欠な社会秩序は、社会の構成要素の1つである労働契約の内容にも影

響を及ぼす。こうした観点から信義則（労契3条4項）を法的根拠とする付随義務として、互いの利益に誠実に配慮する義務（誠実義務）が裁判例や学説において認められてきた。

労働条件は労働契約に基づいて決定されるのが基本である。しかし実際には、日本的雇用慣行の下で就業規則を用いて労働条件が制度的に設定される傾向が強く、労働契約に関する法理の展開は活発ではなかった。しかし近年、人事考課に重きを置く人事処遇制度の広まりなど労働条件決定の個別化が進み、労働条件決定における労働契約の存在感とこれに対応する労働契約法理の必要性が高まっている。付随義務はこの必要性に対応する新たな労働契約法理を展開する際の基礎となり、職場環境整備義務、個人情報保護義務、平等取扱義務など様々な付随義務が論じられている。

以下、代表的な付随義務を概観することにしよう。

(2) 使用者の付随義務

(ア) **安全配慮義務**　　使用者は、労働契約に伴い、労働者がその生命、身体等の安全を確保しつつ労働することができるよう、必要な配慮をするものとする（労契5条）。この定めは、公務（陸上自衛隊八戸車両整備工場事件：最判昭50・2・25労判222号13頁）・民間（川義事件：最判昭59・4・10労判429号12頁）いずれにおいても判例上確立していた同趣旨の安全配慮義務を労働契約関係に限って明文化したものである。判例上の安全配慮義務は、ある法律関係に基づいて、特別な社会的接触の関係に入った当事者間において、当該法律関係の付随義務として当事者の一方または双方が相手方に対して信義則上負う義務として認められており、注文者と元請企業労働者（三菱重工業神戸造船所事件：最判平3・4・11労判590号14頁）、元請・下請・孫請会社と孫請会社労働者（石川島播磨重工業等事件：福岡地裁小倉支判昭57・9・14労判399号55頁）など、労働契約が存在しない関係においても認められている（→197頁）。

(イ) **労務受領義務（就労請求権）**　　指揮命令権に基づいて使用者が労働者にいかなる労務の提供を命じるかは、原則として使用者の自由であり、賃金を支払う限り「労務を提供しない」という命令をすることも認められる。しかし労働者が現実の就労を求めた場合、使用者はこの就労を受け入れる義務があるだろうか。働くことが労働者にとって肉体的・精神的な負担であるこ

とに着目すれば、働かずに賃金を得られれば十分であるようにもみえる。しかし現実に働くことは、労働者のキャリア形成を助け、企業や他の労働者とのつながりを通じて社会に包摂されるなど、賃金の獲得にとどまらない意義を持つ。就労請求権、あるいは労務受領義務の問題として論じられるこの論点は、従来、就労することを権利としてこれを妨害する使用者の行為の差し止めを求める訴えを根拠づけることが可能かという観点から論じられてきた。近年では、「村八分」「追い出し部屋」のような職場いじめに対抗する手段となりうるかという観点からもその意義が問い直されている。

　裁判例は、①労働契約等に特別の定めがある場合、②業務の性質上労働者が労務の提供について特別の合理的な利益を有する場合に限り、就労請求権を認める（読売新聞社事件：東京高決昭33・8・2判タ83号74頁）。レストランのシェフ（レストラン・スイス事件：名古屋地判昭45・9・7労経速731号7頁）が②の条件を満たす一例である。働くことに様々な意味を見いだすことができる今日、就労請求権を認める範囲を専門的業務に限るべきか検討の余地がある。仮に就労請求権を認めた場合には、その義務の内容をいかに特定し、具体化するかが課題となる。

(3) 労働者の付随義務

　(ア) 秘密保持義務　　労働者は、付随義務として、使用者の営業上の秘密を保持する義務を負う。顧客情報や財務情報、技術情報等が秘密として保持されるべき情報の典型例である。この義務は使用者の知的財産を守る重要な手段であるため、実際には労働契約や就業規則に明記されることが多い。この義務の違反に対しては、就業規則の定めに基づく懲戒処分（古河鉱業足尾製作所事件：東京高判昭55・2・18労民集31巻1号49頁）や損害賠償請求（美濃窯業事件：名古屋地判昭61・9・29労判499号75頁）がなされる。

　営業上の秘密を守る必要性は労働契約関係終了後も存在する。そのため、就業規則や特約を用いて労働契約終了後に秘密保持義務を課すことも、秘密の性質、範囲、価値、労働者の退職前の地位等を考慮して合理性が認められる限りにおいて許容されている（ダイオーズサービシーズ事件：東京地判平14・8・30労判838号32頁）。このような明文の定めなく、付随義務としてこの義務が存続することを認めるかについては見解が分かれる。

なお、不正競争防止法も営業秘密を「秘密として管理されている生産方法、販売方法その他の事業活動に有用な技術上又は営業上の情報であって、公然と知られていないもの」（2条6項）と定義し、その不正取得や開示等を不正競争として禁止している。

　(イ) **競業避止義務**　　ある使用者の下で勤務する労働者が、当該使用者の業務内容と競合する他企業で業務に従事した場合、営業上の秘密の漏洩や競合商品の供給によって当該使用者が損害を被るおそれがある。このことから労働者は、在職中、同業他社で勤務したり、競業にあたる会社を立ち上げたりしない義務、すなわち競業避止義務を付随義務として負う。競業避止義務も労働契約や就業規則に基づいて労働者に義務づけられることが多く、これの違反について退職金の減額や競業行為の差止め等を予定することで履行確保が図られている。

　退職後についても競業避止義務を労働者に課し、その違反について何らかの責任を負わせることは認められるだろうか。使用者は退職後の競業行為であっても在職中のそれとあまり変わらない不利益を被る可能性がある反面、退職した労働者には、自身のキャリアが有効に活用可能な前職に類似する新たな就業や起業をすることにメリットがある。このような使用者の営業上の利益と労働者の職業選択の自由（憲22条1項）とをどのように調和するかが、義務違反について講じられた不利益の内容をふまえながら問題となる。

　退職後の競業行為の差止めは、職業選択の自由そのものを制限する点で、競業禁止の目的や退職者の在職中の地位、競業禁止の期間や場所などの範囲、代償措置の内容などの点を考慮して限定的に認められる（フォセコ・ジャパン・リミティッド事件：奈良地判昭45・10・23判時624号78頁）。これと対比すれば損害賠償の請求は比較的容易だが、終身雇用制度が徐々に一般的なものでなくなり、労働者のキャリア形成に価値が認められるようになっている今日、競業避止義務違反を認めること自体のハードルが次第に高まっている（キョウシステム事件：大阪地判平12・6・19労判791号8頁）。

　労働者がある企業に在職中、他の企業と労働契約を締結したり、自身で事業を行ったりすることを兼業（二重就職、兼職）という。兼業が競業に該当する場合には、競業避止義務に基づく制限に服する。しかし競業に該当しない場合であっても、本業に支障が出ることなどを理由に兼業自体を禁止の対象としたり許可制としたりして、これに違反した者に対して懲戒処分等を予定する取扱いが広く行われてきた。

　しかし 2010 年代後半頃から兼業が新たな技術の開発や起業の手段、第二の人生の準備としての役割を担いうることが指摘され、次第に兼業を認める企業が増えつつある。労働者は使用者と約束した労働時間の範囲で労務提供義務を負うに過ぎず、この範囲から外れる時間は、本来使用者から関知されない労働者の私的自由時間であることからすれば、兼業は原則として労働者の自由であるべきであろう。兼業によって労務提供義務の履行に支障が出たり、企業秩序が侵害されたりした場合でない限り、許可制に反して労働者が兼業をしていたとしても、これを理由に当該労働者に対して不利益を課すことは認められない（十和田運輸事件：東京地判平 13・6・5 労経速 1779 号 3 頁）。

　労働者などの従業者等が行った発明が、その性質上使用者等の業務範囲に属し、かつ、その発明をするに至った行為がその使用者等における従業者等の現在または過去の職務に属する場合、その発明を「職務発明」という（特許 35 条 1 項）。職務発明について特許を受ける権利は従業者等に帰属し、従業者等が特許を受けたときに、使用者等は特許権者から差し止め等を受けることなくその特許を実施する権利（通常実施権）を有する（同項）。契約や勤務規則などによって予め使用者等に特許を受ける権利を取得させたり、特許を独占的に実施する権利（専用実施権）を帰属させたりした場合には、従業者等は相当の金銭その他の経済上の利益（相当の利益）を受ける権利を有する（同条 2 項～4 項）。

労働契約と異なり、役務提供の成果を労働者に帰属させる仕組みを取っているのは、労働者に職務発明のインセンティブを与えることを意図したことによる。「相当の利益」を決定する基準は、その基準の策定において使用者等と従業者等との間で行われる協議の状況や当該基準の開示の状況、相当の利益の内容の決定における従業者等からの意見聴取の状況等を考慮して、その内容が不合理と認められない限り、契約や勤務規則等に定めることができる（特許35条5項）。この定めがない、あるいは不合理である場合には、相当の利益の内容は、その発明により使用者等が受けるべき利益の額、その発明に関連して使用者等が行う負担、貢献および従業者等の処遇その他の事情を考慮して定められる（同条7項）。現行のルールは、旧法の下で、「相当の対価」（当時）の算定基準のルールが未整備で、算出額に予測可能性が欠けることが問題視されたことを受けて整備されたものである（関連裁判例として、オリンパス光学工業事件：最判平15・4・22民集57巻4号477頁、日亜化学工業事件：東京地判平16・1・30労判870号10頁）。

第2節　労働契約の成立

本節のねらい
　よい仕事に就くことができるかどうかは人生の分かれ道。よいアルバイトに就けなければ勉強や友達とのお出かけなど普段の生活に支障が出かねませんし、就活に失敗して学校卒業直後から働き始めることができないと、その後の再チャレンジが難しくなることはよく知られています。他方、企業にとっても採用はチャンスと同時にリスク。できる限り自由な方法で採用対象者を決めたいところですが、だからといって採用や内定取消、本採用拒否の基準の設定を企業の自由にしてしまえば、泣き寝入りする人が増えそうです。労働契約の成立をめぐるルールはどのようにあるべきでしょうか。

Ⅰ　採用の自由とその制限

1．採用の自由

　労働契約は、労働者が使用者に使用されて労働し、使用者がこれに対して賃金を支払うことについて、労働者および使用者が合意することによって成立する（労契6条）。この合意は明示されている必要はなく、お互いの態度や交渉経緯などの実態から認められる黙示の合意でもよい。

　最高裁は、思想信条を理由とする本採用拒否が争点となった事案において、憲法が思想信条の自由（21条）や法の下の平等（14条）と同時に財産権（29条）や経済活動の自由（22条）を保障していることを理由に、使用者は「いかなる者を雇い入れるか、いかなる条件でこれを雇うかについて、法律その他による特別の制限がない限り、原則として自由にこれを決定することができる」と判断した（三菱樹脂事件：最大判昭48・12・12民集27巻11号1536号）。この論理は、労働契約締結の場においても、市民法上一般に認められる契約自由の原則が妥当することを示したものである。

　この採用の自由には、採用基準を決定する自由や、採用・不採用を決定する自由などが含まれる。筆記試験の点数が悪い者や面接の受け応えが十分でなかった者を採用することも、法律等による制限に反しない限り、企業の自由である。仮にある採用拒否について違法性が認められたとしても、司法上の救済としては一般的には不法行為（民709条）を構成するにとどまり、企業に採用の意思表示を強制することになる採用強制は認められない。

　「法律その他による特別の制限がない限り」という採用の自由に対する例外の部分は、契約の自由も無制約ではなく、公共の福祉やその他の基本的人権との調和を必要とすることをふまえたものである。

2．採用の自由に対する規制

　（1）募集に関する規制　　採用の自由には募集方法の自由も含まれる。インターネットの求人サイト、新聞の折り込み広告、縁故募集など、私たちの身の回りでは多様な募集が行われている。しかし募集が適切に行われないと、使用者と労働者の適切なマッチングが行われず、企業の円滑な運営や労働者の働く権利の実現がおぼつかなくなる。そこで募集活動に対して以下のよう

な規制が講じられている。

使用者自身が直接募集を行う場合には、募集方法は使用者の自由に原則として委ねられているが、使用者自身が雇用しない者を通じて有償の委託募集を行う場合には、その適性を確認するために厚生労働大臣の許可が必要となる（職安 36 条）。また、公共職業安定所（ハローワーク）（同 8 条・17 条以下）や学校等（同 33 条の 2）が行う無料職業紹介、民間業者による有料職業紹介（同 30 条）を利用することもできる。

募集にあたり、公共職業安定所等は求職者に、募集条件を正確に知らせるために、業務の内容、労働契約の期間、就業の場所等の労働条件を明示することを義務づけられる（職安 5 条の 3 第 1 項）。また、公共職業安定所等は、募集の過程で求職者の個人情報を収集、保管、使用することになるが、その範囲は原則として業務の目的の達成に必要な範囲に限定される（同 5 条の 4 第 1 項）。

求人票と労働条件 *column*

　私たちが仕事を探す場合、求人票などを見てその仕事の内容を確認することから出発することが多い。求人票に書かれている労働条件は、法的には申込みの誘引であることが多く、実際の労働条件が求人票の表記と異なっていたとしても、差額賃金請求など求人票記載の労働条件を請求する権利を労働者は持たない（八州測量事件：東京高判昭 58・12・19 労判 421 号 33 頁）。もっとも労働契約の締結過程において十分な説明を行わないなど信義に反するような取扱いがあった場合には、慰謝料請求が認められる場合がある（日新火災海上保険事件：東京高判平 12・4・19 労判 787 号 35 頁）。

---

(2) 人格保護・差別禁止の観点からの規制　　労働者の基本的人権の実現に結びつく人格の保護や差別の禁止は、契約関係の有無に関わりなく実現を求められる普遍的なルールである。これらの規範も採用の自由を制限する根拠となる。

労働者のプライバシー権（→ 223 頁）は、採用段階でも保護される。採用の

自由には調査の自由も含まれるが、本人の同意を得ずに健康情報の中でもセンシティブな HIV（HIV 抗体検査（警視庁警察学校）事件：東京地判平 15・5・28労判 852 号 11 頁）や B 型肝炎（B 金融公庫（B 型肝炎ウイルス感染検査）事件：東京地判平 15・6・20労判 854 号 5 頁）に関する検査を行ってはならないのは当然である。募集時と同様、採用過程においても収集可能な個人情報は業務の目的達成に必要な範囲に限定され、人種、民族、社会的身分、門地、出生地その他社会的差別の原因となるおそれのある事項、思想および信条、労働組合への加入状況等は原則として収集が認められない個人情報である。

　差別禁止に関わる規制としては、性差別禁止（雇均 5 条）や年齢差別禁止（労働施策推進 9 条）、障害者差別については、直接差別の禁止（障害雇用 34 条）に加えて合理的配慮提供義務（障害雇用 36 条の 2 条）が明文化されている。労働組合に加入しないこと、脱退しないことを採用の条件とする黄犬契約の禁止（労組 7 条 1 号、278 頁）も、労働基本権という労働者の基本的人権の保障を目的とする採用の自由の制限である。

　（3）採用強制に関する規制　　使用者に採用を強制するという形式で採用の自由を制約する制度もある。

　例えば、一定規模以上の事業主に一定割合以上の障害者の採用を義務づける雇用義務制度がある（→216 頁）。この制度は、法定雇用率（障害者雇用率）を達成しない事業主に対して障害者雇用納付金を支払わせることで事業主に採用を促す圧力をかける。

　より直接的に使用者との間に労働契約の成立を認める制度もある。有期労働契約の無期労働契約への転換（労契 18 条、233 頁）や、雇止めが違法とされたときに契約更新が行われた効果をもたらす定め（同 19 条、235 頁）、違法に派遣労働者を利用していた派遣先に当該派遣労働者を採用したものとみなす制度（派遣 40 条の 6、244 頁）などがある。

3．労働条件の明示

　労働条件を明確にし、当事者がその内容を理解することは、労働契約締結の前提であると同時に紛争の防止に役立つ。そこで労基法は、使用者に労働契約を締結するにあたって労働者に労働条件を明示することを義務づけて

いる（労基15条1項）。明示すべき労働条件（労基則5条1項）のうち、労働契約の期間や労働時間、賃金に関する事項などいくつかの労働条件については原則として書面で明示するものとする（同5条3項・4項）。

明示された労働条件が事実と異なる場合は、労働者は即時に労働契約を解除することができる（労基15条2項）。就業のために住居を変更した労働者がこの解除の日から14日以内に帰郷する場合には、使用者は必要な旅費を負担する義務を負う（同条3項）。

Ⅱ　採用内定・内内定

1. 採用内定の意義と課題

労働者は労働契約に基づいて働く義務を負うが、働くことを約束するのは実際に働き始める時点よりも少し前であることが多い。働き始めた時点以降に労働契約が存在することは明らかだが、働くことを約束した時点から働き始める時点までは、一体どのような法的関係で、この間に起きたトラブルはどのように解決されるのだろうか。

この採用内定に関する問題が最もクローズアップされるのが、新規学卒者の採用過程である。企業内での訓練と熟練を通じて労働生産性を高めていくという人事制度を採用する企業が比較的多かった日本では、職業的には未熟であっても、優秀な新規学卒者を早期に抱え込むことが重要であった。そのためできるだけ早期に学生に内定を出すインセンティブが高まり、採用内定と実際の就労開始との時間的間隔が開くようになり、その間の法的関係を明らかにする必要性が高まったのである。

企業間の採用競争の過熱化は、極端に早期の採用内定や学業への支障等の問題を生じさせたため、経営団体が新規学卒の採用ルールを取り決めるようになった。このルールは、変遷を経て最終的には「採用選考に関する指針」（日本経済団体連合会：経団連）となり、広報活動については卒業・修了年度に入る直前の3月1日以降、選考活動については卒業・修了年度の6月1日以降、正式な内定日については卒業・修了年度の10月1日以降とするというルールが定められた。就職活動はおおむねこの指針に基づいて実施されてきたが、この指針はこれに反して募集採用活動を行った企業に対して罰則等を予定

しない紳士協定であり、そもそも経団連に属していない企業も多く存在したため、この指針とは異なる時期・流れで採用活動を行う企業も多かった。そこでこの指針は2021年卒の就活から廃止され、政府主導でさしあたり同じルールを用いつつ、新たなルール作りが目指されることになった。

　卒業年度の就職活動で採用が決まらなかった者は次年度の採用で不利な立場に置かれる傾向にある一方で、採用された労働者のおよそ3割が3年以内に退職するという実態も存在する。こうした実態を改善するべく、企業に幅広く情報提供するよう努力することを求め、一定の事項については応募者から問われた際に情報を提供するよう義務づけるとともに、ジョブカードや地域若者サポートステーション等青少年の就職支援制度の整備や、若者の採用や人材育成に積極的な取組を行う企業を優遇する制度（若者雇用優良企業認定制度、ユースエール認定制度）が設けられている（若者雇用促進法（青少年の雇用の促進等に関する法律））。

2．採用内定の法的性質

　採用内定は法的にいかなる関係にあるといえるか。この点については、労働契約の目的が労務の利用にあり、ときに複数の採用内定を得る求職者もいることなどを根拠に、採用内定から辞令を受けて正式に勤務を始めるまでの一連の手続き全体を労働契約の締結過程と解する労働契約締結過程説や、採用内定を勤務開始時に労働契約を締結することの予約と解する予約説が唱えられた。しかしこれらの説によると、採用内定の取消が違法と判断されたとしても、その救済は、期待権ないし信頼利益の侵害を理由とする損害賠償や予約不履行を理由とする損害賠償にとどまる。就職活動で採用内定を得た者はある時点で実際に就労する企業を1つにしぼり、その他の採用内定を辞退することが一般的であること、年度の区切りで就職活動を行う新規学卒の採用内定の取消は当該学生の就職の機会を実質的に長く奪うことから、これらの救済では不十分であることが意識されるようになった。

　こうした状況の下、裁判例において採用内定過程で労働契約の成立を認めるもの（森尾電機事件：東京地判昭45・11・30労判116号87頁）が現れた（労働契約説）。この立場によれば、採用内定取消は解雇と評価され、採用内定取消自体

に解雇規制に類する規制がかかると同時に、採用内定取消が無効と判断された場合には、取り消された労働契約関係が元に戻ることで労働契約上の地位が認められることになる。

　この裁判例の立場に倣う裁判例が続き、最高裁判決によって踏襲されることで労働契約説は判例法理として定着した。新規学卒の採用内定取消の適法性が争われた大日本印刷事件の最高裁判決（最判昭54・7・20労判323号19頁）は、採用内定時に労働契約の成立を認める流れを、採用内定通知のほかには労働契約締結のための特段の意思表示をすることが予定されていない場合、企業の募集が労働契約締結の申込みの誘因に該当し、これに対する応募者の応募が申込み、これに対する企業からの採用内定通知が右申込みに対する承諾に該当すると構成した。そして、これにより企業と内定者との間に労働契約が成立するが、これは就労の始期を内定者の卒業直後とするという留保と、それまでの間、誓約書に記載された採用内定取消事由に基づく解約権が留保された労働契約であると性質決定した（就労始期付解約権留保付労働契約）。最高裁は、採用内定の実態は多様であることを理由に、その法的性質は個別に判断されるという留保を付けてこの判断を行ったが、以降の裁判例にはこの判断を踏襲するものが多い。その後、新規学卒以外のケース（プロトコーポレーション事件：東京地判平15・6・30労経速1842号13頁）も含めて採用内定時に労働契約の成立を認める判断が続き、前述した最高裁判決の理解は一般化した。

　他方、「始期」の意味については、これを労働契約の効力発生の始期と解する裁判例（電電公社近畿電通局事件：最判昭55・5・30労判342号16頁、効力始期付解約権留保付労働契約）も現れている。この違いは採用内定期間中に内定者に報告書の作成や実習への参加などの義務づけをする場合に現れる。就労の始期である場合、労働契約の効力は発生しているので、信義則などを根拠にこの効力に付随する役務提供に至らない範囲での義務づけを行う余地がある。他方、効力の始期である場合にはこのような解釈も難しくなる。ある採用内定の始期がどちらの意味を持つかは、その採用内定にあたり当事者がどのような権利義務関係を意図したかを探ることによって明らかにされるが、そもそも始期の内容に特に触れない裁判例もあるなど、判決は必要な限りでこの点に言及する傾向にある。もっとも、採用内定者に研修等への参加を命じる

権利が認められる場合であっても、採用内定者が学生である場合には、信義則上、学業を阻害しない範囲でその権利は行使される必要がある（宣伝会議事件：東京地判平 17・1・28 労判 890 号 5 頁）。

3．採用内定取消の適法性の判断基準と判断要素

　採用内定時に労働契約が成立すると解すると、採用内定取消は解雇にあたる。それゆえ採用内定取消に対しては、解雇権濫用法理（労契 16 条）等の解雇規制の適用がある。ただし、採用内定取消は誓約書に基づく留保解約権の行使として行われる。この特徴が、ここでの解雇権濫用性の判断にどのように反映されるのかが問題となる。

　この点について前掲大日本印刷事件最高裁判決は、採用内定者の法的地位を、使用者が社会的に優越した立場にあり、採用内定後に他企業への就職の機会と可能性を放棄するのが通例である点で、就労の有無という違いを除いて試用期間中の法的地位と同じと整理した。そして留保解約権の行使は、解約権留保の趣旨、目的に照らして、客観的に合理的な理由が存在し社会通念上相当として是認することができる場合にのみ許されるという試用期間中の解約権行使の適法性の判断基準を援用したうえで、採用内定の取消事由についても試用期間における留保解約権の行使と同様に、採用内定当時知ることができず、また知ることができないような事実であって、これを理由として採用内定を取り消すことが解約権留保の趣旨、目的に照らして是認することができるものに限られると判断した。具体的な内定取消事由としては、従業員としての不適格が認められるような履歴書への虚偽記載、就労が困難となる病気への罹患などがある。

　採用内定の取消の適法性を、解雇権濫用法理を基礎に判断した点は、労働契約説を採用したことの帰結である。採用内定の取消が使用者側の経営上の理由に基づいて行われた場合には、整理解雇（→ 102 頁）に準じた適法性判断がなされる（インフォミックス事件：東京地決平 9・10・31 労判 726 号 37 頁）。

4．採用内内定の法的性質と取消

　正式な内定日を特定の日以降とする就活のルールへの違反を回避するこ

とを目的の1つとして、これよりも前に「採用内内定」として採用の見込み
を応募者に伝える取扱いが新規学卒者の就職活動において一般化している。
採用内内定は、企業担当者からの電話連絡や入社誓約書の提出を求める書類
の送付など、採用内定と同様、様々な形で行われる。採用内定までの期間が
開くことも多く、応募者は採用内内定の段階で実際に就職する企業を絞り込
むことから、採用内内定の法的性質や取消をどのように解するかが問題と
なってきた。

　大日本印刷事件最高裁判決が、採用内定時に労働契約の成立を認めるにあ
たって、その後労働契約締結のための特段の意思表示をすることが予定され
ていないことを理由づけの1つとしていたことに注目すれば、なお他の意思
表示を予定する採用内内定の時点では労働契約は成立していないと解する
ことになる。裁判例でも採用内内定時の使用者の言動や採用内定成立日への
接近などにより、労働契約締結に向けた採用内内定者の期待が法的保護に値
する程度であった場合に、採用内内定の取消が労働契約締結過程における信
義則に反するとして、使用者に不法行為を理由とする損害賠償責任を認めた
例が存在するにとどまる（コーセーアールイー事件：福岡高判平23・3・10労判1020
号82頁）。

　もっとも採用内定同様、採用内内定の実態も多様であり、採用内内定者の
要保護性や労働契約締結に伴うリスクの配分のあり方が当事者の労働契約
締結意思の判定の中で問われるという問題構造も採用内定のそれと基本的
に同じである。法的概念ではない採用内内定という形式のみで規制の適否を
区別することは困難であり、事案により採用内定と同じように採用内内定時
に労働契約の成立が認められることもある。

Ⅲ　試用期間
1．試用期間の意義と課題
　採用の自由の下で様々な採用方法が認められるとはいっても、現実には限
られた時間や財源の中で、企業が応募者の適性を十分に判断することは難し
い。そこで就労開始から一定期間、その労働者の当該業務に関する職業的能
力や適性を判断することを目的とする期間を設け、適性が認められた労働者

は本採用し、そうでない場合は本採用を拒否する仕組みが企業で用いられるようになった。これが試用の仕組みである。

　このように試用制度は、ある条件を満たした場合には労働者を解雇するという含みを有する。労基法も14日を超えて使用されている場合を除いて、試用期間中の解雇（本採用拒否）については予告を不要とする（21条4号）。これらは労働者の立場を不安定化させるものであるため、主に本採用拒否の適法性をめぐって、試用期間の法的性質や本採用拒否の適法性の判断基準が問題となってきた。

2．試用期間の法的性質

　試用期間の法的性質については、これを本採用後の労働契約関係とは別個の契約関係であるとする見解や、本採用後の労働契約関係と一体的な契約関係としつつ、本採用の決定がなされることを停止条件としたり（停止条件説）、本採用拒否を解除条件としたり（解除条件説）、解約権が留保されたり（解約権留保説）するなど、一定の附款のついた契約関係とする見解などが唱えられた。

　これらに対し最高裁は、「就業規則の規定の文言のみならず、当該企業内において試用契約の下に雇傭された者に対する処遇の実情とくに本採用との関係における取扱についての事実上の慣行のいかんをも重視すべき」として、事案ごとに試用期間の法的性質を特定すべきことを指摘したうえで、就業規則の適用があったことや本採用しなかった例がないこと、本採用の手続きが辞令交付に過ぎないことなどの事実を指摘して、この事件の試用期間を労働者の不適格を理由とする解約権が留保された労働契約関係（解約権留保付労働契約）と判断した（前掲三菱樹脂事件）。解約権の留保を認めることに合理性があるといえる根拠は、大学卒業者の新規採用にあたり、採否決定の当初では当該業務への適格性の有無に関連する事項について必要な調査を行い、適切な判定資料を十分に収集することができないため、後日の調査や観察に基づく最終的決定を留保する必要性があることと、解約権が留保される期間が一定の合理的期間に限定されることに求められている。

　この判断は、その後の裁判例に踏襲され、前述した採用内定の法的性質に

関する最高裁の理解の基礎にもなっている（→44頁）。

3．本採用拒否の適法性の判断基準

　試用期間が労働契約関係であるならば、試用期間中の解約（本採用の拒否）は解雇と評価される。そのためこれらの解約は、解雇権濫用法理をはじめとする解雇規制の適用を受ける（→94頁）。この解約が留保解約権を根拠に行われていることをどのように評価するかが問題となる。

　この点について最高裁は、留保解約権に基づく解雇は通常の解雇と全く同一に論じることはできず、通常の解雇よりも広い範囲で解雇の自由が認められてしかるべきと指摘した（前掲三菱樹脂事件）。そして留保解約権の行使は、解約権留保の趣旨、目的に照らして、客観的に合理的な理由が存し社会通念上相当として是認されうる場合にのみ許されると指摘したうえで、この枠組みの下で用いることができる解約を根拠づける事実を、採用決定時に知ることができず、また知ることが期待できないような事実に限定した。

　本採用拒否を通常の解雇よりも広い範囲で認めるこの判断は、解雇可能性の含みを持つ試用期間を用いる意義を認め、解雇制限を緩やかにする特約を認めるものといえる。ただし、これは業務内容等を考慮した適性考慮の必要性と労働者が不安定な立場に置かれることとの均衡が取れていることを前提としており、この均衡を欠くような試用期間の延長や極端に長い試用期間の設定は、これらを正当化する理由が存在しなければ、公序良俗違反となる（ブラザー工業事件：名古屋地判昭59・3・23労判439号64頁）。

4．試用的有期労働契約の雇止め

　試用期間は、ある労働契約の就労開始以降の一定期間として設定されることが多いが、試用期間が有期労働契約として設定されていた場合、その試用期間満了時の本採用拒否の適法性はどのように判断すべきだろうか。本採用拒否は、通常は解雇として把握されるが、この場合には有期労働契約の雇止めとして把握される。雇止めについても解雇に類する制限（労契19条、→236頁）がかけられているが、雇止めが違法評価された際の救済は、当該有期労働契約が1回更新された状態が創出されるにとどまる。

この点について最高裁は、使用者が労働者を新規に採用するにあたり、その雇用契約に期間を設けた場合において、その設けた趣旨・目的が労働者の適性を評価・判断するためのものであるときは、右期間の満了により右雇用契約が当然に終了する旨の明確な合意が当事者間に成立しているなどの特段の事情が認められる場合を除き、右期間は契約の存続期間ではなく、試用期間であると解するのが相当と判断した（神戸弘陵学園事件：最判平2・6・5労判564号7頁）。

第3節　人　　事

> 本節のねらい
>
> 　効率的な経営を目指して企業は労働者を様々に処遇します。経験を積ませるために労働者をいろいろな所に配転、出向させ、これに応えた労働者は、主任、係長、課長…と出世の階段を上る。末は経営陣に！と夢を描く人もいるかもしれません。でも転勤によって家族が離ればなれ、病気休職をして解雇の影におびえる、評価基準が曖昧で昇進に同期と差がついたことに納得がいかないということも起こります。企業が効率的な経営のあり方を模索する中で、昔ながらの年功的な人事の仕組みを採用する企業は徐々に減り、人事の仕組み自体が大きく変化、多様化しています。こうした動きの中で、労働者の人事に関する法はどのようにあるべきでしょうか。

Ⅰ　人事をめぐる問題状況

　労働者を採用した企業は、取り交わした労働契約に基づいてその労働者をある部署に配置し、ある職位につけて、ある業務を命じる。このような人事処遇は、企業目的をより効果的に実現するために、各企業がその仕組みや運営について日々工夫を凝らし、社会や企業、労働者の変化に対応して実施される。他方、労働者にとって人事処遇は、労働契約内容を確認しただけでは十分に分からない、自身の日々の業務内容や指揮系統上の位置づけなどの具体的労働条件を左右する関心事である。

「人事」という言葉は、広い意味では採用から解雇に至るまで、企業による労働者の処遇全般を指して使われる。この節ではその中の、業務内容や勤務先の変更（Ⅱ）、職位の変動（Ⅲ）、労務提供の一時停止（Ⅳ）、そして企業組織自体の変更を伴う組織再編（Ⅴ）を扱う。労働契約内容の変更に踏み込む労働条件の変更については、第4節を参照して欲しい。

Ⅱ 配転・出向・転籍

1. 配転・出向・転籍の定義と意義

「配転（配置転換）」とは、同一企業内での配置の変更であって、職務内容や勤務場所が相当の長期間にわたって変更されるものをいう。勤務場所の変更を伴う配転は「転勤」と呼ばれる。一時的な同一企業内の異動は「応援」と呼ばれ、配転とは区別される。

「出向」とは、労務の提供先を、出向を命じた使用者（出向元）とは異なる相手方（出向先）とする処遇をいう。このうち、出向元との労働契約関係を存続させたまま出向先の従業員となってある程度の期間出向先の業務に従事する出向を「在籍出向」、出向元との労働契約関係を終了し、出向先との間に労働契約関係を成立させて、出向先の業務に従事する出向を「転籍出向」、あるいは単に「転籍」と呼ぶ。

配転・出向は、終身雇用制度の下、様々な部署や業務を労働者に経験させることを通じて労働者の企業内熟練やキャリア形成を支援する役割を担い、労働者の「出世」のプロセスになってきた。また、経営悪化などにより特定部門を廃止、縮小しなければならない場合には、その部門に属する労働者を他の部門に配転させたり、関連会社に転籍させたりすることによって当該労働者の雇用を維持する機能も持つ（→整理解雇：102頁）。特に出向については、子会社などへの出向を通じて技能移転を行う機能も有する。

反面、組合活動に熱心な労働者を、組合活動を停滞させるために転勤させる場合のように、配転・出向は使用者にとって不都合な者を排除する（左遷）手段にもなる。転居を伴う転勤や出向については、労働者の家庭生活（育児、家事責任など）や地域生活（地域活動への参加など）との調和をどのようにして図るかという問題も生じる。

日本では従来、職種や勤務地を特定せずに労働契約を締結することが多かったため、配転・出向を命じる使用者の権限は比較的広く認められる傾向にあった。しかし近年は、限定正社員（ジョブ型正社員）と呼ばれる、職務内容や勤務地が特定の職種や場所に限定された働き方が増加しつつある。労働市場の流動化や少子化対策が進む中、労働者の側も、配転等を通じて企業内キャリアを積むよりも、転職可能性を見据えて特定の業務に従事して他企業でも通用する専門的なキャリアを形成することや、子育てや介護など職業外生活に関わることにより高い価値を認める傾向にある。このような変化が、過去の人事制度の下で形成された人事処遇に関する法制度・法理の適用にどのように反映され、修正を求めるかが問われている。

2．配　転

（1）配転命令権の法的根拠

　㋐　労働契約に職種限定・勤務地限定がある場合　　使用者が労働者に指揮命令を行う根拠は労働契約にある。この労働契約に職種や勤務地の限定がある場合、この範囲を超えて配転を命じることは労働契約内容の変更の申込みを意味する。そのためこの場合は、当該労働者の承諾を得なければ配転を命じることはできない。

　労働契約に職種や勤務地の限定が存在しない場合であっても、特定の職種や勤務地で長期間働くなどして事実上これらが限定されている実態が存在していた場合、これを根拠に職種や勤務地を限定する黙示の合意の存在が認められるだろうか。職種限定の合意の認定について最高裁は、当該職種以外の職種には一切就かせないという趣旨の合意が無ければ職種限定の合意を認めない（日産自動車村山工場事件：最判平元・12・7労判554号6頁）など消極的な態度を取ってきた。勤務地の限定については、面接時に転勤の説明がなかったことや転勤実績が極めて稀であることなどの事実に基づいてこれを認める例があるものの（日本レストランシステム事件：大阪高判平17・1・25労判890号27頁）、全国に支社を持つ企業の正社員については、この限定が認められるケースは少ない（新日本製鐵（総合技術センター）事件：福岡高判平13・8・21労判819号57頁）。この合意の認定作業では、契約内容や勤務実態のほか、特定の職種や

勤務地で継続的に勤務することが、労働者の専門的なキャリア形成や生活の安定に貢献する側面があることをどの程度評価するかが判断材料となっている。

　(イ) 労働契約に職種限定・勤務地限定がない場合　労働契約に職種限定・勤務地限定がない場合、使用者は、どのような法的根拠があれば配転を命じる権利（配転命令権）を有するだろうか。職種や勤務地は、労働者が就職するときに必ず考慮する労働条件である。そこでこれらは労働契約で決める事項か、あるいは使用者がその決定権限を持つことができる事項か、使用者が決定権限を持つことができるとしてもこの権限を認めるためには何が必要かをめぐって様々な見解が唱えられてきた。

　1つは、労働契約の締結により使用者は労働者から配転命令権を含んだ包括的な労働力の処分権限を委ねられているとする見解（包括的合意説）である。これによれば、労働契約等に配転命令権の存在を明示していなくても、使用者は配転命令権を有することになる。他方、労働契約上の合意の範囲内でのみ配転を命じる権利を有するものとする見解（契約説）もある。この説によれば、使用者が配転命令権を有するためには、就業規則に配転命令権に関する定めが置かれるなど、この権利の存在を認める労働契約上の根拠が必要となる。さらに、より具体的な合意を必要とすると解して、各労働者と個別に配転命令権を認める特約を結べばこれに基づいて配転を命じることができるとする立場（特約説）もある。これらは配転命令権を使用者に委ねることを認める点で共通するが、職種や勤務地は、使用者に決定を委ねられない合意で決すべき契約事項であるとの理解を基礎に、配転命令権を否定する立場もある（配転命令権否定説）。この立場によれば、配転を命じるためにはその労働者の同意が必要になる。

　この点について最高裁は、労働協約や就業規則に従業員に転勤を命ずることができる旨の定めがあり、労働契約上勤務地を限定する合意がなされなかった場合は、使用者は配転（転勤）命令権を有するものとする（東亜ペイント事件：最判昭61・7・14労判477号6頁）。

　(2) 配転命令権行使の限界　配転命令権が使用者に認められたとしても、その行使が違法と評価されることがある。

1つは、その配転命令が不当労働行為（労組7条）や均等待遇原則違反（労基3条）に該当するなど、特定の場面について設けられた規制に抵触する場合である。また、労働協約において使用者が配転を命じる際に労働組合と協議をすることが義務づけられているにもかかわらずこれを行わなかった場合も、当該配転命令は有効なものと認められない。

　これらに該当しない場合であっても、配転命令権の行使は濫用的であってはならない（労契3条5項）という包括的な規制が講じられている。この権利濫用性の判断基準については、前掲東亜ペイント事件最高裁判決が、①当該転勤命令について業務上の必要性が存しない場合、または②業務上の必要性が存する場合であっても、(a) 当該転勤命令が他の不当な動機・目的をもってなされたものであるとき、もしくは (b) 労働者に対し通常甘受すべき程度を著しく超える不利益を負わせるものであるとき、といった特段の事情が存する場合でない限りは、権利の濫用にはならないという判断枠組みを提示した。

　この判断枠組みは今日もおおむね維持されているが、そこで考慮される事項の評価の仕方は変化しつつある。

　例えば、近年ワーク・ライフ・バランスの実現に価値を認める傾向が労働者においても社会においても強まっている。この傾向は、裁判例では、使用者が転勤命令に伴う不利益を軽減する配慮を講じたことを配転命令権行使の濫用性の判定において考慮する（帝国臓器製薬事件：東京高判平8・5・29労判694号29頁）という形で反映された。その後2001年の育介法の改正では、転勤を命じるにあたり対象労働者の育児・介護責任に配慮することが明文で使用者に義務づけられ（26条）、2007年に制定された労契法には、転勤命令に限定せず、労使当事者が広く仕事と生活の調和に配慮すべきことが明文化された（3条3項）。今日の配転命令権行使の濫用性の判断基準は、これらの条文の存在を前提として争われる。

3．出　向

　(1) 出向労働者の取扱いと法的地位　　出向は、出向労働者、出向元、出向先の三者関係を構成する点に特徴がある。出向労働者は、出向を命じた出向

元との間で労働契約関係にあるが、出向先との間にも労働契約関係を形成する（二重の労働契約関係）。同じく三者関係を構成する派遣労働とは、出向労働者と出向先との間に労働契約関係が存在する点で区別される。派遣労働では、派遣先と派遣労働者との間に労働契約が存在しない（派遣2条1号、→240頁）。

　出向労働者が、出向元、出向先それぞれとの間でどのような権利義務関係を形成するかは、出向元・出向先間の出向労働者の送出し・受入れに関する取り決めの内容に応じて変化する。例えば賃金については、出向元が負担し、出向先が出向元に負担分を支払う場合や、出向先が支払うが、出向元で支払われていた賃金よりも少ない場合には出向元が不足分を補塡する場合などがある。もともと出向元との間に労働契約関係があり、一定期間後に出向元に復帰することが通常であることから、解雇など雇用に関する基本的権利義務に関わる権限は出向元に残し、労働時間管理や服務規律の適用など労働力の利用に関する権利義務は出向先が有することが多い。役務を提供するのはもっぱら出向先であることから、出向元では休職扱い（出向休職）とされることもある。出向先に指揮命令に付随するごく一部の権限しか委ねられていない場合には、出向先との間の労働契約関係は、出向元との労働契約関係を基礎にする限りで成立すると解される場合もある。

　労基法や労安衛法などの各種の法令は、規制対象とする労働条件に関する権限を客観的に見て有している者に対して適用される。

　(2) 出向命令権の法的根拠　　出向においても、配転と同様に、いかなる法的根拠があれば出向を命じる権限（出向命令権）を使用者に認めることが可能であるかが問題となる。この点、民法625条が「使用者は、労働者の承諾を得なければ、その権利を第三者に譲り渡すことができない」としていることから、指揮命令権の一部を譲り渡し、労務提供の相手方を変更することを意味する出向命令権を認めるためには労働者の承諾が必要であることが分かる。しかし、配転命令権を認めることができる合意の具体性の程度をめぐって争いがあるように、ここでの「承諾」にも権利を譲渡する際の個別的承諾に限られず、権利譲渡以前の様々な「承諾」が含まれうる。そこでここでも、出向の特徴を意識しつつ、出向命令権を認めることができるか、認めることができるとした場合どのような条件を満たす必要があるのかが争点

となってきた。

　この点について裁判例では、当該労働者の承諾その他これを法律上正当づける特段の根拠を必要としたり（日立電子事件：東京地判昭41・3・31労民集17巻2号368頁）、採用時の包括的同意を認めるが、それは真の同意に基づくことを必要としたりするもの（興和事件：名古屋地判昭55・3・26労判342号61頁）が現れた。最高裁は、就業規則に業務上の必要性に応じて出向を命じる旨の定めが置かれていること、労働協約に出向の定義、期間、出向中の社員の地位、賃金、退職金、各種の出向手当、昇格・昇給等の査定その他処遇等に関して出向労働者の利益に配慮した詳細な規定が設けられていること、という事情の下で使用者に出向命令権を認めた（新日本製鐵（日鐵運輸第2）事件：最判平15・4・18労判847号14頁）。

　（3）出向命令権行使の限界　　出向命令は、不当労働行為の禁止や差別禁止など制定法上の禁止規定に該当する場合のほか、当該出向命令が、その必要性、対象労働者の選定に係る事情その他の事情に照らして、その権利を濫用したものと認められる場合には無効となる（労契14条）。出向命令の必要性は、出向先の選択やその業務内容等を考慮して判定され、対象労働者の選定に係る事情としては、人選基準の合理性とその適用の適法性が問われる（前掲新日本製鐵（日鐵運輸第2）事件）。その他の事情には、出向命令の目的や、出向対象者が生活関係、労働条件等において被る不利益の程度、労働組合との協議の状況などが含まれる。

4．転　籍

　転籍は主に2つの法的構成によって行われる。1つは、①転籍元と転籍先の約定を背景に、転籍元と転籍労働者との間の労働契約を解約し、転籍先と転籍労働者が新たな労働契約を締結する方法である。この方法によれば、転籍元が一方的に労働契約を解約すれば解雇となり、労働契約の締結には当事者の意思の合致が必要であることから、労働契約の解約と新規締結についてそれぞれ転籍労働者の同意を必要とすることになる。もう1つは、②転籍元の労働契約上の使用者としての地位を転籍先に包括的に譲渡する方法である。この方法によっても、この譲渡について転籍労働者の同意を必要とする（民

625条1項）。

　配転・出向と同様、転籍においてもいかなる場合に使用者に転籍命令権が認められるかが争点となる。この点について前述した①の法的構成を用いる場合、新規の労働契約を締結する権限を使用者に予め委ねることは困難であるため転籍命令権を設定することができず、転籍にあたり転籍労働者の個別同意が必要になる。②の法的構成を用いる場合、出向の項で示したように民法625条1項の「承諾」の意味の理解の仕方によっては転籍命令権を使用者に委ねることも可能になりそうである。だが労働契約関係の一身専属性をふまえれば、②の法的構成を採用した場合でも、包括的規定による転籍命令権の設定は困難であり（三和機材事件：東京地決平4・1・31判時1416号130頁）、転籍労働者の個別同意を要件とすべきであろう。

Ⅲ　昇進・昇格・降格

1．昇進・昇格・降格の定義と意義

　企業組織を円滑に運営するためには、1人1人特徴の異なる労働者を効果的に活用する仕組みが欠かせない。前述した配転等は、直接的には賃金や会社での地位の上下を伴わずに労働者の担当部署や勤務地・勤務先を変更するいわばヨコの人事処遇である。これと比較して、この項で扱う「昇進」「昇格」「降格」は、優秀な者を管理職に抜擢して経営に関与する程度を高めたり、労働者の働きぶりに地位上昇や金銭で報いて就労へのモチベーションを高めたりする、企業の中での地位や賃金の上下に関わるいわばタテの人事処遇である。これらについて以下で学ぶにあたり、まずこれらの用語の意味を確認しておこう。

　「昇進」は、係長から課長、課長から部長というように、企業組織内部の指揮系統における役職や地位（職位）の上昇を意味する。昇進自体は賃金の上昇を直接意味しないが、一定以上の役職について役職手当が用意されることがある。

　「昇格」は、2級3号俸から2級4号俸へというように、次に（→2.）紹介する職能資格制度の下での資格の上昇を意味する。資格の内容をさらに細かく等級化している場合、その等級が上昇することを、昇格と区別して昇級と

呼ぶことがある。格付けは賃金額と対応するため、昇格は賃金の上昇を意味する。反面、昇格は指揮系統の上昇は意味しないが、ある役職や職位に就くために一定以上の格付けにあることが前提とされていることもある。

「降格」は、①役職や職位の引き下げを意味する場合、つまり昇進の反対措置を意味する場合と、②職能資格制度における格付けの引き下げ、つまり昇格の反対措置を意味する場合がある。また、降格が実施される場面にも、人事異動の一種として業務命令によって行われる場合と懲戒処分の一種として行われる場合がある。これらは問題構造の違いに応じてそれぞれ別の基準で適法性を判断されるため、降格命令の適法性が争点となった事案では、まず問題の降格の意味を明らかにする必要がある。

昇進・昇格・降格は、法律が企業に制度的設置を強制しているわけではなく、企業がその必要に応じて実施している。そのため、例えば同じ「昇進」でも企業ごとにその内容は様々である。これらをめぐる法的問題に取り組む場合には、以上のおおまかな定義をふまえて、予め当該事案における昇進等の内容を確認する必要がある。

2．人事処遇制度の変遷

昇進等の人事処遇は、通常、体系的な人事処遇制度の下に行われる。人事処遇制度の設計方法は、労働者の仕事の仕方や企業の経営方針を左右する関心事として常に話題となり、判例や学説の展開に影響を及ぼしてきた。ここでは、典型的な人事処遇制度を賃金に着目しておおまかに整理してみよう。なお、いずれの説明も各賃金処遇制度のモデルの1つを示すにとどまり、実際には同じ賃金処遇制度に分類されるものでもバリエーションがあり、複数の賃金処遇の考え方が組み合わされて1つの賃金処遇制度が作られることもある。

1920年代頃から広まりを見せたのが年功賃金制度である。年功賃金制度は、労働者個人の特徴（属人的要素）である勤続年数や年齢、学歴等に着目して賃金を決定する制度である。勤続年数に応じた定期的な賃金上昇は、労働者の企業への定着度を高めて「終身雇用」と呼ばれる長期的雇用をもたらし、企業内熟練の重視や職種や勤務地を限定しない労働契約、配置・昇進等に関す

る使用者の広い裁量の裏付けとなるとともに、企業意識の高まりを通じて労働組合の企業内化（企業別組合）をもたらした。日本的雇用慣行の1つに数えられるこの制度の思想は、形を変えつつ、なお今日の人事処遇のあり方に影響を及ぼしている。

　第二次大戦後、技術革新の速度が次第に上がり職種・職務が多様化する中、年功賃金制度が評価していた勤続年数等が新たな職種や職務の下での労働者の評価になじまない場面が増えるようになった。このミスマッチを埋める手段として、1960年代初頭頃に職務給制度の導入が試みられるようになった。職務給制度は、労働者の職務を基準に賃金を決定する制度であり、職務分析を通じてその職務の作業内容や必要な知識・熟練等を具体化し、重要度や責任度等を検討する職務評価を行って、この結果を賃金決定の基礎とする。もっとも職務給制度は、配置転換を困難にし、急速な技術革新に対応するための職務分析・職務評価実施のコストが比較的大きいことなどから、それほど広まりを見せなかった。

　その後、1960年代末頃から職能資格制度における資格に応じて賃金を決定する職能給が急速に広まった。職能資格制度は、事務職、技術職などの職掌ごとに能力段階を定め、この中に様々な資格を設け、その資格のいずれの等級に属するかをもって賃金額を決定する仕組みであり、個々の労働者の職務を遂行する能力を評価基準とする点に特徴がある。仕事と資格を分離することで配転を容易にし、能力基準を用いて労働者に能力開発を促しつつも、この能力に潜在的能力を含め、その形成に勤続年数が寄与する点で年功的・長期的雇用に親和性を持つものであった。

　職能資格制度に対しては、経済の低成長化と労働者の高齢化、バブル崩壊後の経営環境の悪化といった環境の変化の下で、能力の序列がポストの数と見合わなくなることや評価制度の不全により勤続年数が能力の代替指標として使われる可能性などが問題点として指摘されるようになった。これらを受けて1990年代頃以降から、労働者の成果を使用者が評価して賃金を決定する成果主義賃金制度に注目が集まるようになった。労働者間の賃金格差がより短期的に上下し、能力開発や長期雇用というより、経営戦略としての短期的成果に重きを置くこの賃金処遇制度は、人件費の調整を容易にする反面、

労働者の信頼を獲得するに値する評価基準・方法の構築を課題としている。

3．人事考課

　昇進・昇格・降格は、いずれもその労働者の上司などの評価権者の評価に基づいて実施される。この評価を行う仕組みは人事考課制度と呼ばれ、労働者の能力（職務知識、実行力、統率力等）や情意（協調性、積極性、責任性等）、業績（業務成果、指導育成、目標達成等）等の様々な評価項目の中で何を考慮し、何を重視するかは、その企業の経営方針に基づいて決定される。年功主義的な人事処遇制度では、人事考課が労働条件決定に与える影響は相対的に小さいが、能力や成果などに基づく人事処遇制度ではこの影響は相対的に大きくなる。人事考課が適切に行われることは、これに基づく人事処遇が適法であることの前提であることから、労働条件決定に占める人事考課の割合が高い人事処遇制度の広がりと相まって、人事考課の法的性質やこれに関するルールのあり方が問われてきた。

　人事考課制度は、多くは就業規則やこれとは別立ての人事処遇規程等に規定され、労働契約を媒介として労働者に適用される。そのため、実施可能な人事考課の範囲や方法は、これが前提とする労働契約の内容と整合する範囲に限られる。例えば、人事考課制度に規定された評価対象期間以外の事由を基礎とした人事考課は適法性を認められないし（マナック事件：広島高判平13・5・23労判811号21頁）、人事考課制度のルールに一見沿っていても、事実誤認や不当な動機、アンバランスな評価等があるなどして評価が合理性を欠き、社会通念上著しく妥当を欠く場合には、裁量権の逸脱として違法評価を受ける（光洋精工事件：大阪高判平9・11・25労判729号39頁）。また、制度設計でも運用でも法で禁じられた差別（労基3条、雇均6条1号等）や不利益取扱い（育介10条等）が存在してはならない。

　しかしこれらの制約に抵触しない限り、裁判例は人事考課の実施を使用者の広い裁量に委ねている。この背景には、人事考課によって行われる労働者の抜擢や企業組織構築は使用者の意思に基づいて行われるべき企業経営の根幹に関わるという認識がある。そのため、使用者に人事考課に関する広い裁量を認める人事考課制度の下では、労働者側が問題の昇進や昇格が不当で

あることを証明することができたとしても、その救済は損害賠償にとどまることが多い。あるべき昇進や昇格をした地位にあることを確認することは、判決以降の不当な人事処遇状態を是正するために必要だが、使用者に特定の評価と意思決定を強要することになるため、認められない傾向にある。

　この問題点が顕著に表れるケースの代表例が、成果主義賃金制度の下での賃金等の決定である。成果主義賃金制度は、労働者の成果に基づいて客観的に賃金等が決まるように見えるが、実際にはこの成果が賃金等にどのように反映されるかが人事考課を通じて決定されるためである。裁判例は、評価決定権限は基本的に使用者にあるとの立場を採りつつ（中山書店事件：東京地判平19・3・26労判943号41頁）、合理的な評価の手続きや基準、苦情処理手続などを就業規則などに制度化し、これに基づいた制度運用をすべきことを求めている（日本システム開発研究所事件：東京高判平20・4・9労判959号6頁）。

　人事考課が労働者の処遇の決定に強い影響力を持つ人事処遇制度が広まる中で、人事考課の裁量が賃金その他の人事処遇の裁量に結びつきかねないことに対する懸念を背景に、人事考課に関する使用者の裁量に一定の制約を講じるべきとする見解が提起されている。裁判例の理解を基礎に使用者は人事考課において労働者の能力や成果を公正に評価する注意義務を負うという見解、賃金・人事処遇の決定行為と人事考課を区別したうえで、使用者は信義則上の付随義務として労働者の職業的能力を適正に評価する義務を負い、人事考課はこの義務の履行行為としてこの義務に沿って行われるべきとする見解等がある。

4．各人事処遇の問題構造

　（1）昇進・昇格　　誰をどのような役職や職位に就けるかは、企業の経営と地位や権限等の指揮系統の構築に直接関わる。裁判例は、昇進に関する評価を使用者の裁量に委ねる傾向にあり、適切な評価がなされた場合の職位への地位確認を認めた事例はまだ存在しない（否定した例として、芝信用金庫事件：東京地判平8・11・27労判704号21頁）。

　昇格も昇進と同様、使用者の人事考課に基づいて行われる。しかし昇格は賃金等に関わる労働者の経済的問題としての性格が昇進より濃厚で、制度運

用に画一性が見られることも少なくなく、昇進ほど企業の経営方針や指揮系統の設定とは関連がない。この分、使用者の人事考課に関する裁量が低く見積もられる。集団法領域における行政による救済の例ではあるが、労働委員会が不当労働行為の救済としてあるべき昇格を使用者に命じることもある。

法律に基づいて救済が行われる司法の場では、人事考課裁量の逸脱等を理由とする損害賠償が主な救済内容となる。問題の人事処遇制度において、昇格の決定に占める裁量的人事考課の割合が低く、筆記試験結果や勤続年数等の客観的基準により昇格が決定されているような事情がある場合には、労働契約の本質や労基法13条に言及して昇格請求権を認める余地がある（芝信用金庫事件：東京高判平12・12・22労判796号5頁）。

(2) 降格　　降格の適法性は、その降格の内容に応じて検討する必要がある。

まず懲戒処分としての降格は、懲戒処分としての規制を受ける。これについては本章第5節（→81頁）を参照してほしい。

次に昇進の反対措置としての降格は、判例上、昇進に対応して、労働契約において設定された人事処遇制度の範囲内で使用者の裁量的判断に委ねられ、降格を命じる根拠規定は求められていない。労働契約上限定されている職種や業務の範囲を超えて一方的に降格を命じることはできないし（デイエフアイ西友事件：東京地決平9・1・24判時1592号137頁）、降格の理由や労働者の被る不利益の内容等によっては裁量の範囲を逸脱したと評価される（ハネウェルジャパン事件：東京高判平17・1・19労判889号12頁）。

これに対し、職能資格制度における昇格の反対措置としての降格を命じるためには、就業規則等に当該降格の可能性を示す明確な定めが必要である（アーク証券事件：東京地決平8・12・11労判711号57頁）。職能資格制度の格付けは、その企業での経験・技能の蓄積や勤続年数を基礎に一定の能力を有することを意味するものであり、獲得したはずの能力の喪失を意味する降格は通常予定されないためである。この定めに基づく降格命令も権利濫用等の制約を受ける。

Ⅳ　休　職

1．休職制度の類型と機能

　継続性を持つ労働契約関係では、何らかの事情で労働者が労務を提供することができなくなることが起きる。労務提供義務を果たせない以上、使用者としては当該労働者を解雇することも1つの選択肢である。しかし新たな労働者を採用することは常に容易とは限らないし、採用できたとしても解雇した労働者程度に業務を遂行することができるようになるためには相応の教育訓練や業務経験が必要になる。労働者にとっても偶然発生した労務提供が困難な事情によって職を失うのでは、安定した生活を営むことができない。そこで多くの企業で、労働者が置かれた事情に応じて労働契約関係を維持しつつ労務提供を免除する休職制度が設けられている。

　代表例は「傷病休職」である。傷病休職は、労働者の業務外の傷病が原因で一定期間欠勤が継続した後に適用される休職で、当該労働者の解雇を一時的に猶予する機能をもつ。認められる休職期間は、勤続期間が長くなるほど長期に設定されることが多い。この期間中に傷病から回復すれば休職事由の消滅により休職を終了して復職扱いとなり、回復せず休職期間を満了した場合には自然退職または解雇として扱われる。同様に解雇を一時的に猶予する休職としては、傷病以外の自己都合による欠勤後に適用される「自己都合休職」がある。これらの休職制度の適用は、その後の解雇の適法性の判断において解雇を回避する努力と評価され、解雇の適法性を補強する事情として扱われる。

　他方、当該企業における労働者の地位確保を目的とする休職には、「出向休職」や「専従休職」などがある。前者は出向中に出向元との労働契約関係を残す意味があり、後者は労働組合の専従職員に従事している期間中に労働契約関係を残す意味を持つ。

　ほかに刑事事件で起訴された労働者を一定期間または判決確定まで休職扱いとする「起訴休職」がある。この休職は企業秩序を維持する役割や懲戒などの処分を留保する役割などを担っている。

　休職制度は、法律に基づいて設置が義務づけられたものではなく、各企業の意図や事情に応じたバリエーションがある。賃金の支払いの有無や勤続年

数の通算方法も一様ではなく、その内容は次項に見る休職命令を行うことが可能な範囲に影響を与えている。

2．休職命令の適法性と賃金の支払い

休職制度は主に就業規則に基づいて設定され、これを根拠に運用される。

休職命令の適法性は、当該休職制度の目的をふまえ、休職命令が労働者に対して与える不利益の内容等を考慮して判断される。労働者の事情による休職は、労務を提供できなくなった理由が労働者にあるため無給であってもよい。しかし使用者側の事情による休職の場合に無給扱いをすることは、使用者の責めに帰すべき事由により労働義務を履行することができなくなった場合には労働者は賃金請求権を失わない（民536条2項）とされていることから、公序良俗に反する。

3．休職期間の終了と労働契約の終了

休職をめぐる紛争は、主に休職事由が消滅したか否かをめぐって争われる。休職事由が存続した場合、休職期間中であることにより賃金が減額されたり、休職期間満了時に復職できないことにより労働契約関係が終了する取扱いがされたりするためである。休職事由が消滅したか否かは、問題の休職制度の趣旨と復帰ができないことによって失われる利益をふまえて判断される。ここではもっとも争われてきた傷病休職期間の満了を理由とする労働契約の終了を取り上げてみよう。

傷病休職では、健康状態が業務を遂行可能な程度に回復したことによって休職事由が消滅し、復職扱いとなる。傷病休職期間の満了を理由とする労働契約の終了が争われる場面では、業務遂行可能であることを証明することによって、退職扱いされた場合には退職事由の消滅、解雇された場合には解雇権濫用の成立という理由で、その労働契約の終了が違法であることを証明することができる。問題は、何を基準として業務遂行可能性を判定するかである。

裁判例は当初、従前の職務を通常の程度に行える健康状態に回復したことを基準としていた（平仙レース事件：浦和地判昭40・12・16労民集16巻6号1113号）。

ただし、当初軽易業務に従事させれば徐々に従前の業務に従事することが可能な場合には、そのような配慮を講じるべきとしていた（エール・フランス事件：東京地判昭 59・1・27 労判 423 号 23 頁）。

この傾向を変化させたのが片山組事件最高裁判決（最判平 10・4・9 労判 736 号 15 頁）である。同判決は、労働者が職種や業務内容を特定せずに労働契約を締結した場合において、諸般の事情を考慮して当該労働者が配置される現実的可能性があると認められる他の業務について労務の提供をすることができ、かつ、その提供を申し出ているならば、なお債務の本旨に従った履行の提供があると解すべきと判断した。この判断は、労働者に賃金請求権が認められるか否かを判定するために行われたものであるが、労務提供義務の履行可能性を判定する部分が、傷病休職からの復職可能性の判定に影響を与えている。この判決の視角によれば、傷病休職からの復職可能性は、休職前に従事していた業務のみならず、当該労働者が労働契約の範囲において就業可能と申し出た当該企業に存在する業務も視野に入れて判定すべきことになる。

片山組事件最高裁判決の判断枠組みは、安全配慮義務が健康配慮義務へと展開する動きや障害者に対する合理的配慮措置を提供する義務の創設（→218頁）と相まって、復職可能性をより丁寧に探る方向に展開している。使用者に業務方法や業務分担の変更など既存の業務に工夫を加えて労働者が復職可能な職務を作り出す作為を恒常的に求め、現職復帰を前提としない裁判例（東海旅客鉄道（退職）事件：大阪地判平 11・10・4 労判 771 号 25 頁）はその一例である。

V 企業再編
1. 企業再編の活発化と労働法
グローバル化や情報社会化に伴う企業間競争の激化と経営環境の急速な変化は、企業に競争力の向上と迅速な組織再編の必要性を突きつけてきた。企業の合併や不採算部門の売却、非専門業務のアウトソーシングによる資本の専門業務への集中などは、いずれも企業が存続するための組織再編の例である。国も企業再編を円滑に行うための法整備を進めてきた。

企業再編は、その企業に勤める労働者にとっては、使用者が変更されたり

【図1】

労働条件が大きく変化したりする一大事である。企業間では企業の価値を計る1つの材料としてカウントされる労働契約であるが、ここでは労働者の目線から主に労働契約関係の帰趨に着目してその法制度を確認することにしよう。労働契約関係の帰趨は、企業再編の方法によって一応決まるが、その内容が労働者の利益に反する場合に紛争化する。

2．企業再編の手法と財産等の承継関係

（1）合併　合併には、一方の会社（A社）が他方の会社（B社）に吸収される吸収合併（会社2条27号）と、複数の会社（A社とB社）が新たに設立された1つの会社（C社）に統合される新設合併（同2条28号）がある（図1参照）。いずれの合併の場合も、各会社が有する権利義務は合併後の会社に包括的に承継される（同750条1項・754条1項）。労働契約もこの権利義務の1つとして、労働者の個別合意を要することなく合併後の会社に承継される。

　合併においては、労働契約の承継について争いが生じない反面、合併後の労働条件、代表的には労働条件の統一をめぐって争いが生じることがある（例えば、第四銀行事件：最判平9・2・28民集51巻2号705頁）。

（2）事業譲渡　事業譲渡は、会社法の適用を判定する文脈では「一定の営業目的のために組織化され、有機的一体として機能する財産の全部または重要な一部を譲渡」することと定義される（最大判昭40・9・22民集19巻6号1600頁）。しかし事業譲渡について特別な法規制を予定しない労働法では、明確な定義はなく、合併や会社分割以外の経営主体の変更が広く事業譲渡と呼ばれている。事業譲渡は、事業の一部を譲渡する一部譲渡と、事業の全部を譲渡する全部譲渡に分類される（図2参照）。

　事業譲渡において承継される権利義務の範囲は、譲渡人と譲受人との間で

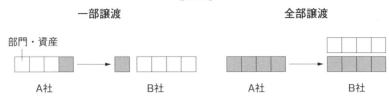

【図2】

一部譲渡 全部譲渡

部門・資産

A社　　　　　　　　B社　　　　A社　　　　　　　　B社

取り交わされる事業譲渡に関する契約に基づいて決定される。問題の労働契約が譲渡の対象に含まれていれば、この譲渡に関する労働者の承諾（民625条）を条件に労働契約も承継の対象となり、譲渡の対象に含まれてない場合には、労働者がそれを望んだとしても承継の対象とならない。事業譲渡をめぐる紛争の多くは、後者のパターンにおいて、労働者が譲受人との労働契約関係の存在を求めるというものである。

　譲渡人・譲受人間の契約が取り決めている承継対象から労働契約が除外されている場合でも、周辺事実によっては、労働契約も承継の対象に含む合意が成立していると解される余地がある。全部譲渡の場合にはこうした意思解釈が認められやすい（タジマヤ事件：大阪地判平11・12・8労判777号25頁）。

　他方、労働者を一度退職させ、譲受人が改めてその労働者を採用するという方法が採用されている場合には、使用者には採用の自由が認められている（→40頁）ことから、労働契約の承継を認めることが困難であることが多い（東京日新学園事件：東京高判平17・7・13労判899号19頁）。もっとも、この仕組みを用いて労働条件の引き下げや特定の労働者の排除が意図されている場合には、この仕組みを用いること自体に反公序性が認められ、労働者を譲受人に承継する合意の存在が認められることがある（勝英自動車学校（大船自動車興業）事件：東京高判平17・5・31労判898号16頁）。

　（3）会社分割　会社分割は、ある会社がその事業に関して有する権利義務の全部または一部を分割後他の会社に承継させる吸収分割（会社2条29号）と、元の会社がその事業に関して有する権利義務の全部または一部を分割により設立する会社に承継させる新設分割（同2条30号）に分かれる（図3参照）。会社分割では、承継の対象として分割計画（契約）に記載された権利義務はその限りで包括的に新設／吸収分割承継会社に承継される（同759条・764条。部分的包括承継）。

【図3】

| 新設分割 | 吸収分割 |

A社　　　　　　B社　　　　　　A社　　　　　　B社

　会社分割時の労働契約承継の取扱いを定めているのが、会社分割に伴う労働契約の承継等に関する法律（労働契約承継法）である。承継される事業に主として従事する労働者は、個別の合意によらずに労働契約を承継会社に承継するものとされ（労承継3条）、分割計画（契約）において承継対象とされていなかった場合には、異議を述べることで承継会社に労働契約が承継される（同4条1項）。他方、承継される事業に主として従事していない労働者は分割会社に残るものとされ、分割計画（契約）において承継の対象とされていた場合には、異議を述べることで分割会社に残ることができる（同5条）。ただし、承継される事業に主として従事する労働者が労働契約を承継会社に承継された場合において、これを拒否する制度は用意されていない。また、分割会社と労働組合との間で締結されている労働協約については、当該労働組合の組合員である労働者と当該分割会社との間で締結されている労働契約が承継会社等に承継されるときは、承継会社との間で同一内容の労働協約が締結されたものとみなされる（同6条3項）。

　会社分割の実施にあたっては、労働契約等の承継を円滑に行うことを目的として、分割会社に次のような義務が課されている。すなわち、①会社分割実施の背景や承継対象となる労働者の範囲等、労働関係上の諸問題等について、全ての事業場において、過半数組合または過半数代表者との協議を行い、労働者の理解と納得を得るように努めること（7条措置、労承継7条）。②労働者への分割計画（契約）等の通知期限日までに、承継事業に従事する労働者と分割後の労働条件や本人の希望などについて協議、聴取すること（5条協議、商法等の一部を改正する法律（平12法90）附則5条）。③分割計画（契約）作成後、承継事業に従事する労働者（労承継2条1項）と④労働協約を締結している労働組合（同条2項）に対して、承継される事業の概要や承継会社の概要などについて、分割を承認する株主総会の会日の2週間前までに通知すること、である。5条協議が実質的に行われない場合には、会社分割無効の訴えによらず、

分割会社との労働契約上の地位確認を訴えることが可能であり、7条措置が不十分であることは、5条協議義務違反の判断における一要素として評価される（日本アイ・ビー・エム事件：最判平22・7・12労判1010号5頁）。

第4節　労働条件の変更

> 本節のねらい
>
> 　労働契約関係が長く続けば続くほど、企業にも労働者にも様々な出来事が起こります。労働者にとっては、企業の業績が上向いて賃金がアップするのは大歓迎ですが、逆に経営が行き詰まって入社の時に取り決めた賃金の引き下げを求められることもあります。会社や雇用を守るためには仕方が無いとの説明を理解しつつも、こんなの契約違反だ！と反発するのも当然です。賃金の引き下げは、食費や子どもの学費、残った家のローンに頭を悩ませる種にもなりかねません。労働条件の変更をめぐるこうした問題状況、労働法ではどのように整理され、どのような問題を残しているでしょうか。

Ⅰ　労働条件変更の背景と概要

　労働者の労働条件は労働契約に基づいて決定される。労働契約は採用時に取り決められ、お互いにその内容を基礎に労働契約関係を形成し、その内容を履行しない場合は債務不履行などの法的責任が生じる。

　だが労働契約関係は継続的な関係であり、その過程で当初の契約内容を維持することが難しくなることがある。企業が置かれる環境は常に変化し、労働契約締結時に想定されていた経営が成立しなくなるような変化が生じることも希ではない。労働者も年齢や体調、家族構成等の変化により、労働契約締結時には可能と思っていた働き方ができなくなることもある。これらのような変化の中で労働契約関係を継続するためには、当初合意した契約内容に変更を加える必要が生じる。

　労働契約関係の継続を困難にする変化に対して、使用者は、まず現在締結している労働契約の下で実施可能な対応を講じるのが一般的である。賞与の

減額や残業時間の削減によって人件費を圧縮するのはこの種の対応の例である。これら労働契約の内容に踏み込まない、現在の労働契約に基づく人事処遇として行われるいわば広義の労働条件の変更では対応として不十分である場合、賃金や所定労働時間など労働契約の内容である労働条件、いわば狭義の労働条件の変更が行われる。この節で扱うのは、この狭義の労働条件の変更に関するルールである。

　労働契約内容を変更する方法には、①労働協約の締結・変更、②当事者の合意、③就業規則の作成・変更がある。集団的法領域に属する①労働協約の締結・変更については別の章に譲り（→304頁）、ここでは②と③を取り上げる。使用者側から提示された労働者にとって有益な変更について労働者がその有効性を争うことは基本的にない。また、労働者から労働条件の変更を提示することは使用者との力関係から一般的に困難である。この節で扱うのは、専ら使用者による労働条件の不利益変更である。

Ⅱ　当事者の合意による労働条件の変更
1．労働条件変更手段としての位置づけ

　従来日本では、労働条件の変更は就業規則を用いて行われることが一般的だった。この傾向は今なお続いているが、個人の成果を個別的に評価する成果主義賃金制度や同じ正社員に分類される働き方の中で職種や勤務地等を個別に設定することの広まりを通じて、労働契約が労働条件を実際に規定する場面が増加している。労契法は、使用者は、労働者と合意することなく、就業規則を変更することにより、労働者の不利益に労働契約の内容である労働条件を変更することはできないことを定め（労契9条）、個別の特約によって就業規則による労働条件の変更を排除することを認めることで（同10条ただし書）、当事者の合意が労働条件変更の中心的手段であることを確認している。

　もちろん合意による労働条件の変更にも、他の労働条件決定・変更手段との関係で一定の限界がある。労働協約によって決定される労働条件を個別合意により労働者に不利益に変更することは、労働協約の規範的効力（労組16条）により行うことができない。また、就業規則の最低基準効（労契12条）に

より、就業規則の内容を下回る労働条件変更の合意は無効となる（→ 19 頁参照）。予め労働契約中に使用者の労働条件変更権を規定することは禁止されていないため、この定めを設ければ労働者の個別同意を得ることなく使用者が一方的に労働条件を変更することも可能であるようにみえる。しかしこうした定めを認めること自体、さらにその行使の権利濫用性について、以下のような視角からの審査が行われると解すべきだろう。

2．合意原則と合意の認定基準

　労働者および使用者は、その合意により、労働契約の内容である労働条件を変更することができる（労契 8 条）。この定めは契約自由の原則の一側面を労働契約の文脈における合意原則として表したものであり、これ自体を否定する主張は見られない。しかし労働者は通常使用者よりも弱い立場にあり、使用者から労働条件の不利益変更を申し込まれた場合、これに不服があったとしても承諾の意思表示をせざるを得ない立場に置かれるおそれがある。そこで労働者がどのような意思表示をした場合に、当該労働者の労働条件を不利益に変更することを認める承諾の意思表示があったと評価すべきかが問題となる。労契法はこの点の認定基準を規定しておらず、裁判所に判断が委ねられてきた。

　まず、意思表示の有効性に関わる民法の定めの適用がある。労働者の承諾の意思表示に要素の錯誤があった場合（民 95 条。駸々堂事件：大阪高判平 10・7・22 労判 748 号 98 頁）や、心裡留保があり使用者が労働者の真意を知っていた場合（同 93 条ただし書。昭和女子大学（中山）事件：東京地判平 4・12・21 労判 623 号 36 頁）は、その意思表示は無効となる。

　もっともこれらの定めに該当せず、労働者が不利益変更の内容を理解して承諾の意思を明示した場合であっても、その承諾の意思表示を常に有効と認めてよいとはいえない。労働条件の不利益変更は労働者が通常望まない事柄であり、前述のように使用者に従属する労働者は自身の真の意思を反映した意思表示を自由に行えない立場にあるからである。労働契約関係における承諾の認定は、労働者の生存保障等の観点からその労働条件の変更が認められるべきかという価値判断を含んでいる。労働契約の変更が、労働者と使用者

が対等の立場（労契3条1項）にあることで実現される「自主的な交渉」（同1条）によって行われるべきとする労契法の定めもこのような意味で読むべきだろう。

　最高裁は、労働者の意思に基づく賃金債権の放棄を認める条件として、放棄の意思表示が労働者の自由な意思に基づくものであると認められる合理的な理由が客観的に必要であると判断していた（シンガー・ソーイング・メシーン・カムパニー事件：最判昭48・1・19民集27巻1号27頁）。この判断は、後に賃金債権と使用者の労働者に対する損害賠償債権との相殺を労働者の自由な意思に基づく合意がある限りで認める最高裁判決（日新製鋼事件：最判平2・11・26労判584号6頁）に引き継がれるなど、労働者の意思表示の有効性を問う裁判に影響を与えてきた。その後、労働条件の変更が賃金や退職金に関するものである場合には、労働者が使用者の指揮命令に服することや自らの意思決定の基礎となる情報収集能力に限界があることをふまえて、当該変更に対する労働者の同意の有無についての判断は慎重にされるべきとしたうえで、当該変更を受け入れる旨の労働者の行為の有無だけでなく、当該変更により労働者にもたらされる不利益の内容および程度、労働者により当該行為がされるに至った経緯およびその態様、当該行為に先立つ労働者への情報提供または説明の内容等に照らして、当該行為が労働者の自由な意思に基づいてされたものと認めるに足りる合理的な理由が客観的に存在するか否かという観点からも判断されるべきとのより具体的な判断基準が示された（山梨県民信用組合事件：最判平28・2・19労判1136号6頁）。

　労働者の意思表示の有効性を慎重かつ客観的に判定するという視点からは、賃金減額の通知後約半年以上異議を述べずに就労してきたとしても、減額の大きさや明示の承諾を求めなかった事実などを考慮して、自由な意思に基づく黙示の承諾は認められないと判断されることがある（更生会社三井埠頭事件：東京高判平12・12・27労判809号82頁）。また、賃金減額の程度が大きいときは特に口頭でのやりとりによって賃金減額に対する確定的な同意を認定することには慎重でなければならない（ザ・ウィンザー・ホテルズインターナショナル事件：札幌地判平23・5・20労判1031号81頁）。採用時の労働条件の明示（労基15条）や労働契約の内容の理解の促進（労契4条）が定められていることをふま

え、黙示の承諾を認めるにあたっては、書面等による明示的な承諾を求めなかったことについて合理的な理由が必要と解した裁判例もある（技術翻訳事件：東京地判平23・5・17労判1033号42頁）。

3. 変更解約告知

　使用者が労働者に労働条件の変更を申し込むにあたり、この申込みを承諾しなかった場合に解雇することを合わせて告げることがある。このような労働条件を変更する手段としての解雇は「変更解約告知」と呼ばれる。ドイツ由来のこの概念は、職種や勤務場所が個別労働契約で特定される傾向にあるドイツで労働契約内容を変更する手段として広く用いられてきた。変更解約告知は、ほかにも新たな労働条件の労働契約締結の申込みとともに解雇を行うなど様々な形式で行われるが、いずれも解雇の圧力を用いて労働条件の変更を実現しようとする点で共通する。

　変更解約告知の問題性は、労働者がいずれの選択をしても、労働者の負担の下に労働条件変更の適法性が争われる点にある。労働者が申し込まれた労働条件を不当と考えてこれに承諾しなければ、解雇されて収入の途を絶たれたうえで解雇の適法性を争うことになる。他方、これを嫌って不当と思いつつも労働条件変更の申込みに承諾してしまえば、一度成立したこの意思表示を覆すことが困難になる。また、提案されている労働条件が合理的であることを理由に変更拒否による解雇が適法化されるならば、解雇要件の緩和に結びつきかねない。そこで日本でも変更解約告知が認められるか、認められるとすればいかなる要件を満たす必要があるか争われてきた。

　裁判例の立場は割れている。スカンジナビア航空事件決定（東京地決平7・4・13労判675号13頁）は、①労働条件変更が会社業務の運営にとって必要不可欠であること、②その必要性が労働条件の変更によって労働者が受ける不利益を上回ること、③労働条件変更を伴う新契約締結の申込みがそれに応じない場合の解雇を正当化するに足りるやむを得ないものであること、④解雇を回避する努力が十分に尽くされていること、という整理解雇に類する適法性の判断基準を設定してこの概念の利用を認めた。逆に大阪労働衛生センター第一病院事件判決（大阪地判平10・8・31労判751号38頁）は、前述したこ

の概念の問題性を指摘して、この概念の利用を認めなかった。

　学説では、変更解約告知が行われた理由に応じた適法性判断基準を構築したり、変更解約告知の無効が明確に予測できる場合には、労働者は変更受諾を強いられることはない等と主張したりして、現行法上変更解約告知の利用を認める立場がある。

　他方でこの問題を解雇ではなく労働条件変更の問題としてとらえ、「留保付き承諾」を認めることを条件に変更解約告知を認める立場がある。「留保付き承諾」とは、使用者が提示した労働条件に異議があることを留保しつつ、その労働条件で労働契約関係を継続することを認めるものである。これにより並行して当該労働条件変更の適法性を争い、適法と判断されればそのまま就労、適法性が認められなければ従来の労働条件で就労を継続することが可能となる。民法では承諾者が申込みに条件を付けてこれを承諾したときは、その申込みの拒絶とともに新たな申込みをしたものとみなすものとされていることから（民528条）、留保付き承諾を認めない裁判例がある（日本ヒルトン事件：東京高判平14・11・26労判843号20頁）。学説では、留保付き承諾の仕組みの明文化を主張する見解や、この制度が使用者に不利益を与えることなく労働者に利益を与える点に着目して、民法528条の修正解釈により労働者からの新たな申込みに対する使用者の信義則上の承諾義務、あるいは留保付き承諾という選択肢があることを労働者に告げる義務を導く見解などがある。

　もっとも、留保付き承諾を認めたとしても、解雇の圧力を用いて労働条件の変更を強制するという仕組みは変わらず、変更の合理性に関する裁判所の結論が出るまでの不利益を常に労働者が負担する構図が労働条件の対等決定原則に結局そぐわないという理由から、変更解約告知を許容する場面を限定する立場もある。

Ⅲ　就業規則による労働条件の変更

1．問題の構造

　就業規則は、当事者の合意を基礎としていない点で意思主義の観点からは例外的な労働条件変更方法である。しかし年功主義的な人事処遇制度の下で労働者全体の労働条件を制度的に決定する傾向が強かった日本において、集

団的に労働条件を設定することができる就業規則の利便性は高い。労働協約や労働契約による労働条件変更が十分に機能しない中で、現実には就業規則は労働条件変更手段として頻繁に用いられてきた。

　就業規則の作成・変更自体は法所定の手続きを踏むことで行うことができる（→17頁）。問題は、この作成・変更された就業規則はいかなる条件の下に労働者を法的に拘束するかである。

　この問いを解くためには、まず労働者と使用者の合意という当事者を拘束する法的基礎を持たない就業規則がなぜ両者を拘束するのかという問いに答える必要がある。この問いに対しては、労契法に労働契約締結時に関して補充的効力を認める根拠規定（労契7条）が設けられ、いかなる場合に就業規則の変更が労働者を拘束するかを判断する基準も判例法理を明文化する形で同法に具体化された（同10条）ことで一応の解決が行われた。もっとも、これらの定めを他の労働条件変更手段の解釈とのバランスを保ちながら精密に解釈するためには、まず就業規則の補充的効力の理論的基礎を明らかにしなければならない。長く争われてきた「就業規則の法的性質」というこの論点は、今日でも検討すべきテーマとして残されている。

2．就業規則の法的性質

　就業規則の法的性質をめぐる学説状況は非常に複雑だが、大別すると法規範説と契約説に分かれ、これらがさらに細分化されて展開されてきた。法規範説は、就業規則が労働関係を実質的に規律している実態をふまえ、就業規則を慣習法的に理解したり（社会自主法説）、労契法12条によって根拠づけたり（授権説）してその法規範性を説明する。契約説は、就業規則が法的効力を持つことを、使用者と労働者との間の明示・黙示の合意の存在によって根拠づけたり（純粋契約説）、労働者が意義を述べない限り就業規則の内容が労働契約の内容となるという事実たる慣習の存在に根拠づけたり（事実たる慣習説）して説明する。

　裁判例の立場も一貫してこなかったが、就業規則に基づく定年制の設定の適法性が争われた秋北バス事件最高裁判決（最大判昭43・12・25民集22巻13号3459頁）はどの学説とも異なる独自の考え方を示した。同判決は、労働条件

対等決定の原則（労基2条1項）が本来妥当すべきことを指摘しつつ、多数の労働者を使用する企業では、労働条件は経営上の要請に基づき、統一的かつ画一的に決定され、労働者は経営主体が定める契約内容の定型に従って附従的に契約を締結せざるを得ない立場にあることをまず指摘する。そしてこれをふまえて、「労働条件を定型的に定めた就業規則は、一種の社会的規範としての性質を有するだけでなく、それが合理的な労働条件を定めているものである限り、経営主体と労働者との間の労働条件は、その就業規則によるという事実たる慣習が成立しているものとして、その法的規範性が認められるに至って」おり、「当該事業場の労働者は、就業規則の存在および内容を現実に知っていると否とにかかわらず、また、これに対して個別的に同意を与えたかどうかを問わず、当然に、その適用を受ける」と指摘した。

　この論理に対しては、法規範説的に理解すると、意思表示の解釈に関わる慣習を法的効力の根拠として用いることと矛盾し、契約説的に理解すると、明示的に就業規則に拘束されることを拒否する労働者にも効力が及ぶことと矛盾するなどの指摘がなされた。しかし他方で、就業規則の補充的効力と不利益変更にかかる効力を区別しつつ、契約内容は約款によるとの事実たる慣習が存在する場合には事前開示と内容の合理性を要件に契約としての効力を持つものとする約款理論類似の考え方を採用したものと説明する立場が現れた（約款説、定型契約説）。その後の最高裁判決（電電公社帯広局事件：最判昭61・3・13労判470号6頁）の「就業規則の規定内容が合理的なものである限りにおいて当該具体的労働契約の内容をなしている」と判示には、この立場の影響を見ることができる。

3．労働契約法の定め

　以上のような論拠で就業規則に補充的効力が認められたとしても、これを労働者にとって不利益に変更することが認められるか否かは別に考える必要がある。この点について労契法は、使用者は、就業規則を変更することで、労働者の合意を得ずに、労働条件を労働者にとって不利益に変更することはできないと定める（労契9条）。この定めは、労働契約の内容である労働条件は当事者の合意に基づいて変更される（同8条）ことが原則であることを、就

業規則との関係において示したものである。

　労契法は就業規則による労働条件の不利益変更を例外的に認める。それは、変更後の就業規則を労働者に周知させ、かつ、就業規則の変更が労働者の受ける不利益の程度、労働条件の変更の必要性、変更後の就業規則の内容の相当性、労働組合等との交渉の状況その他の就業規則の変更に係る事情に照らして合理的なものである場合（労契10条）である。この場合、労働契約の内容である労働条件は当該変更後の就業規則の定めによる。ただし労働契約において、労働者および使用者が就業規則の変更によっては変更されない労働条件として合意していた部分であって、当該労働条件が就業規則で定める基準に達している場合は除く（同条ただし書）。なお、労働者にとって有利な変更については就業規則の最低基準効（同12条）が機能して、労働条件を規律する。

　労契法10条に定められている就業規則の「変更」には、問題状況が類似する点で、労働契約によって規定される労働条件を新たに就業規則により変更することや、新たに就業規則を作成すること（この場合は類推適用）も含まれる。

　「不利益」には例えば賃金の減額や定年の設定等が該当する。もっとも実際の就業規則の変更では労働者にとって不利益な部分と有益な部分が混在し、全体的に見て不利益に該当するか判然としない場合も多いことからこの要件は厳格に解されていない。例えば年功主義的な賃金処遇制度を成果主義的なそれへと変更するケースのような、実際に不利益が発生するか不確定な事案もひとまず不利益変更の問題として取り扱い、合理性判断の中でこの変更内容の特徴をふまえた検討が行われる（ノイズ研究所事件：東京高判平18・6・22労判920号5頁等）。

　「周知」は、事業場の労働者が実際に認識しうる実質的な周知である必要がある。

　「合理性」の存在を使用者が証明することができるか否かというここでの中心的な論点については、項を改めて検討する。なお、この労働条件の変更に関する合理性は、新たな労働条件の設定に関する労契法7条の合理性よりも既得の権利を失わせる点で厳格に判断される。

4．最高裁の合理性理論

（1）基本となる判断枠組み　　労契法10条は、合理性の有無を総合的に判断する仕組みを採用している。合理性の有無の判定は、権利の有無の判断というより、雇用継続に向けた労働条件の再形成がいかなる範囲において認められるべきか、という労使間の利益調整を目的としているため、判断要素が多様化することは避けられない。しかし合理性の判断基準をある程度具体化しなければ、当事者はいかなる不利益変更ならば許されるのか予め判断することができない。裁判例や学説は、判断基準を当事者の行動指針となるように具体化する努力を続けてきた。

　労契法10条制定の基礎になった最高裁の合理性の判断基準は、第四銀行事件最高裁判決（最判平9・2・28民集51巻2号705頁）によって集大成された。同判決は、まず就業規則の作成、変更により労働者に不利益な労働条件を一方的に課すことは原則として許されないとしつつ、「労働条件の集合的処理、特にその統一的かつ画一的な決定を建前とする就業規則の性質」を根拠に、変更内容が合理的なものである限り、変更に合意しない労働者に対しても当該就業規則が法的拘束力を有することを認めた（秋北バス事件：最大判昭43・12・25民集22巻13号3459頁）。

　そして合理性の判断基準については、不利益変更の必要と内容・程度の両面から合理性の有無を判断するという視点を基礎に（タケダシステム事件：最判昭58・11・25労判418号21頁）、①労働者が被る不利益の程度、②使用者側の不利益変更の必要性の内容・程度、③変更後の就業規則の内容の相当性、④代償措置その他関連する他の労働条件の改善状況、⑤労働組合等との交渉の経緯、⑥他の労働組合または他の従業員の対応、⑦同種事項に関するわが国社会における一般的状況等を総合考慮して判断すべきとした。特に賃金や退職金などの重要な権利、労働条件の不利益変更については、これらの不利益変更が従来ほとんど認められなかった経緯を背景に必要性が高度であることを要請する（大曲市農協事件：最判昭63・2・16民集42巻2号60頁）。いくつかの判断要素は労契法10条に明文化されていないが、これはその判断要素を排除する趣旨ではない。

（2）合理性審査対象の相対性　　多様な判断要素を総合考慮する最高裁の

合理性理論は、他の労働条件変更法理が十分に存在しない実態において柔軟な問題解決を導くことに貢献してきた。ただその理論構成にはいくつか難点がある。

　合理性審査は、就業規則全体や労働者全体を対象とするだけでなく、事案に即して、就業規則の特定の条項や当該就業規則の適用を受ける個別労働者に着目して、いわば相対的に行われることもある。この判断方法を採用することを最高裁として明示したみちのく銀行事件最高裁判決（最判平12・9・7労判787号6頁）では、多数の労働者の労働条件を改善しつつ、高年齢層の労働者に不利益変更を集中させる就業規則の変更について、全体としてはこの変更を行う高度の必要性を認めつつも、高年齢層の労働者に対しては高度の必要性に基づいた合理的な内容のものとはいえないとして、変更された就業規則のうち、賃金減額の効果を有する部分はこれらの労働者に対して効力を持たないと判断された。

　就業規則の制度とその個別適用とを区別して合理性を審査するこの方法は、労働条件が個別的に決定される近年の傾向に合致し、事案に応じた柔軟な解決を可能にする。しかし就業規則の法的効力の有無を就業規則の定めおよび労働者ごとに判定することを認めることは、変更に合意しない労働者も合理性を要件に拘束される根拠を労働条件の集合的処理、特にその統一的かつ画一的な決定を建前とする就業規則の性質に求めていた最高裁の論理になじみにくい。

　また、不利益変更に対する代償措置を講じることは、みちのく銀行事件のように特定層の労働者に不利益が集中する場合にこれを緩和し、現在の労働条件を基礎に生活設計を行っていた労働者に対する不意打ちを防止する機能を持つ点で合理性を根拠づける事実となる。もっともこの場合も、代償措置の適用が、不利益が集中した特定労働者層を他と区別して扱うことを意味するため、労働条件の集合的処理という就業規則の建前には反することになる。この点にも集団的な労働条件設定手段としての就業規則が、個別的な労働条件設定に用いられることの不調和を見ることができる。

　(3) 不利益変更に対する労働組合の同意　　不利益変更について労働組合と協議を尽くしたことは、最終的に合意に到達しなかったとしても手続的相

当性を推測させる事実となる (タケダシステム事件 (差戻審) 判決：東京高判昭 62・2・26 労判 492 号 16 頁)。労働組合から就業規則の変更について団体交渉を申し込まれた場合、使用者は通常これに応じる義務を負う。これを不当に拒否して行われた不利益変更は、不当労働行為制度の私法的性格が一般的に肯定されていることをふまえれば、公序に反すると解される。

　問題は、労働組合、特に多数組合が労働条件変更に同意した場合、この事実が不利益変更の合理性をどの程度補強するかである。裁判例には、多数組合との交渉、合意を経て締結された労働協約を前提に行われた就業規則の不利益変更について、「労使間の利益調整がされた結果としての合理的なものであると一応推測することができ」ると一歩踏み込んだ判断をしたものもある (前掲第四銀行事件判決)。しかし裁判例の主流は、合理性を補強する事実の1つとして評価するにとどめている (前掲みちのく銀行事件、羽後銀行事件：最判平 12・9・12 労判 788 号 23 頁、函館信用金庫事件：最判平 12・9・22 労判 788 号 17 頁)。

　学説では、多数組合との合意を経て行われた不利益変更については、裁判所の審査は変更過程の手続的審査に限定され、これが公正ならば、変更の結果を裁判所は尊重すべきとする見解、労働条件の不利益変更は本来労使間の交渉により解決すべきとの観点から、多数組合との交渉と合意を経て変更された就業規則については合理性が推定されるという見解、協約自治への過度の司法介入を避ける観点と労働協約と同一基準の労働条件を定める就業規則の効力を否定することの不自然さを問題視する観点から労働組合の判断を尊重する見解など、合理性の推定に比較的肯定的な見解がある。他方、多数組合の合意により合理性を推定することは、少数労働者に合理性を欠くことの証明という困難を強いることになるといった理由からこれに否定的な見解もある。

　(4) 不利益変更に対する労働者の同意　　就業規則による労働条件の不利益変更について労働者の同意がある場合、労契法 9 条を反対解釈すれば、当該不利益変更は認められることになる (協愛事件：大阪高判平 22・3・18 労判 1015 号 83 頁)。もっとも労働者が使用者に従属していることをふまえ、この同意が慎重に認定されなければならないのは前述のとおりである (前掲山梨県民信用組合事件)。

これに対し、同意された就業規則の変更が労契法 10 条の合理性を有さない場合にも同様に解して良いかは争いがある。前述した反対解釈を認めると同意による労働条件変更を認める労契法 8 条に加えて労契法 9 条を規定した意味が乏しくなるため、この反対解釈が否定されていると解する余地があることがその理由の 1 つである。

　新たな就業規則に合理性が認められない以上、以前の就業規則の最低基準効によりこの合意の効果は否定される（協愛事件：大阪地判平 21・3・19 労判 989 号 80 頁）という論理で前述した反対解釈を否定する立場がある。しかし労契法 10 条が労使合意のない就業規則の不利益変更を前提としていることから、この立場を採ることは困難である。この反対解釈を認めつつも、当事者間の交渉力格差の中で労使合意が労契法 10 条の脱法として利用される可能性があることを考慮して、労働者の同意の認定において合理性審査に準ずる審査を行うべきであろう。

第 5 節　服務規律・懲戒

> 本節のねらい
> 　飲酒運転で交通事故を起こして懲戒解雇、電車内で痴漢をして減給処分。時々こうした出来事がメディアに紹介されます。悪いことをしたのだからこのような処分を受けて当然、と思うかもしれません。しかしこれらのような職務遂行とは基本的に無関係な出来事について、懲戒処分という仕事上の不利益処分を受けるのは筋違いのような気もします。このような問題行為を起こした労働者は、法律で決められた危険運転致死傷罪や迷惑防止条例違反の責任を負ったうえで、さらに対等な関係にあるべき使用者から処分を受けることになります。使用者が労働者を懲戒するときの根拠と限界は何か、この節で考えてみましょう。

Ⅰ　企業運営のための規律と対応

　企業は労働契約に基づいて労働者を指揮命令し、経済活動を行う。しかし

この指揮命令に労働者が十分に従わなかったり、業務上・外で労働者が企業の利益を損なったりすることがある。この場合、企業はその労働者に対していかなる対応を講じることができるだろうか。

　民法上は、契約違反や権利侵害を理由に労働契約を解約（解雇）したり、損害賠償を請求（民415条・709条等）したりする方法がある。これらの方法を用いれば、労働契約の目的を実現することができない労働者を放出し、使用者の経済的損害を補填することができる。しかし解雇をするには相応の理由が必要であり（労契16条）、これをしなければならない重大な非違行為ばかりが問題になるわけではない。労働者から金銭を得ても経営環境は必ずしもよくならない。

　そこで就業規則等に適切な企業運営を実現するためのルールを設け、これに反した労働者に懲戒処分を課すことが広く行われている。しかし懲戒処分は一方的に労働者に不利益を与える行為であり、債務不履行や不法行為などの市民法のルールを超えてこれを認めるためにはその理論的根拠や実施可能な範囲を明らかにする必要がある。

　この節ではこうした適切な企業運営の維持に関連するテーマを扱う。まず企業秩序維持に関わる懲戒（Ⅱ）と、一見企業秩序を侵害するが、不正をただす意図で労働者が行う内部告発（Ⅲ）について触れる。そして民法上も用いられる責任追及手段である労働者に対する損害賠償について、これを保証する身元保証制度と合わせて検討する（Ⅳ）。

Ⅱ　懲　戒

1．服務規律と懲戒処分の種類

　使用者は、労働契約を通じて集団的・組織的関係を形成する複数の労働者を経営方針に沿って使用するため、労務提供義務の履行の内容に直接関わる事柄に加えて、労働者が遵守すべきルールを就業規則等に定める。一般に「服務規律」と呼ばれるこのルールには、①上司の命令に従うことや職務専念義務など、指揮命令や労務提供に関連するルールや、②職場における政治活動の制限や企業施設の利用制限など、企業財産の管理・保全に関連するルール、③会社の信用を毀損する行為の禁止や競業避止義務など、企業外に

も及ぶ従業員としての地位に関連するルールなどがある。

　こうした服務規律に労働者が違反した場合に懲戒処分が行われる。懲戒制度は法律で定義されたり使用者に設置が義務づけられたりするものではなく、使用者の必要性に応じて具体化され、就業規則（労基89条9号）等に定められる。そのため懲戒処分の名称と内容は様々だが、一般的にいえば次のようなものがある。

　「戒告」は口頭や書面で労働者の将来を戒める処分である。これに始末書の提出が伴うと「譴責(けんせき)」と呼ばれる。これらは直接的に労働条件の低下をもたらすものではないが、人事考課において労働者に不利な事実として評価され、昇進や賞与額の算定等にマイナスの影響を及ぼすことが多い。

　「減給」は、労働者に支払う賃金額を労働契約に基づいて本来支払うべき額よりも減額する処分である。労働契約の内容自体を変更し、賃金額を将来にわたって減額する措置とは区別される。

　「降格」は、一般の人事処遇として行われるほか、懲戒処分としても行われる。職位や職能資格の引き下げ等、その定義自体は一般の人事処遇として行われる場合と同じだが、懲戒処分として行われる場合には、この節で紹介する懲戒に関する規制を受ける。

　「出勤停止」は、懲戒処分として労働契約を存続させながら労働者の就労を一定期間禁止することを意味する。出勤停止期間中は勤続年数が加算されず、賃金支払いも停止されることが多い。

　最後に「懲戒解雇」は懲戒処分として労働者を解雇することを意味する。退職金が全額あるいは一部支払われず、予告手当の支払いなく即時解雇として行われることが多く、再就職にも支障が出る最も重い懲戒処分である。懲戒解雇と比較して退職金の支払額が多いなど、やや軽い懲戒処分を「諭旨解雇」として別に予定することもある。なお、これらの処分が有効であっても、退職金の減額が認められるためには、一定の条件を満たす必要がある（→128頁）。

2．懲戒権の法的根拠

　本来対等な関係にあるべき労働契約の当事者間において、なぜ使用者だけ

に相手方を懲戒する権利（懲戒権）が認められるのだろうか。懲戒規定は就業規則に定められることが多いため、このテーマは就業規則の法的性質に関する争い（→75頁）と関連して議論されてきた。今日、この点に関する有力な見解が大きく2つある。

1つは企業組織を運営するためには規律が不可欠であるため、使用者はその固有の権利として懲戒権を有すると説明する見解である（固有権説）。この見解によると、就業規則等に根拠規定を設けなくても懲戒処分を行うことが可能となり、就業規則等に懲戒事由が定められていたとしてもそれは例示列挙として理解されることになる。

もう1つは就業規則等の労働契約上の根拠が存在する限りで懲戒権を有するという見解である（契約説）。懲戒権も当事者の意思に根拠づけようとするこの見解によれば、就業規則等に定められた懲戒事由は限定列挙と理解されることになる。

これらに対し最高裁は、使用者は企業秩序を維持確保するために必要な事項を定め、労働者に命じることができる企業秩序定立・維持権限を有し、他方で労働者は労働契約に付随して企業秩序遵守義務その他の義務を負うとする（富士重工業事件：最判昭52・12・13労判287号7頁）。これらを基礎に使用者は広く企業秩序を維持し、もって企業の円滑な運営を図るために、その雇用する労働者の企業秩序違反行為を理由として、当該労働者に一種の制裁罰である懲戒を課すことを認める（関西電力事件：最判昭58・9・8労判415号29頁）。

「企業秩序論」と呼ばれる以上の最高裁の論理は、労働契約を締結することにより労働者が当然に企業秩序遵守義務を負うという仕組みに着目すれば、固有権説を採用したものとして理解することも可能である。しかしこの義務に違反したことが常に懲戒処分を可能にするわけではなく、懲戒処分を実施するには就業規則上の定めが必要とする最高裁判決（フジ興産事件：最判平15・10・10労判861号5頁）の存在を素直にとらえれば、少なくとも今日では契約説が採用されていると理解する方が自然だろう。

3．懲戒処分に対する法的規制と審査

（1）懲戒事由の明記と該当性　　懲戒処分を行うためには就業規則に懲戒

事由を明記し、問題の行為がその懲戒事由に該当する必要がある。固有権説を採用する立場でも、懲戒に関する事項は就業規則の相対的必要記載事項であること（労基89条9号）や罪刑法定主義の観点等から、実施可能な懲戒処分の範囲を就業規則記載の懲戒事由に限定することが多い。懲戒事由が広汎であったり不明確であったりする場合には、懲戒処分が企業秩序維持のために認められ、労働者に一方的に不利益を与える処分であること等をふまえて当該懲戒事由は限定解釈される（明確性の原則）。懲戒当時に使用者が認識していなかった非違行為を新たに提示して、既に行った懲戒処分の有効性を根拠づけることは認められない（山口観光事件：最判平8・9・26労判708号31頁）。

(2) 罪刑法定主義類似のルールの適用　　懲戒権を適法に行使するためにはどのような条件を満たす必要があるだろうか。この条件を確認してみよう。

懲戒処分は労働者に対して一種の刑罰的作用を有する。そこで、その解釈適用においては刑事法の下で用いられている罪刑法定主義類似のルールの適用があると解されている。例えば過去に行われた行為を新たに作成した懲戒規定に該当することを理由に懲戒処分の理由とすることはできないし（不遡及の原則）、ある懲戒事由について1度処分をした場合には、後にこの処分の理由に影響を与えるような新たな事実が発見されたような例外的な場合でない限り、改めて懲戒処分を行うことはできない（一事不再理〔二重処分禁止〕の原則）。

(3) 懲戒権行使の濫用性　　懲戒事由該当性を満たして使用者が労働者を懲戒することができる場合と認められたとしても、当該懲戒が、当該懲戒に係る労働者の行為の性質および態様その他の事情に照らして客観的に合理的な理由を欠き、社会通念上相当と認められない場合は、その権利を濫用したものとして無効となる（労契15条）。この濫用性の判断は、懲戒事由をめぐる労働者と使用者の利害をふまえたうえで、懲戒事由の重大性と懲戒処分の重さのバランス（比例原則）や同様の事例に対する従来の処分とのバランス（公平性の原則）、弁明の機会の有無・内容や就業規則等における懲戒手続の履践状況などの手続的妥当性（適正手続の原則）等を考慮して行われる。

(4) 減給の上限　　以上のほか、減給に対しては、労基法において、①1回の額が平均賃金の1日分の半額を超えてはならないという上限と、②総額

が1賃金支払期の総額の10分の1を超えてはならないという上限が設定されている（労基91条）。前者は、1回の事案について1日分の半額を超えてはならないという趣旨であり、この額を超える減給も分割して1回あたり平均賃金の1日分の半額の範囲に収めれば実施することができるという趣旨ではない。

4．懲戒事由と懲戒権行使の限界

　懲戒処分は労働者が業務命令や服務規律等、遵守すべきルールに反した場合に行われる。そのため懲戒処分の適法性の判定は、前述した①懲戒事由該当性と、②懲戒権行使の濫用性という2つのプロセスの中で行われつつも、これらの前提として守られなかった業務命令や服務規律等の適法性や意義が争点化することが多い。ここでは代表的な懲戒事由について触れ、その判断枠組みの概要を確認することにしよう。

　（1）経歴詐称　　学歴、職歴等の経歴は、採用の可否や賃金等の労働条件を決定する際に考慮される代表的事項である。使用者にとって経歴詐称は労働者の適性評価や効果的な配置を困難にする、労働者との信頼関係を損なう行為と映り、採用後この事実が明らかになって懲戒処分を講じるという流れをとることが一般的である。反面、経歴は労働者のプライバシーに属する事柄であり、あらゆる経歴の開示を義務づけることはできない。経歴詐称を理由とする懲戒処分の適法性は、この利害関係の整理をふまえて検討される。

　最高裁は、採用時の学歴詐称が問題となった事案において、労働契約関係が労働者と使用者との相互の信頼関係に基礎を置く継続的な契約関係であることを理由に、雇用しようとする労働者に対し、その労働力評価に直接関わる事項ばかりでなく、当該企業あるいは職場への適応性、貢献意欲、企業の信用の保持等企業秩序の維持に関係する事項についても必要かつ合理的な範囲内で申告を求めた場合には、その労働者は、信義則上、真実を告知すべき義務を負うとするという原審の判断を維持した（炭研精工事件：最判平3・9・19労判615号16頁）。裁判例はこうした視点を基礎に、詐称の内容や労働者の職種・業務内容などの雇用契約の趣旨目的を考慮しながら詐称された事実について真実告知義務の有無を判定し、懲戒処分の対象としうるか否かを

判断している（メッセ事件：東京地判平 22・11・10 労判 1019 号 13 頁、学校法人尚美学園事件：東京地判平 24・1・27 労判 1047 号 5 頁等）。

(2) 職務懈怠・業務命令違反　　使用者の業務命令に従わなかった場合に懲戒処分が予定されることも多い。

遅刻早退や無断欠勤、勤務成績不良によって日常的に行うべき業務を十分に行わなかった場合（職務懈怠）、これ自体は債務不履行にとどまる。しかしその回数や態度など、企業秩序を乱す程度に至った場合には懲戒処分の対象となりうる。

転勤命令拒否を理由とする懲戒処分（東亜ペイント事件：最判昭 61・7・14 労判 477 号 6 頁）や時間外労働命令拒否を理由とする懲戒処分（日立製作所武蔵工場事件：最判平 3・11・28 労判 594 号 7 頁）は、この種の懲戒処分の例である。業務命令違反を理由とする懲戒処分の適法性を争う場合は、この処分の前提となる当該業務命令の適法性が争われる。当該業務命令が適法であった場合、当該業務命令の内容やこれを拒否した理由や態様等を考慮して問題の懲戒処分が適法であったか否かが問われる。

労働者の人権や尊厳を侵害するおそれが強い業務命令への違反を理由とする懲戒処分の場合は、慎重な判断がなされている。労働者のプライバシーを侵害するおそれが高い所持品検査の拒否を理由とする懲戒処分が認められるためには、その所持品検査について、①検査を必要とする合理的理由があること、②妥当な方法および程度であること、③制度として画一的に実施されていること、④就業規則などによる明示の根拠があることという要件を満たすことが前提とされている（西日本鉄道事件：最判昭 43・8・2 労判 74 号 51 頁）。また、労安衛法上の健康診断でない法定外の健康診断受診命令違反を理由とする懲戒処分について、判例は労働者に健康回復に努める義務を課した上で職務遂行に関わる傷病からの早期回復を目的とする等、その根拠となる就業規則の定めが合理的であれば、この懲戒処分の前提となる健康診断受診命令を認める（電電公社帯広局事件：最判昭 61・3・13 労判 470 号 6 頁→ 180 頁）。

(3) 職場規律違反　　職場規律には、会社財産の窃盗の禁止や同僚などへの暴力の禁止など、社会で広く見られる規律や、就業規則に基づく情報漏洩禁止や施設管理方法への違反の禁止など、その労働者の労働契約に基づいて

設定された規律が含まれる。この類型でも問題の規律を課すこと自体の適法性が懲戒処分の適法性を判定する前提として問われる。

　この種の紛争類型の典型例の1つは、労働者が職場で集会やビラ貼り・配布等の政治的活動を行うことを禁止、あるいは許可制とする定めの有効性である。この点最高裁（目黒電報電話局事件：最判昭52・12・13労判287号26頁）は、使用者が企業秩序維持の見地から就業規則により職場内における政治活動を禁止することには合理性があるが、実質的に企業秩序を乱すおそれのない特別の事情が認められるときにはこの限りではないとする。その根拠は、職場が私的活動と区別される業務遂行のための場であって、労働者が当然に政治的活動をする権利を有する場ではないことを指摘した上で、職場における政治的活動が従業員の対立を生むおそれや企業施設管理を妨げるおそれがあること、就業時間中の政治的活動については、自身の労務提供義務に違反し、他の従業員の業務遂行をも妨げるおそれがあること、就業時間外についても、休憩時間中の政治的活動については、他の従業員の休憩時間の自由利用を妨げ、その後の作業能率を低下させるおそれがあるなど、企業秩序の維持に支障をきたすおそれが強いことに求められている。

（4）私生活上の非行　　行楽中の飲酒運転による交通事故や電車内での痴漢行為等、職場の外の労働者の行動についても、これが企業の名誉や信用等の侵害に結びつくことを理由に懲戒処分が行われることがある。ある個人がある企業の労働者であることは私生活上もついて回るため、私生活上の行為であっても企業の評価に影響を与える可能性があることは否定できない。しかし労働契約は労働者を使用者の支配下に置くものではなく、労務提供義務の履行に関わる範囲で労働者に一定の義務づけをすることができるに過ぎない。そこでいかなる範囲で労働者の私生活上の行為を理由に懲戒処分を行うことができるかが問われてきた。

　最高裁は職場外での仕事と無関係な行為であっても、当該行為の性質や情状、当該労働者の地位などを総合的に考慮して、企業秩序の侵害や社会的評価の毀損に結びつく範囲で限定的に懲戒処分の対象とすることを認めてきた。私生活上の非行を懲戒処分の対象とする就業規則の定めも限定的に解釈される傾向にある（横浜ゴム事件：最判昭45・7・28民集24巻7号1220頁等）。

Ⅲ　内部告発

1．問題構造と特徴

　労働者が、企業内部の不正を是正することを目的に、その情報を企業外に開示する行為は内部告発と呼ばれる。内部告発は、企業の財産や信用を傷つける可能性がある点で一見誠実義務に反する。企業も秘密保持義務や企業の財産、信用を損なう行為の禁止を定め、懲戒制度を用いてこれらの定めの実効性を確保してきた。

　しかし食品産地の偽装や工業製品の安全性上の欠陥、医療過誤など、内部告発によって企業の不正が明らかになる事件が社会の耳目を集める過程で、次第に内部告発が消費者保護などの公益の実現に役立ち、長期的には当該企業の利益に結びつくことに注目が集まった。企業に対するチェック機能を果たしていた労働組合が力を失う一方、企業のコンプライアンス（法令遵守）が意識される中で、不正の近くにいる労働者個人による内部告発を保護する仕組みの必要性が認識されるようになった。

　内部告発者を保護する定めは、当初労基法違反を告発する場合（労基104条）等個別立法で断片的に定められ、その他の場合には諸事情を総合的に判断して内部告発の適法性を判断する判例法理で対応していた。前述の変化はこの仕組みに公益通報者保護法を加え、今日この法律を中心にした保護の仕組みが構築されている。

2．公益通報者保護法

　公益通報者保護法は、公益通報者の保護を図りつつ、国民生活の安定や社会経済の健全な発展に資することを目的とする（公通1条）。同法は公益通報をしたことを理由とする公益通報者に対する解雇を無効にし、不利益取扱いを禁止する（同3条～5条）。同法違反は不利益取扱い等を行った者の不法行為責任等を根拠づける事実となる。

　保護の対象となる「公益通報」とは、労働者（労基9条）が、不正の目的でなく、その労務提供先等について通報対象事実が生じ、またはまさに生じようとしている旨を、当該労務提供先等、当該通報対象事実について処分等の権限を有する行政機関、またはその者に対し当該通報対象事実を通報するこ

とがその発生や被害の拡大を防止するために必要であると認められる者に通報することをいう（公通2条1項）。「通報対象事実」には、個人の生命・身体・財産等の保護に関わる限定列挙された法律に規定された犯罪行為、その法律に基づく処分理由になる事実が含まれる（同条3項）。

　公益通報者保護法は、通報の相手方を3つに分類し、告発対象の企業からの距離が離れるほど保護を受けることができる要件を厳しく設定して、公益通報を企業内部に誘導する仕組みを採用している。まず、①社内の上司や使用者が定めた企業外の相談窓口など、当該労務提供先等に対して公益通報を行った場合は、通報対象事実が生じ、またはまさに生じようとしていると思料していれば保護される（公通3条1号）。次に、②医薬品の不正使用について保健所に通報する場合など、監督官庁である行政機関に公益通報をした場合には、保護されるためには、通報対象事実が存在することについて信ずるに足りる相当の理由がある必要がある（同条2号）。そして、③その他公益通報の目的の実現に資する者への公益通報の場合には、②に加えて、（イ）①や②の公益通報をした場合には解雇その他不利益な取扱いを受けると信ずるに足りる相当の理由があること、（ロ）①の公益通報をした場合に証拠を隠滅されるなどのおそれがあると信ずるに足りる相当の理由があること、（ハ）書面で①の公益通報をした日から20日を経過しても、当該労務提供先から調査を行う旨の通知がない、あるいは正当な理由なく調査が行われないこと、（ニ）個人の生命・身体に危害が発生し、または発生する急迫した危険があると信ずるに足りる相当な理由があること、のいずれかを満たすことが保護の条件となる（同条3号）。

　①の公益通報を受けた事業者は、講じた是正措置や通報対象事実の不存在などについて当該公益通報者に通知するよう努めなければならない（公通9条）。また②の公益通報を受けた行政機関は、必要な調査を行い、通報対象事実を認めたときは適当な措置をとらなければならない（同10条）。

3．内部告発者保護の法理

　公益通報者保護法が規制対象としていない民事的な契約違反等に関する内部告発の正当性は、裁判例において展開してきた法理に基づいて審査され

る。過去には労働組合が主体となった内部告発の正当性が組合活動の正当性を問う文脈で争われたが、近年中心となっている労働者個人が主体となる内部告発の正当性は、これに対する懲戒処分の適法性を問う前段階で争われることが多い。

内部告発の正当性は、主に問題の内部告発の真実性、目的の公益性・適法性、手段の相当性等を考慮して判断される（トナミ運輸事件：富山地判平17・2・23労判891号12頁）。公益通報者保護法の判断方法も内部告発の適法性を判断する仕組みのモデルとしてここでの判断に一定の影響を及ぼす。

告発内容が真実であること、あるいは真実であると信じるに足りる相当な理由があることは、内部告発の正当性を基礎づける基本的事実である。虚偽の内部告発を意図的に行った場合には、次の目的の適法性も疑われることになる。

告発目的が公益性を有することは、公共の利害に関する名誉毀損について特例（刑230条の2第1項）が認められているように、社会的利益の実現や企業組織の改善に資する点で内部告発の正当性を補強する。もっとも告発対象事実の是正が同時に告発者の利益になる場合であっても、告発対象事実の是正が様々な事柄と関連しうることからすれば、これのみをもって内部告発の正当性を否定すべきではない。

内部告発にあたり正確な資料を用いることは、告発対象事実の真実性を裏づけるための有効な手段である。もっともその資料が企業の機密情報であった場合には、その資料の価値や他の判断要素との関係で内部告発の正当性はより慎重に判断されることになる（宮崎信用金庫事件：福岡高宮崎支判平14・7・2労判833号48頁）。また、労働者が使用者に誠実義務を負うことからすれば、労働者は内部告発をする前に企業内で内部告発対象事実を是正する努力をすべきといえる。もっとも労働者の企業内での地位や企業環境などによりこれを期待できない場合には、この努力の不存在を内部告発の正当性を否定する事実として重視すべきではない。

Ⅳ　損害賠償責任と身元保証

1．労働者の損害賠償責任

　労働者が故意や過失により役務提供の過程で使用者に損害を与えた場合、使用者は労働者に対して損害賠償を請求することができる。労基法 16 条は、使用者が労働契約の不履行について違約金を定め、または損害賠償額を「予定する」契約をすることを禁止するのみで、実損害について労働者に損害賠償を請求することは禁止していない（→ 114 頁）。しかし使用者の指示に従って勤務している一般に使用者よりも弱い立場にある労働者が、民法上の原則通りに労働者の故意・過失による行為と相当因果関係にある全損害について損害賠償責任を負うべきか争われてきた。

　最高裁は、使用者が、その事業の執行につきなされた労働者の加害行為により、直接損害を被りまたは使用者としての損害賠償責任を負担したことに基づき損害を被った場合には、使用者は、その事業の性格、規模、施設の状況、被用者の業務の内容、労働条件、勤務態度、加害行為の態様、加害行為の予防もしくは損失の分散についての使用者の配慮の程度その他諸般の事情に照らし、損害の公平な分担という見地から信義則上相当と認められる限度において、労働者に対し右損害の賠償または求償の請求をすることができると判断した（茨城石炭商事事件：最判昭 51・7・8 民集 30 巻 7 号 689 頁）。この判断の根拠は、労働者の役務提供によって利益をあげている使用者は役務提供の過程で生じた損害も負担することが公平であること、使用者から働き方を指示される労働者は業務や職場に危険が存在してもこれを自由に回避することができないこと、使用者は保険などを利用することで業務上の危険をある程度軽減することができる立場にあることなどに求めることができる。

　何が「損害の公平な分担」にあたるかは事案に即して判断される。前掲茨城石炭商事事件最高裁判決では、業務上タンクローリーを運転中に交通事故を起こした労働者に対して請求可能な損害賠償の範囲を、会社が適切な保険に加入していなかったこと、労働者が普通以上の勤務成績を有し、普段は小型貨物車を運転していたことなどを理由に、損害額の 4 分の 1 を限度と判断した。労働者が意図的に使用者に損害を与えた場合には賠償額は通常は減額されないが（第一自動車工業事件：大阪地判平 9・3・21 労判 730 号 84 頁）、過酷なノ

ルマ設定などによって使用者が労働者の損害発生行為に関与していた場合には賠償額は減額されうる（株式会社Ｔ（引受債務請求等）事件：東京地判平17・7・12労判899号47頁）。

2．身元保証契約

労働者が使用者に損害賠償責任を負うことがあるといっても、十分な資力を持たないことも多い労働者が賠償金をすべて支払うことが可能であるとは限らない。そこで採用にあたり労働者に身元保証人をたてさせ、その労働者が使用者に対して損害賠償責任を負った場合の保証人とする取扱いが広く行われてきた。

しかしこの取扱いには身元保証人が不当に重い責任を負わされる可能性がある。そこで身元保証ニ関スル法律に基づいて身元保証人が負う責任の範囲が限定されている。身元保証契約の有効期限は期間を定めない場合は原則3年（1条）、期間を定める場合は5年が上限とされ（2条1項）、身元保証人が具体的に責任を負う可能性がある場合や責任の範囲が変更される場合には、使用者は身元保証人にその旨を通知しなければならない（3条）。身元保証人は、この通知を受けたときや通知対象の事実を知ったときは契約を解除することができ（4条）、負担すべき賠償額を確定するにあたっては労働者の監督に関する使用者の過失の有無、身元保証人が身元保証をするにあたっての経緯等一切の事情が斟酌される（5条）。これらの定めに反し、身元保証人の不利益になる特約は無効となる（6条）。

第6節　労働契約の終了

本節のねらい

「お前はクビだ！」という使用者の言葉は、仕事に関する死刑宣告のようなもの。次の仕事に就くことができなければ生活が成り立たなくなります。仕事ができないのだから仕方がない、と思う人もいるかもしれませんが、問題ない仕事ぶりでも会社の経営難で「リストラ」の憂き目に遭うこともあります。「君だって辞めたいときに辞

めるのだから、会社だって辞めさせたいときに辞めさせるよ」とい
うのも理屈が通っているようですが、生活や再就職の大変さを考え
るとそうとも言っていられません。労働契約の終了をめぐる法は、
こうした問題をどのように整理しているでしょうか。

I 労働契約の終了事由

　労働契約の終了は労働者に大きな影響を与える。そのためその終了形態に
応じた法的規制が講じられている。この節でその詳細について学ぶにあたり、
まずは労働契約が終了する場面としてどのようなものがあるか、確認するこ
とにしよう。

　使用者による労働契約の解約は解雇と呼ばれる。解雇には普通解雇、整理
解雇、懲戒解雇などの種類があり、それぞれ異なる法的枠組みを用いて問題
解決が図られている。

　労働契約の期間の定めの満了後、契約が更新されないことは雇止めと呼ば
れる。契約期間が終わること自体は使用者の責任ではないが、有期労働契約
が更新されて継続雇用される実態を背景に一定の規制が講じられている。

　労働契約は労働者の一定の年齢到達を理由に終了することもある。この定
年制度は社会で広く用いられているが、能力と無関係に雇用終了することの
問題性や高齢者活躍の必要性を受けてその合理性が問い直されている。

　これに対して労働者側から終了させる行為は退職（辞職）と呼ばれる。実
際には退職願に対して使用者が同意してお互いの意思の合致に基づいて労
働契約が終了することもある（合意解約）。

　以下、順にその労働契約終了ルールを確認してみよう。なお、雇止めにつ
いては第2部第4章第2節を参照して欲しい。

II 解　雇

1. 解雇規制の背景

　民法は、期間の定めの有無で区別して労働契約の解約に関するルールを定
める。

　期間の定めがある場合は、当事者はやむを得ない事由がある場合でなけれ

ば契約の解除をすることができない（民628条）。期間を定めた以上これに反する取扱いをするためには相応の解除事由が必要であるという趣旨であり、解除事由が当事者の一方の過失によって生じたものであるときは、その当事者は相手方に対して損害賠償の責任を負う。

　他方、当事者が雇用の期間を定めなかったときは、特別な理由を要することなく各当事者はいつでも解約の申入れをすることができ、雇用はこの解約の申入れの日から2週間を経過することによって終了する（民627条1項）。期間を定めていない以上、その労働契約をいつ終了させるかについて当事者は基本的に自由だからである。ただし、期間によって報酬を定めた場合には、使用者からの解約の申入れは、次期以降を対象に、当期の前半中に行わなければならない（同条2項）。

　しかしこのルールを貫くと不合理な結果が導かれることがある。継続的な契約関係では、関係の継続を見越して債務の履行のために多額の投資がなされることがある。この場合に不意に契約関係が解消されれば、投下資本を回収することができないという問題が生じる。そのためこのような解消を制約する法理が存在する。

　これに加えて労働契約関係では、労働契約関係の解消により労働者は生活の糧を失い、社会とのつながりを失って生存や尊厳を脅かされるのに対し、使用者は労働者が1人抜けたとしてもそれだけで事業の存続が危機に瀕することは通常ない。また労働条件の変更に従わなければ解雇することを告げられた場合（→変更解約告知、73頁）、解雇規制が存在しなければ雇用を維持することは困難になる。こうした不均衡を是正するために、解雇には退職にない法規制が設けられている。

2．解雇に対する個別的規制

　(1) 解雇理由の制限　　適法な解雇の理由として認められない事項が複数の法律に分散して定められている。具体的には性別（雇均6条4号）や国籍、信条、社会的身分による差別（労基3条）、障害者差別（障害雇用35条）、不当労働行為（労組7条1号・4号）など、雇用平等や団結権保障に関わる事項を理由とする差別的解雇は禁止される。また、育介法に定められた権利の行使の申

出や利用を理由とする解雇（育介10条・16条）や、労基法（104条2項）や最賃法（34条2項）など労働保護立法違反を監督官庁に申告したことを理由とする解雇、公益通報をしたことを理由とする解雇（公通3条）など、制定法上認められた権利の行使を理由とする解雇の禁止がある。性差別の禁止規定をめぐる紛争について都道府県労働局長に解決の援助を求めた場合（雇均17条2項・18条2項）など、行政の紛争解決制度を用いたことを理由とする解雇も禁止される（育介52条の4第2項・52条の5第2項、個別労紛4条3項・5条2項等）。

（2）**解雇期間の制限**　　使用者は、業務上の負傷・疾病による療養のために休業する期間とその後30日間、産前産後休業期間とその後30日間はその労働者を解雇してはならない（労基19条1項）。これらの期間中は再就職が困難であるうえ、使用者の責任による休業や個人の権利として認められた休業による解雇を認めることは使用者の労災補償責任や母性保護の観点からも認められないためである。

この規制の例外の1つは、業務上の負傷・疾病による療養のための休業に関するケースで使用者が打切補償を支払った場合である（労基19条1項ただし書）。打切補償とは、療養開始後3年を経過しても負傷・疾病が治らない場合に使用者が支払うことを認められるもので、その額は平均賃金の1200日分である（労基81条）。被災労働者が療養開始から3年を経過し、労災保険制度の傷病補償年金を受給するようになった場合にも、打切補償が支払われたのと同様の取扱いがなされる（労災保19条）。使用者が療養補償を行うのではなく、労災保険制度の療養補償給付が行われている（同13条）場合であって、障害等級1〜3級に該当することを要する傷病補償年金が支払われていない場合にも、労基法81条の明文には定めが無いが、打切補償を支払えば解雇制限を免れると解されている（学校法人専修大学事件：最判平27・6・8労判1118号18頁）。

もう1つの例外は、天災事変その他やむを得ない事由のために事業の継続が不可能となった場合である。この場合は、これらの事由について行政官庁の認定を受けなければならない（労基19条2項）。

（3）**解雇予告**　　使用者は、労働者を解雇しようとする場合においては、少なくとも30日前にその予告をしなければならない。この予告をしない使

用者は30日分以上の平均賃金（予告手当）を支払わなければならない（労基20条1項）。解雇予告の日数は、平均賃金を支払った日数分短縮することができる（同条2項）。予告日数と予告手当として支払った日数を足して30日を超えればよいという仕組みである。

　この定めは、労働者に再就職準備のための時間的、金銭的余裕を与えることを目的とする。民法上の14日の予告期間（627条1項）は解雇に関してはこの定めに基づいて修正される。

　この定めは、天災事変その他やむを得ない事由のために事業の継続が不可能となった場合と、労働者の責に帰すべき事由に基づいて解雇する場合には適用されない（労基20条1項ただし書）。これらの事由に該当することを理由に予告義務違反を免れるためには、行政官庁の認定を受ける必要がある（同条3項）。また、解雇の対象が日日雇い入れられる者（1号）、2か月以内の期間を定めて使用される者（2号）、季節的業務に4か月以内の期間を定めて使用される者（3号）、試みの使用期間中の者（4号）である場合についても解雇予告義務は課されない（労基21条）。ただし、1号については1か月を超えて、2号と3号については所定の期間を超えて、4号については14日を超えて引き続き使用されるに至った場合には、通常通り解雇予告義務が課される（同条ただし書）。

　以上の解雇予告に関する規制に反する解雇の効力については見解が分かれている。最高裁は、予告期間や予告手当の支払いのない解雇の通知は即時解雇としての効力は持たないが、これに固執しない限り、予告期間の経過または予告手当の支払いによりそのときから解雇の効力が生ずるものとする（細谷服装事件：最判昭35・3・11民集14巻3号403頁、相対的無効説）。学説では、強行法規違反を理由に一律無効と解する見解（絶対的無効説）、罰則の適用や予告手当請求等を認めるが解雇の効力自体は有効とする見解（有効説）、労働者が解雇無効か、解雇の有効を認めて予告手当の支払いを求めるかを選択することを認める見解（選択権説）が主張されている。

　（4）就業規則・労働協約による制限　　解雇は、就業規則や労働契約に設定された解雇事由（就業規則の絶対的必要記載事項。労基89条3号）に基づく制限にも服する。もっとも就業規則上の解雇事由は、具体的な解雇事由を列挙の上、

「その他前各号に準ずるやむを得ない事由があったとき」というような一般条項を最後に設けて規定されることが多く、解雇訴訟で就業規則上の解雇事由該当性が争点となることは少ない。

また労働協約や就業規則に解雇を行う際には事前に労働組合等と協議したり、同意したりするものとする定め（事前協議条項、同意条項）がある場合には、この定めに反する解雇は無効となる。

　(5) 解雇理由の証明書　　労働者が、解雇予告がされた日から退職の日までの間において当該解雇の理由について証明書を請求した場合においては、使用者は遅滞なくこれを交付しなければならない（労基22条2項）。解雇理由を使用者に明示させることによって恣意的な解雇を防止し、労働者にその後の対応を判断する際の情報を与え、その後の紛争解決手続を円滑にすることを目的としている。

3．解雇に対する包括的法規制

　(1) 解雇権濫用法理の特徴と仕組み　　労基法が制定された当時、解雇を包括的に規制する法律は存在しなかった。しかし解雇が労働者にもたらす打撃は、退職が使用者にもたらす打撃と比較して大きく、特に雇用継続を重視する年功的人事処遇制度の下ではこの大きさが目立った。これを意識して労働組合運動などを背景に解雇を制約する法理が裁判例において形成された。

　その理論構成には、解雇には正当事由が必要であるとする構成（正当事由説）と解雇権の行使は濫用的であってはならないとする構成（権利濫用説）が存在した。前者は民法上の「解雇の自由」原則（民627条1項）との整合性を保ちつつ解雇に正当事由が必要であることを法的にどのように根拠づけるかという課題を有していたため、権利濫用（民1条3項）という明文の定めのある後者が下級審判決で定着するようになった。やがて最高裁（日本食塩製造事件：最判昭50・4・25労判227号32頁、高知放送事件：最判昭52・1・31労判268号17頁）も権利濫用構成を採用するに至り、解雇を制約する法理は「解雇権濫用法理」として確立した。今日この法理は、労契法16条において「解雇は、客観的に合理的な理由を欠き、社会通念上相当であると認められない場合は、その権利を濫用したものとして、無効とする」と明文化された。

解雇権濫用法理は、権利濫用の観点から「解雇の自由」を制限する。通常の権利濫用法理では、権利濫用という評価を基礎づける事実（評価根拠事実）はこの評価を主張する側が主張立証責任を負う。しかし解雇権濫用法理では、解雇に客観的に合理的な理由があることなどを実質的に使用者側が主張立証するという、正当事由説に近い運用がなされている。

(2) 解雇権濫用法理の適用の視角　　解雇権濫用法理の下で解雇が有効と認められるためには、その解雇に「客観的に合理的な理由」があり、この理由に基づく解雇が「社会通念上相当」であることが必要である。裁判ではこれらの要件が一体的に検討されることも少なくない。

解雇が行われる理由で分類すると、解雇には、労働者側の事情に基づく解雇（人的理由に基づく解雇）と使用者の経営上の理由に基づく解雇（経済的理由に基づく解雇、整理解雇）、ユニオン・ショップ協定の適用による解雇がある。人的理由に基づく解雇はさらに、労働者の業務適格性の欠如を理由とする解雇、労働者の規律違反を理由とする解雇、企業秩序侵害を理由に懲戒権行使の一場面として行われる解雇（懲戒解雇）に分類される。懲戒解雇は懲戒権行使の文脈で行われる点で普通解雇と呼ばれる他の2つの解雇と異なる位置づけにあるが、規律違反を理由とする解雇とはこれらの性質の理解の仕方によっては共通点を見いだすことができる。

解雇は継続が期待される労働契約関係を終了させ、使用者に従属する労働者の生存を脅かす行為である。そのため解雇の前にこれを回避する措置が講じられるべきであり、解雇が認められるのはその重大性に相応する理由が存在する場合に限られる（最後的手段の原則）。

解雇の相当性の判断では、解雇事由が存在することを前提としたうえで、その解雇が社会的に相当性を有するか否かが判断される。解雇事由が解雇という処分に見合う程度の重大性を有するか、類似の事由について他の労働者に対して行った処分とのバランスを失していないかなど、多様な事情が考慮される（前掲高知放送事件最判参照）。

解雇権濫用の判断基準は明確化されているとはいえないが、適用場面に応じた一定の傾向は見られる。問題構造が他とやや異なる懲戒解雇については懲戒について扱う本章第5節Ⅱで（→82頁）、ユニオン・ショップ協定の適用

による解雇は第3部第1章第2節で扱い（→257頁）、ここではその他の解雇類型ごとの判断の特徴を見てみよう。

(3) 解雇理由に応じた濫用性判断の特徴

　㋐ **業務適格性欠如を理由とする解雇**　　このタイプの解雇には、勤務成績不良を理由とする解雇、私傷病により業務遂行が困難になったことを理由とする解雇などが含まれる。ここでは労働者の職務能力が労働契約関係の継続を困難にする程度に不十分か否かが問われる。債務不履行や履行不能はその典型例だが、最後的手段の原則が示唆するようにそのような状態が存在しただけでは十分な解雇理由にはならない。具体的には、現在従事している職務で十分に能力を発揮することができない場合には他の仕事の配置可能性を検討したか、教育訓練などにより職務遂行能力改善の余地を探ったか、問題の勤務成績不良が業務へ影響したか否かなどの点が問われる。例えば業務遂行能力が社内で下位10%であることを理由とする解雇は相対的に能力が劣ることを示すに過ぎず、その労働契約の趣旨に即した適格性の評価が行われていないため解雇理由としては不十分である（セガ・エンタープライゼス事件：東京地決平11・10・15労判770号34頁）。

　濫用性の判断にあたり明確な判断枠組みが示されることは少ないが、長期雇用システム下にある正規労働者のケースについては、解雇の不利益性やこれまでの実績に照らして、①単なる成績不良ではなく企業経営や運営に現に支障・損害を生じさせる、または重大な損害を生じるさせるおそれがあり、企業から当該労働者を排除しなければならない程度に至っていること、②適格性を高めるため注意したり反省を促したりしたにもかかわらず改善されないなど、今後適格性が改善する見込みもないこと、③使用者の不当な人事により労働者の反発を招いたなどの当該労働者に宥恕すべき事情がないこと、④配転や降格ができない企業事情があることなどを考慮するという観点は各裁判例の根底に共通して存在している（エース損害保険事件決定：東京地決平13・8・10労判820号74頁）。

　特定の専門的能力の発揮を期待されて採用された労働者や職務を限定して採用された労働者の解雇にあたっては、その専門的能力や職務に関する労働契約上の限定の範囲で解雇を最後の手段とする努力が求められる傾向に

ある。例えば外資系企業での人事部長としての経験を買って人事本部長として中途採用したが十分な成果を出すことができなかったことを理由とする解雇では、人事本部長という地位に要求される水準で適格性を判断すれば足り、他の職種等への配置可能性を特に検討しなくても解雇は有効と判断された（フォード自動車事件：東京高判昭59・3・30労判437号41頁）。記者として中途採用された労働者に対する独自記事の配信目標を達成していないこと等を理由とする解雇が争点となったブルームバーグ・エル・ピー事件（東京高判平25・4・24労判1074号75頁）では、①労働契約上労働者に求められている職務能力の内容を検討したうえで、②職務能力の低下が労働契約の継続を期待することができない程度に重大なものであるか否か、③使用者側が当該労働者に改善矯正を促し、努力反省の機会を与えたのに改善がされなかったか否か、④今後の指導による改善可能性の見込みの有無等の事情を総合考慮して決すべきという判断枠組みが示された。他方、タクシー運転手として雇用された労働者が二種免許の喪失によりタクシー運転手として勤務することができなくなったことを理由とする解雇について、他の職種への配転可能性もあることを理由にこれを認めなかった裁判例もある（東京エムケイ事件：東京地判平20・9・30労判975号12頁）。

　(イ) **規律違反を理由とする解雇**　　規律違反を理由とする解雇には、仕事の寝過ごしや事実と異なる報告書の提出等を理由とする解雇（前掲高知放送事件）、業務命令違反を理由とする解雇（ハネウェルジャパン（解雇）事件：東京地判平19・12・14労判957号26頁）、暴言、器物損壊を理由とする解雇（大通事件：大阪地判平10・7・17労判750号79頁）、飲酒に伴う勤務態度不良を理由とする解雇（小野リース事件：最判平22・5・25労判1018号5頁）などがある。この解雇類型では、規律違反行為の情状や業務に与えた支障、規律違反行為の重大性と解雇処分のバランス、他の労働者との平等性、使用者の規律違反行為制止・警告の内容やこれへの対応などが主に問題となる。規律違反を理由とする解雇は労働者が意識的に是正可能な事柄を対象としているため、労働者が意識的に是正することが困難な業務への適格性欠如を理由とする解雇で判断要素となる他の業務等への配転可能性はここでは考慮されず、むしろ使用者の是正指導に対する労働者の対応状況が問題となる。規律違反を理由とする解雇は、

懲戒解雇とは目的を異にするものの問題とする場面自体は類似する。懲戒解雇の対象となる事由を普通解雇の理由として用いることが可能であるかについては、見解が分かれる。

　　㋒　**整理解雇**　　使用者の経営上の必要のために行われる解雇は整理解雇と呼ばれる。普通解雇は労働者個人を対象として、その労務提供の不十分等何らかの責められるべき事柄があるのに対し、経営改善のための余剰人員の排除を意図する整理解雇は、労務提供義務を完全に果たしている者も含めて雇用する労働者集団全体を視野に入れて行われる。そのためその適法性の判断基準は普通解雇のそれよりも厳格に設定されている。

　裁判例は、①人員整理の必要性が存在すること（必要性の要件）、②解雇を回避するための相当な措置が講じられていること（解雇回避措置履践の要件）、③被解雇者の選定基準が客観的かつ合理的であること（解雇基準・人選の合理性の要件）、④労働者や労働組合と十分な協議を尽くすこと（協議の要件）という4つの要件を用いて整理解雇の適法性を判断している（大村野上事件：長崎地大村支判昭50・12・24労判242号14頁、東洋酸素事件：東京高判昭54・10・29労判330号71頁）。普通解雇と異なり、労働者全体に関わる企業の経営的課題を問題とするため、解雇対象者の人選基準や集団的な手続きが判断要素に加わる。これら4つの要件は「整理解雇4要件」と呼ばれるが、裁判例の中にはこれらを「整理解雇4要素」ととらえ、すべての基準を満たすことを必須とすることなく諸事情を総合的に判断して整理解雇の適法性を判断するものもある（ナショナル・ウエストミンスター銀行（3次仮処分）事件：東京地決平12・1・21労判782号23頁）。

　各要件の判断傾向について見てみると、まず①人員整理の必要性は、整理解雇をしなければ企業の存続が不可能となるという程度ではなく、企業の合理的運営上やむを得ない（前掲東洋酸素事件）といえる程度の必要性があればこれを満たすと判断される傾向にある。整理解雇をしつつ新規採用を行っている場合には、必要性の要件は通常満たされない（オクト事件：大阪地決平13・7・27労判815号84頁）。

　次に②解雇回避努力には、新規採用の停止、余剰人員の配転・出向、希望退職者の募集、残業の削減など整理解雇の回避に結びつく取り組みが含まれる。使用者に広い指揮命令権が認められる年功的人事処遇制度の下では、こ

れに応じて広く解雇回避努力を行うことが整理解雇を認める前提とされる傾向にある（あさひ保育園事件：最判昭58・10・27労判427号63頁）。職種や勤務地に限定のある場合にこの範囲を超えて配転可能性を探る必要があるか否かについては、これを不要とする裁判例もあるが（角川文化振興財団事件：東京地決平11・11・29労判780号67頁）、整理解雇は労働契約の履行とは関係ない使用者側の事情で行われることをふまえるとこのように解すべきか検討の余地があるだろう。解雇回避を意図した配転・出向命令を労働者が拒否した場合には、当該配転・出向命令が適法なものであればその業務命令違反を理由とする解雇の適法性が問われ、適法なものでなければ整理解雇回避の努力の1つとして考慮されることになる（大阪造船所事件：大阪地決平1・6・27労判545号15頁）。

③合理的な人選基準と認められるものには、勤務成績や勤続年数などの企業への貢献度、年齢や家族構成などから見た経済的打撃の低さなどがある。性差別（雇均6条4号）や不当労働行為（労組7条）に該当する基準は不合理である。業務への「適格性」といった不明確な基準は不合理と認められることがあるものの（労働大学事件：東京地判平14・12・17労判846号49頁）、そうでなければ比較的多様な人選基準の設定が認められている。もっともその運用が不公正であったり、恣意的であったりする場合には、人選基準の合理性は認められない（横浜商銀信用組合事件：横浜地判平19・5・17労判945号59頁）。

最後に④労働組合や労働者の代表者らとの協議では、以上のような事柄――整理解雇を必要とする経営状況の詳細、希望退職者募集等実施する解雇回避努力、人選基準や対象人数など――について納得を得る努力が行われたか否かが判断材料になる。この協議は、整理解雇される可能性がある労働者が手続きや意見聴取などの対象に含まれる形で行われる必要がある（ジャパンエナジー事件：東京地決平15・7・10労判862号66頁）。

企業倒産に伴って行われた整理解雇の適法性は、企業が消滅する清算型の手続き（破産）の場合と、企業が存続する再建型の手続き（会社更生、民事再生）に分けて検討されている。清算型の場合は、最終的には労働契約関係が消滅するという特徴をふまえて整理解雇法理の適用を否定する裁判例（浅井運送事件：大阪地判平11・11・17労判786号56頁）もあるが、その特殊性を考慮して整理解雇法理を修正しつつ、これを適用するとの裁判例（三陸ハーネス事件：仙台

地決平 17・12・15 労判 915 号 152 頁）があり、こちらを支持する見解が有力である。再建型の場合は、通常どおり整理解雇法理が適用され（日本航空（運航乗務員解雇）事件：東京高判平 26・6・5 労経速 2223 号 3 頁）、その中で再建手続にあることの特徴が考慮される傾向にある。

4. 解雇の救済

解雇権の行使が濫用と判断された場合、当該解雇は無効となる。解雇が無効となることで労働契約関係の存続が認められ、訴訟では労働契約上の権利を有する地位にあることが確認される。

また不当解雇から解雇無効の判決を得るまでの期間は、使用者の責めに帰すべき事由（民 536 条 2 項）によって労働者が労務提供義務を果たすことができなかった期間となる。そのため労働者は解雇期間中の賃金請求権を失わず、該当期間の賃金の支払いを受けることができる。

ここで問題となるのが、労働者が解雇されてから他の職場で働くなどして収入を得ていた場合、使用者は遡及して支払うべき賃金額からこの中間収入を控除することを認められるかである。民法 536 条 2 項は、前記の場合において、債務者は自己の債務を免れたことによって利益を得たときは、これを債権者に償還しなければならないと定める。この文言によれば当然中間収入を控除すべきということになるようにみえる。しかしそもそも中間収入は被解雇者が債務を免れたことによって得た利益といえるか、いえるとしても中間収入分を遡及的に支払う賃金額から控除して支払うことは全額払いの原則（労基 24 条。→123 頁）に違反しないか、解雇期間中の就労不能についても休業手当の定め（労基 26 条。→125 頁）の適用があるかといった論点の理解の仕方によっては、必ずしもそうとはいえなくなる。

この点について最高裁は、使用者の責めに帰すべき事由によって解雇された労働者が解雇期間中に他の職に就いて利益を得たときは、労働者に解雇期間中の賃金を支払うにあたり中間利益の額を賃金額から控除することができるが、賃金額のうち平均賃金の 6 割に達するまでの部分については利益控除の対象とすることを禁止する（米軍山田部隊事件：最判昭 37・7・20 民集 16 巻 8 号 1656 頁、あけぼのタクシー事件：最判昭 62・4・2 労判 506 号 20 頁）。そして控除す

ることが可能な中間収入は、その発生期間が賃金の支給対象期間と時間的に対応していることを要するとする（前掲あけぼのタクシー事件）。これは中間収入と債務を免れたこととの関連性を認め、中間収入の控除について全額払いの原則違反を構成しないとしたうえで、遡及的に支払われる賃金額の6割の支払いを保障するものである。

権利濫用と評価された解雇に関する使用者の不法行為責任は、解雇無効と解雇期間中の賃金の遡及的支払いをもって原状回復がなされたとの観点から、裁判例は基本的にこれを認めない。解雇が不当な手段を用いて一方的になされたり（京阪バス事件：京都地判平22・12・15労判1020号35頁）、労働者のプライバシーに属する社会的偏見の残る健康情報を理由に行われていたりした場合（HIV感染者解雇事件：東京地判平7・3・30労判667号14頁）には、その点について不法行為責任が認められることがある。

Ⅲ　退職・合意解約

1．退職と合意解約

（1）退職と合意解約の定義　　退職（辞職）とは、労働者による労働契約の解約を意味する。無期労働契約については、労働者はどのような理由で退職をしてもよく（退職の自由）、退職の予告の2週間後に退職の効力が生じる（民627条）。有期労働契約の期間途中の退職の場合は、やむを得ない事由がなければ退職することができず、この事由が労働者の過失によって生じた場合には使用者に対して損害賠償の責任を負う（同628条）。

退職は、その意思表示だけで効力を発する単独行為である。しかし現実には労働者が使用者に「依願退職」という形で「退職願」を提出し、これに対して使用者が承諾するという形式が取られることもある。このような労働者と使用者が合意によって労働契約を将来に向けて解消することは合意解約と呼ばれる。逆に使用者から労働契約解約の申込みがなされ、労働者がこれを承諾する場合も合意解約に含まれる。合意解約は解雇ではないため、解雇権濫用法理（労契16条）などの解雇規制は適用されない。

解雇により労働者が受ける打撃と比べれば、退職により使用者が受ける打撃は小さいはずである。だが特に人手不足の局面では退職にあたり代わりの

労働者を用意することを退職を認める条件としたり、損害賠償を請求したりすることがある。これらは退職の自由の観点から原則として認められない。

（2）**退職の申入れと撤回**　　提出した退職の申し入れを撤回することは可能だろうか。

労働者が退職の意思を一方的に示した場合には、これが使用者に到達した時点で解約告知としての効力が生じ、その後は撤回することができない。ただし、解雇されるべき理由がないのにあるように誤信させて労働者に退職の意思表示をさせたり（錯誤：民95条、富士ゼロックス事件：東京地判平23・3・30労判1028号5頁）、心理的な圧力をかけるなどして労働者に退職の意思表示を強要したり（強迫：民96条、ソニー事件：東京地判平14・4・9労判829号56頁）した場合など、意思表示に瑕疵があることを主張することは認められる。

これに対し労働者が合意解約を申し込む趣旨で退職を申し出た場合は、この申込みに対して使用者が承諾をするまでは、これを撤回することができる。担当者が受け取った時点や退職合意書が作成された時点など、どの時点で承諾が認められるかは事案に即して判断される（大隈鐵工所事件：最判昭62・9・18労判504号6頁）。

このように一方的な退職の意思表示と合意解約との申込みとは法的効果が異なるが、現実には両者を区別することが困難なことも多い。ある意思表示を撤回の余地のない一方的な退職の意思表示であると認定することには慎重であるべきだろう（大通事件：大阪地判平10・7・17労判750号79頁）。

（3）**退職事由の証明**　　労働者が退職時に、使用期間、業務の種類、その事業における地位、賃金または退職事由について証明書を請求した場合においては、使用者は、遅滞なくこれを交付しなければならない（労基22条1項）。使用者は、この証明書に労働者が請求しない事項を記入してはならない（同条3項）。また、使用者は、あらかじめ第三者と謀り、労働者の就業を妨げることを目的として、労働者の国籍、信条、社会的身分もしくは労働組合運動に関する通信をし、または前述の証明書に秘密の記号を記入してはならない（同条4項）。

２．退職勧奨の限界
経済的理由による人員整理などのために使用者が労働者に退職勧奨をす

ることがある。退職勧奨は、法的には合意解約の申込みや退職の意思表示の要請という形を取る。退職勧奨をすること自体は法律で禁じられていないが、中には労働者の人格を傷つけるような退職勧奨も行われるため、その限界が争点となってきた。

　まず退職勧奨の基準は公序に反するものであってはならない。男女別の勧奨基準の設定はその例である（鳥屋町職員事件：金沢地判平13・1・15労判805号82頁）。

　公序に反しない退職勧奨の場合、裁判例は労働者に退職の自由が認められていることを前提に、退職勧奨行為の回数や期間、労働者の名誉感情への配慮、勧奨対象者の数、勧奨を受け入れた際の優遇措置の有無や内容などを考慮して、労働者の自由な意思形成を阻害しない範囲で退職勧奨を認める傾向にある（下関商業高校事件：最判昭55・7・10労判345号20頁）。労働者に対して不当な心理的威迫を加えたり、名誉感情を不当に害する表現を用いたりする退職勧奨は不法行為を構成する（日本アイ・ビー・エム事件：東京地判平23・12・28労経速2133号3頁）。

3．退職の自由を制約する取扱い

　労働者には退職の自由があり、契約締結の自由を行使して新たな就職先を自由に決めることができる。この労働者の転職の自由は職業選択の自由（憲22条1項）の表れである。この自由を損なう取扱いは、その法的根拠や内容、必要性等を考慮して合理的な範囲に限り許容される。

　例えば、退職後に同業他社への就職を禁じる競業避止義務を設けることができるが、その範囲は競業禁止の目的や退職者の在職中の地位、競業禁止の期間や場所などの範囲、代償措置の内容などの点を考慮して限定的に認められるにとどまる（→37頁）。

　ある者が労働者に退職を働きかけ、自身の企業と退職したその労働者との間に労働契約関係を形成すること、いわゆる引き抜き行為も単なる転職の勧誘にとどまる場合は原則として自由である。もっとも引き抜き対象の労働者と共謀の上、労働者を一斉かつ大量に引き抜くなど引き抜き行為が社会的相当性を逸脱している場合には、引き抜きに加わった引き抜き対象の企業の労働者等は労働契約上の債務不履行、あるいは不法行為責任を負うことがある

（ラクソン事件：東京地裁平3・2・25労判588号74頁）。

早期退職優遇制度・選択定年制　　　column

　労働者の新陳代謝の促進や就労継続に不安のある労働者への配慮など
を意図して、定年よりも早い時期に退職した労働者に対して退職金を割増
しするなどの優遇措置を講じる早期退職優遇制度が設けられることがあ
る。労働者のキャリア選択の可能性を広げるこの制度だが、企業からすれ
ば優秀な人材に抜けられては困るため、この制度の適用に企業の了承など
の条件を付けることが一般的である。この条件は優秀な労働者ほど不利に
機能する点で不合理であるということもできるが、裁判例は、早期退職優
遇制度の設置を申込みの誘引、労働者のこの制度の利用希望を申込みと評
価するなどして、この条件づけを認めている（大和銀行事件：大阪地判平
12・5・12労判785号31頁）。類似の仕組みからなる選択定年制について
も、労働者の退職の自由は侵害されず、特別な利益を受けられないに過ぎ
ないとしてこの制度の利用が認められている（神奈川県信用農業協同組合事
件：最判平19・1・18労判931号5頁）。

Ⅳ　定年制・再雇用

1．定年制

　定年制は、労働者が一定の年齢に到達したことを理由としてその労働契約
関係を終了させる制度である。厳密には、定年に到達した際に当然に退職扱
いとする制度（定年退職）と、定年に到達した際に労働者に解雇の意思表示を
して労働契約関係を終了させる制度（定年解雇）に分かれる。後者には解雇規
制の適用がある。

　定年制は、年功序列型・終身雇用型の人事処遇制度の下で人件費を一定水
準に抑制し、高年齢の労働者を企業から排出することで労働者の新陳代謝と
年齢構成のバランスを維持する制度として日本で広く用いられてきた。

　もっとも労働者の労働能力などを考慮せず、労働者には変えることのでき
ない年齢を基準に労働契約関係を一方的に終了させることが適法といえる

かについては争いがある。裁判例は、憲法14条が年齢差別の禁止の趣旨を含むことを認めつつ、定年制が定年に到達した者すべてに一律に適用されることや、人件費負担増の防止、労働能力が減退した労働者の交代等、企業の組織運営を適切に行う手段としての有用性に着目して定年制に合理性を認め、その事件の定年制を憲法上の平等原則に違反していると評価しなかった(アール・エフ・ラジオ日本事件：東京地判平6・9・29労判658号13頁)。募集・採用に限ってであるが年齢差別の禁止が明文化され(労働施策推進9条)、定年制の合理性の基礎にあった日本的雇用慣行を採用しない企業も現れる中で、いかなる場面で定年制に合理性が認められるか検討する必要がある。

2. 高年齢者雇用・就業確保措置

定年退職後は年金制度による所得保障が予定される。しかし高齢化の進展とこれに伴う年金財源の悪化を背景に公的年金の支給開始年齢の引き上げが段階的に行われてきた。これに対応して定年の最低年齢が設定され、その後の雇用の継続を使用者に義務づける仕組みが設けられている。

事業主が定年の定めをする場合には、当該定年は原則として60歳を下回ることができない(高年8条)。仮に定年が65歳未満である場合には、65歳までの安定した雇用を確保するため、当該定年の引上げ(高年9条1項1号)、現に雇用している高年齢者が希望するときは、当該高年齢者をその定年後も引き続いて雇用する制度(継続雇用制度)の導入(同項2号)、当該定年の定めの廃止(同項3号)のいずれかの措置を講じなければならない。継続雇用制度については、もともと過半数組合または過半数代表者との書面による協定で定めた基準により、継続雇用対象者を選別することが認められていた。しかし、老齢年金支給開始年齢の65歳への段階的な引き上げを背景に、継続雇用を希望する労働者全てを原則として継続雇用の対象とすべきとの改正が行われた(2012年)。ここでの継続雇用は労働契約関係にある企業のほか、この企業とグループ関係にある企業など(特殊関係事業主)において実施することも含まれる(高年9条2項)。

これら雇用確保措置義務に反した事業主に対しては、必要に応じて厚生労働大臣による指導や助言が行われる(高年10条1項)。これらに従わなかった

場合には高年齢者雇用確保措置を講じるよう勧告をすることができ（同条2項）、なお従わない場合はその旨を公表することができる（同条3項）。

　また、事業主は、65歳から70歳までの就業機会を確保する高年齢者就業確保措置として、以下のいずれかの措置を講じる努力義務を負う（高年10条の2。2021年4月以降）。この措置は、当該事業主と雇用関係が残る、①70歳までの定年引き上げ（同条1項1号）、②70歳までの継続雇用制度の導入（同項2号。特殊関係事業主に加えて、他の事業主によるものを含む）、③定年廃止（同項3号）と、過半数代表者との同意により講じられる雇用以外の就業の場を確保する措置（創業支援等措置）である、④高年齢者が希望するときに70歳まで継続的に業務委託契約を締結する制度の導入（同条2項1号）、⑤高年齢者が希望するときに70歳まで継続的に事業主が自ら実施あるいは委託・出資等する団体が行う社会貢献事業に従事できる制度の導入（同項2号）である。厚生労働大臣は、必要があると認めるときには、事業主に対して、高年齢者就業確保措置の実施について指導・助言、当該措置の実施に関する計画の作成を勧告すること等ができる（同10条の3）。

3．定年後の再雇用

　高年齢者雇用確保措置実施の義務づけを受けて継続雇用制度の実施が一般化し、定年後は「嘱託社員」のような非典型労働者としての位置づけで社員を再雇用する動きが広まっている。前述のように、高年法の雇用継続制度は当初継続雇用する対象を限定することが認められていたが、現在では労働者からの申込みがあれば原則として再雇用する仕組みに改正された。

　このような再雇用制度の下では、再雇用されることが原則として位置づけられ、再雇用後の労働条件が不明確であったり、不適格事由に該当したりしない限り、黙示の合意による労働契約の成立が認められる（東京大学出版会事件：東京地判平22・8・26労判1013号15頁）。有期労働契約に基づいて再雇用され、期間満了後にその更新が拒否された場合についても、継続雇用基準を満たしている場合には雇用の継続を期待することに合理的な理由が認められ、特段の事由がない限り、再雇用されたのと同様の雇用関係の存続が認められる（津田電気計器事件：最判平24・11・29労判1064号13頁）。

第2章　労働条件の最低基準の法規整

第1節　労働憲章

> 本節のねらい
>
> 　労働条件や就業環境が劣悪で、従業員に過重な負担を強いる「ブラック企業」が社会問題化していますが、これは今に始まったことではありません。どのような社会的背景において語られるかによってその中心とされるものは変化しています。戦前は、農村から前借金をかたに身売りに等しい人身拘束的契約によって連れてこられた繊維業女工が劣悪な労働環境の中で過酷な工場労働を強いられたり、労働者がたこ部屋に長期間拘束され劣悪な環境下で重い肉体労働を強いられたりするなど、非人道的な強制労働が行われてきました。このような封建的悪習から労働者の健康や安全、自由や人権を守るために、労基法はどのような規定を整備しているのでしょうか。

Ⅰ　労働基準法の理念

1．生存権の理念

　労基法の基本理念は、「労働条件は、労働者が人たるに値する生活を営むための必要を充たすべきものでなければならない」（労基1条1項）と規定されている。憲法25条は国民に対して「健康で文化的な最低限度の生活を営む権利」を保障するが、この理念は労基法1条の解釈に際しても当然に反映されることになる。

　それでは、労基法1条の「人たるに値する生活」とはどのようなものだろうか。憲法25条に係る朝日訴訟最高裁判決（最大判昭42・5・24民集21巻5号1043頁）によれば、「健康で文化的な最低限度の生活」は国民経済の発展や文化水準の向上とともに変化する。これを踏まえれば、労基法1条の「人たるに値する生活」の水準も同様に可変的なものとなる。

　かつて議論されていた最低生活保障では考えられなかったような事象と

して、今日、例えば、「ブラック企業」や「ワーキングプア」の問題が生じている。これらは、「人たるに値する生活」を保障する労働条件とは何かを改めて考える一例と言えよう。

労基法1条2項は、労基法の定める労働条件の基準は最低限度のものとして、この基準を理由とした労働条件の引き下げを禁止するとともに、その向上を図るべき努力義務を定めている。労使が自主的に労働条件を引き下げても、労基法の最低基準を維持していれば、直ちに本条違反として無効になるわけではないが、同条は労働条件の不利益変更の合理性審査（労契10条。→77頁）における重要な規範となる。

労基法1条1項および2項は一般に訓示規定として理解されており、その違反について罰則は定められていない。しかし、同条は労基法の基本理念を宣明したものであって、一般条項の適用や法解釈における基本原則を定めたものとして、裁判官は法の解釈適用において常に参照することを要請されている。

2．労働条件の労使対等決定

民法が前提としている契約自由の原則の下では、労使は対等で自由に労働条件を決定することができる。しかし実際に労使の力関係に実質的な違いがあるため、労働条件を対等に決定することはできず、労働者は会社側から提示された労働条件を受け入れるか否かの選択を迫られる。

そこで、労基法は、使用者によって一方的に労働条件が決定されることがないように労働条件の対等決定の理念を規定している（労基2条1項）。この規定と同様の趣旨を労働契約について定めたものとして労契法3条1項がある（→30頁）。

また、労基法は、労働者および使用者双方に対して、労働協約、就業規則および労働契約を遵守し、誠実に各々その義務を履行しなければならない旨定めている（労基2条2項）。これは、労働協約、就業規則、労働契約による労働条件決定のシステムを確認し、遵法の精神を表したものといえる。

労基法2条も同法1条と同様に訓示規定であり、直ちに具体的な法的効果を生じさせるものではない。しかし、労基法で定められた最低基準を遵守す

れば足りるというにとどまらず、労契法を含めた労働法全体の指導理念としての意味をもつ。

Ⅱ　労基法における労働者の人権と自由の保障

　憲法は、基本的人権として様々な人権を保障している。労基法における労働者の人権と自由を保障する規定のうち、ここでは、不当な人身拘束の禁止（労基5条・16条・17条・18条）、中間搾取の禁止（同6条）、公民権行使の保障（同7条）を取り上げる（均等待遇（同3条）および男女同一賃金の原則（同4条）は204頁以下参照）。

1．不当な人身拘束の禁止

　（1）強制労働の禁止　　労基法5条は強制労働を禁止している。戦前の日本では、土建業や鉱山業における「監獄部屋」や「タコ部屋」のように、労働者を長期間拘束して、劣悪な環境下で過酷な肉体労働を強制する悪習が広く行われていた。このような前近代的封建的な労働慣行を除去するために設けられたのがこの規定である。

　同条にいう「不当に拘束する手段」とは、客観的に見て通常人がその自由を失う程度でたりるとされている。具体的には、長期労働契約、労働契約不履行に関する賠償額予定契約（労基16条）、前借金契約（同17条）、強制貯金（同18条）などがある。労基法5条に違反した者に対しては、同法において最も重い罰則（1年以上10年以下の懲役または20万円以上300万円以下の罰金）が定められている（同117条）。

　最近では、使用者が外国人研修生や技能実習生から旅券を取り上げて移動の自由を奪い長時間労働させたり、最賃法を下回る賃金しか支払わないことが問題になっている。外国人研修生の旅券の預かりや預金口座および預金通帳・印鑑の管理ならびに違法な労働状態を作り出したことにつき不法行為が認められた裁判例がある（スキールほか事件：熊本地判平22・1・29労判1002号34頁）。また、賃金の約半分を勤続奨励手当とし、契約期間の途中で解雇されたり退職したりした場合にはこの手当相当額を労働者が会社に返還することを義務づける労働契約は、一定期間の就労強制あるいは契約不履行に対す

る制裁約定であり、労基法 5 条・同 16 条に違反するとして、その効力を否定した裁判例がある（東箱根開発事件：東京高判昭 52・3・31 労判 274 号 43 頁）。

（2）賠償予定の禁止　　労基法 16 条は賠償予定を禁止している。戦前は、紡績工場などにおいて女工を採用する際に、使用者は親と前借金契約を結び、また、女工に支払う賃金を強制的に貯蓄金として預かり、もし彼女たちが過酷な労働に耐えかねて逃亡した時は、その貯蓄金を契約違反にともなう賠償額の予定として没収することが横行していた。このような労働者の足止めや強制労働などの悪習を排除するために設けられたのがこの規定である。

労基法 16 条で禁止されているのは、違約金や損害賠償の金額を予め契約することである。実際に生じた損害の賠償を使用者が労働者に請求することは禁止されていないが、損害賠償の公平な分担という見地から信義則上相当と認められる限度に制限される（茨城石炭商事事件：最判昭 51・7・8 民集 30 巻 7 号 689 頁）。

労基法 16 条をめぐっては、教育訓練費用や研修・留学費用の返還義務を定める契約が同条に違反するかどうかが問題になる。美容室を経営する会社とその従業員との間で締結された美容指導料を返還する約定が労働者の退職の自由を奪うことから労基法 16 条に違反するとされた例（サロン・ド・リリー事件：浦和地判昭 61・5・30 労民集 37 巻 2=3 号 298 頁）や、看護学校在学中に病院から学費や生活費の支給を受け、看護師資格取得後に一定期間病院に勤務するという、いわゆる看護師の御礼奉公について、そのような約定は紳士協定に過ぎず、法的拘束力は有しないとした裁判例（武谷病院事件：東京地判平 7・12・26 労判 689 号 26 頁）がある。

また、海外留学費用の返還が問題となった事案では、留学が自由意思で業務命令によるものではなく、返還免除特約つきの消費貸借契約が成立していたとして、返還債務は労働契約の不履行から生じるものではないので、労基法 16 条に違反しないとした裁判例がある（長谷工コーポレーション事件：東京地判平 9・5・26 労判 717 号 14 頁）。これに対して、企業における海外研修や留学が業務命令として行われ、海外研修・留学において実際には業務の遂行がなされていたような場合には、費用等の返還義務を定めた約定や合意は一定期間の業務拘束を目的とした違約金の実質をもつものであるから、労基法 16 条

に違反するとした裁判例がある（富士重工事件：東京地判平10・3・17労判734号15頁、新日本証券事件：東京地判平10・9・25労判746号7頁）。海外留学費用の返還という同様の事案でありながら裁判所の判断を分けたのは、留学が業務命令によるものかどうか、業務性を有しているか否か、また、その費用を会社が負担すべきものかどうかという点にある。

　(3) 前借金相殺の禁止　　労基法17条は前借金相殺を禁止している。戦前、農村から紡績工場に女工を雇い入れる際や芸娼妓契約などにおいて、親が多額の借金をして、子どもが働いてその借金を返済するという労働慣行が多く見受けられた。前借金制度は、労働者を不当な人身拘束の下に置く前近代的な人身売買的制度であり、これを排除するために設けられたのが同条である。もっとも、労基法17条はあくまで前借金と賃金との相殺を禁止したものであるので、労働から完全に分離した純粋な金銭貸借関係は禁止されていない。行政解釈も、労働者が使用者から人的信用に基づいて受ける金融、弁済期の繰上げ等で明らかに身分的拘束を伴わないものは除外している。

　(4) 強制貯金　　貯蓄は労働者の将来の生活保障という意味では有益である。しかし、かつて強制貯金は労働者の足止め策として利用されたうえ、企業の経営状況が悪化した場合に事業資金として転用されたり、企業が倒産した場合に払戻しが受けられなくなったりするなどの問題が生じた。そのため、労基法18条1項は強制貯金を禁止している。

　他方、労基法18条2項は、労働者から任意の委託を受けた貯蓄金の管理については、一定の条件の下で認めている。任意の貯蓄金管理（社内預金）の条件として、①使用者は貯蓄金管理に関する労使協定を締結して、行政官庁に届出なければならない（同条2項）、②貯蓄金管理に関する規定を定め、これを労働者に周知させなければならない（3項）、③企業が従業員の預金の管理を行う場合には利子を付けなければならない（4項）、④労働者の請求があったときは遅滞なく社内預金の返還をしなければならない（5項）としている。

2．中間搾取の禁止

　労基法6条は、「何人も、法律に基づいて許される場合の外、業として他

人の就業に介入して利益を得てはならない」として、中間搾取を禁止している。労働契約の当事者でない手配師や労働ブローカーなどが中間搾取（賃金のピンハネ）を行う悪習を排除する目的で定められた規定である。

「法律に基づいて許される場合」とは、職安法の規定に基づき、厚生労働大臣の許可を得て行う有料職業紹介業（職安30条）、委託募集（同36条）、労働組合による無料の労働者供給事業（同45条）のことをいう。この場合であっても、法律で認められている手数料や報酬等の他に利益を受けとるときは、労基法6条に違反する。

なお、労働者派遣の場合には、労働契約関係が派遣元との間に存在し、派遣先との間には存在しないので、派遣元が第三者として他人の労働関係に介入したとはいえないから、労基法6条が禁止する中間搾取には該当しない（派遣労働については238頁以下参照）。

3．公民権行使の保障

国民の参政権の保障は基本的人権の1つであり、労働者も選挙権やその他公民としての権利を行使したり、公の職務を執行したりする権利を有する。そのため、労基法7条は、労働者が労働時間中に、選挙権その他公民としての権利を行使し、また、公の職務を執行するために必要な時間を請求した場合、使用者はこれを拒否してはならないと規定している。ただし、権利行使や職務執行に支障のない限り、使用者は請求された時刻を変更することができる（同条ただし書）。労働者に必要な時間を付与した場合、その時間に対応する賃金については、有給とすることは義務づけられていない。

「公民としての権利」とは、公職選挙における選挙権および被選挙権、最高裁判所裁判官の国民審査、特別法の住民投票権、地方自治法上の住民直接請求権などがある。「公の職務」とは、法令に根拠を有するものをいい、国会議員、地方議会議員、各種の行政委員会や法令に基づき設置される審議会の委員、労働審判員、裁判員制度における裁判員、裁判所や労働委員会の証人、公職選挙の立会人などが含まれる。

同条をめぐっては、公務就任により労働契約上の義務の履行が困難となった場合の解雇や休職が問題になる。判例は、公職に就いた者を懲戒解雇にす

る旨の就業規則の規定は労基法7条の趣旨に反して無効であるとしつつ、
「公職に就任することが会社業務の遂行を著しく阻害する虞れのある場合」
に使用者が普通解雇を行うことは同条に違反しないとしている（十和田観光事
件：最判昭38・6・21民集17巻5号754頁）。

ディーセント・ワーク

　「ディーセント・ワーク」はILO（国際労働機関）が1999年以来提唱し
ている目標であり、日本では「働きがいのある人間らしい仕事」と訳され
ている。いうまでもなく、戦後すぐの日本においては、労働者の物質的生
活の保障が最大の課題であったが、現在はそれにとどまらない、より良質
な労働を求めるディーセント・ワークの実現が求められている。

　ディーセント・ワークの実現のために、①雇用の機会があり、持続可能
な生計に足る収入があること、②労働三権が保障されていて、強制労働や
児童労働がない、男女差別や人種差別がないこと、③最低労働条件の確保
（8時間労働や最低賃金など）、安全な職場環境の保障、社会保障（年金、医療
保険、失業保険、労災保険）などの社会的保護がすべての人々に保障されて
いること、④政府、使用者、労働者の三者の対話の仕組みがあり、それに
よって労働者が意思決定の場に参加できることが目標として掲げられて
いる。

　ディーセント・ワークは労働者に保障された人権というべきもので
あって、日本では、憲法13条（個人の尊重）、14条（法の下の平等）、25条
（生存権）、27条（勤労の権利）にその根拠を見出すことができる。近年、
労働法の解釈・適用において、「ディーセント・ワーク」を重視する傾向
が見られる。また、2019年から実施されている働き方改革は、「長時間労
働の是正」「雇用形態にかかわらない公正な待遇の確保」「多様で柔軟な働
き方の実現」を主要な柱としている。ディーセント・ワークの実現に向け
た取り組みは、今後ますます重要な課題となるであろう。

第2節 賃　金

本節のねらい

　みなさんは、アルバイト先を探したり、就職活動をしたりする際に、何を重視しますか。仕事の内容、勤務地、労働時間など、何を重視するかは人それぞれだと思いますが、おそらく多くの人が重視するのは給料ではないでしょうか。賃金は、労働者が生活していくうえで不可欠な原資であり、重要な労働条件です。しかし、賃金が著しく低かったり、労働条件通知書や就業規則に明記してある賃金額より実際に支払われる額のほうが少なかったり、会社が倒産して賃金を支払ってもらえなかったりなど、賃金をめぐるトラブルは少なくありません。このようなトラブルに遭遇する前に、賃金に関する法規制や法的問題について学びましょう。

Ⅰ　概　説

1．日本の賃金制度の変遷

　賃金は労働者の生活のための不可欠の原資である。戦後日本で一般化した賃金体系は、本人の年齢と扶養家族数に応じて生活保障給を定め、これに能力給や勤続給を加味した年功賃金制度であった。生活保障を大前提とする年功賃金制度は、終身雇用制度や企業別組合とともに日本型雇用システムを構成し、戦後の日本経済の高度成長を支えてきた。

　しかし、1973年のオイル・ショック以降、年功賃金を維持することが難しくなると、労働者の職務遂行能力の発展段階に即して資格等級を定めて格付けし、賃金・処遇を決定する職能資格制度が普及した。また、1999年初頭のバブル崩壊後に、年功賃金に代わる新たな制度として導入されるようになったのが成果主義賃金であった。これは、労働者の能力・成果・仕事の価値を基準に賃金処遇を行う賃金制度であり、グローバル化に伴う経営環境の変化や国内外の競争の激化、若者の意識変化を背景として、急速に普及した。もっとも、成果主義賃金は、労働者の成果を使用者が評価して賃金を決定する仕組みであり、それは一般に人事考課を通じて行われるため、人事考課や

それに基づく賃金処遇の決定に不満を抱いた労働者と使用者の間でトラブルが起こることも少なくない（→60頁参照）。

2．労使自治と賃金保護の必要性

　賃金は労働契約の基本的な要素であり、その額・支給基準・支払方法などは労使の自主的決定（労使自治）に委ねられている。賃金に関する労使の自主的決定には、使用者と労働組合との集団的労使交渉による決定と、個々の労働者と使用者間における個別的賃金決定がある。まず、集団的な労使交渉を通じて、最低賃金を上回る賃金額の決定や賃金制度・体系の設計および運用、賃金の査定、賞与・退職金制度などを決定し、これを前提として、個々の労働者に関する賃金決定が行われる。

　しかし、労使間の交渉力・情報力格差ゆえに、賃金の決定をすべて労使当事者に委ねてしまうと著しく低い賃金によって労働者の生活が不安定になったり、労働市場における不公正競争が行われたりするおそれがある。賃金は労働者の生活のための不可欠の原資であり、労働時間と並んで重要な労働条件である。そのため、労基法および最賃法は、労働者の生活を安定させるために賃金に関する強行法的な規定を設け、労働者に対して賃金の最低額と確実な支払いを保障している。

3．日本の賃金体系と構成要素

　賃金体系や構成要素は企業によって異なるが、一般には、給与（基本給と諸手当）と一時金・退職金によって構成されている。

　「給与」は、所定労働時間に対する「所定内賃金」（基本給および諸手当）と、超過勤務などに対して支払われる「所定外賃金」（時間外・休日手当、深夜手当等）に分けられる。賃金の大部分は「所定内賃金」によって構成されており、その圧倒的部分は「基本給」が占めている。「基本給」は、年齢、学歴、勤続年数、経験、能力、資格、地位、職務など労働者本人の属性または従事する職務に伴う要素によって算定される。この基本給は、年齢および勤続年数によって定まる「年齢給・勤続給」、職務遂行能力をベースにして決定する「職能給」、担当する仕事（職務・職責・役割）を基準に決定する「職務給」な

どに分類されている。また、「諸手当」は、勤務手当（特殊勤務手当、特殊作業手当）、役職手当、出勤手当、精皆勤手当、通勤手当、家族手当、住宅手当などがある。

「一時金」は、毎月支給される給与とは別に、年2回程度支給される臨時の給与であり、賞与、ボーナス、期末手当などの名称で呼ばれる（以下、「賞与」という）。具体的な金額は、使用者による査定や労働組合との交渉によって決定されるが、一般的には、基本給、支給率、出勤率、人事考課などを考慮して算定される。

「退職金」は、退職した労働者に対して支払われるものであり、退職手当、退職慰労金などの名称で呼ばれる。具体的な算定方法は企業によって異なるが、多くの企業は、退職者の退職時の基本給の額に勤続年数を掛け合わせて、さらに退職理由などに応じた係数を掛けて計算する方法を採用している。

使用者は賞与・退職金の支払いを法律上義務づけられているわけではない。しかし実際には、日本の多くの企業が賞与・退職金を支給しており、年収あるいは生涯収入に占める賞与や退職金の比重が高いという特徴が見られる。

Ⅱ　労基法上の賃金の定義

1. 賃金の定義

労基法上の賃金は、「労働の対償として使用者が労働者に支払うすべてのもの」をいう（労基11条）。労基法上の賃金に該当するか否かは、主として「労働の対償」といえるかどうかによって決定される。一般に、就業規則やこれと一体をなす賃金規程において支給条件が明確に規定され、使用者がその支給を約束しているときは「労働の対償」であり、賃金と解される。

「任意的恩恵的給付」（結婚祝金、病気見舞金、死亡弔慰金など）は労基法上の賃金ではないが、労働協約や就業規則などによってあらかじめ支給条件が明確にされており、それに従って使用者に支払義務があるものは労働の対償として賃金と認められる。退職金や賞与も支給基準が使用者の裁量に委ねられている限りは「任意的恩恵的給付」であって賃金ではないが、労働協約、就業規則、労働契約などでそれを支給することや支給基準が定められていて、使用者に支払義務があるものは賃金と認められる。また、作業服や作業用品代

など企業が業務遂行のために負担する企業設備・業務費は労働の対償としての賃金ではないが、通勤手当あるいはその現物支給である通勤定期券は支給基準が定められている限り賃金である。

ストックオプション（株式会社の経営者や従業員が自社株を一定価格で購入できる権利）は、権利行使の有無や株式売却の時期が対象労働者の判断に委ねられていることから、労基法上の賃金に該当しないと解されている（平成9・6・1基発412号）。ただし、ストックオプションの権利行使益は、所得税法上は給与所得にあたると解されている（荒川税務署長事件：最判平17・1・25労判885号5頁）。

また、賃金は「使用者が労働者に支払う」ものである。そのため、ホテルや飲食店で客が従業員に手渡すチップは賃金とはいえない（昭和23・2・3基発164号）。

２．平均賃金

平均賃金は、解雇予告手当（労基20条1項）や休業手当（同26条）など、労基法で定められた手当や補償等の算定の基準となる金額である。平均賃金は、算定すべき事由の発生した日以前3か月間に支払われた賃金総額をその期間の総日数で割った金額である（同12条1項・2項）。ただし、業務上傷病、産前産後の休業、使用者の責めに帰すべき事由による休業、育児休業・介護休業および試用期間については、総日数と賃金総額から除外される（同条3項）。また、臨時に支払われた賃金および3か月を超えて支払われる賃金は、計算の基礎となる賃金総額に算入しない（同条4項）。

３．賃金請求権

私的自治の原則（契約自由の原則）の下では、賃金請求権は基本的に当事者の合意（労働契約）に基づいて発生する（労契6条）。実際には、賃金制度は労働協約や就業規則において設けられているため、これらの規範が労働契約内容を規律することによって賃金請求権を発生させる。

当事者の合意内容が不明確な場合には、賃金請求権は労働と対価関係にあること（労契6条、民623条）や、「ノーワーク・ノーペイの原則」（民624条1項）

に基づき、労働契約の合理的解釈として、労働義務の履行後に具体的な賃金請求権が発生する。これによると、労働者は労働義務を履行した後でなければ賃金を請求することはできないので、労働者が欠勤したり、ストライキに参加したりした場合には、賃金請求権が発生しないことになる（ストライキによる賃金カットについては→ 324 頁）。

Ⅲ　労基法上の賃金保護

1．賃金支払いの原則と例外

（1）通貨払いの原則とその例外　　賃金は通貨で支払わなければならない（労基 24 条 1 項）。その趣旨は、現物給付による弊害を防止し、労働者にとって最も安全で便利な支払方法を命じるためである。「通貨」とは、日本において強制通用力を有する貨幣でなければならない。

　通貨払いの原則の例外は、①法令に別段の定めがある場合（現在そのような法令は存在しない）、②労働協約に別段の定めがある場合、③厚生労働省令で定める賃金について確実な支払いの方法で厚生労働省令で定めるものによる場合の 3 つがある（労基 24 条 1 項ただし書前段）。③について、労働者の同意を条件として、（ア）賃金の口座振込み、（イ）退職手当を銀行その他の金融機関が自己宛てに振出もしくは支払保証をした小切手または郵便為替によって支払うことが認められている（労基則 7 条の 2）。

（2）直接払いの原則　　賃金は直接労働者に支払わなければならない（労基 24 条 1 項）。その趣旨は、中間搾取を防止し、労働者の確実な賃金受領を保障することにある。労働者の親権者その他法定代理人や、労働者の委託を受けた任意代理人への支払いは直接払いの原則に反する。しかし、「使者」に対する賃金の支払いは認められている。

　賃金債権が譲渡された場合でも、譲受人への支払いは直接払いの原則に違反する。最高裁は、労働者が退職手当の一部を第三者に譲渡し、その旨の通知を使用者になした場合であっても、使用者は第三者にその退職手当を支払うことはできず、労働者に支払わなければならないとしている（小倉電話局事件：最判昭 43・3・12 民集 22 巻 3 号 562 頁）。

　賃金債権の差し押さえがある場合には、使用者は差押債権者にその賃金を

支払っても直接払いの原則に反しないが、労働者の生活保障の趣旨から、原則として賃金の4分の3に相当する部分の差し押さえは禁止されている（民執152条、国徴76条）。

(3) 全額払いの原則と例外

(ア) 全額払いの原則　　使用者は賃金の全額を支払わなければならない（労基24条1項）。その趣旨は、使用者が一方的に賃金を控除することを禁止し、もって労働者に賃金の全額を確実に受領させ、労働者の生活原資を保障することにある。

全額払いの原則の例外は、①法令に別段の定めがある場合、②事業場の労働者の過半数で組織する労働組合または労働者の過半数を代表する者との協定が締結されている場合であり、この場合に使用者は賃金の一部を控除して支払うことができる（労基24条1項ただし書後段）。①については、給与所得の源泉徴収（所得税183条）、社会保険料の控除（厚生保84条、健保167条、労保徴32条など）である。

全額払い原則の趣旨は、相殺禁止の趣旨も含んでいる。そのため、使用者が労働者に対して有する債権をもって、賃金債権を相殺することは全額払いの原則に違反する（関西精機事件：最判昭31・11・2民集10巻11号1413頁、日本勧業経済会事件：最大判昭36・5・31民集15巻5号1482頁）。

(イ) 調整的相殺　　全額払いの原則により相殺は認められない。しかし、賃金計算のミス等により賃金の過払いが生じた際には、過払い分を労働者から回収する手間を省くため、後に支払われるべき賃金から控除（相殺）することがある。これを「調整的相殺」という。

最高裁は、賃金過払いによる不当利得返還請求権を自動債権とする相殺は適正な賃金額を支払う手段であり禁止されていないとしたうえで、調整的相殺が許されるのは、過払いのあった時期と賃金の生産調整の実を失わない程度に合理的に接着した時期においてなされること、あらかじめ労働者にそのことが予告されること、控除される金額が多額にわたらないことなど、労働者の経済生活の安定を脅かすおそれがない場合に限られると判断した（福島県教組事件：最判昭44・12・18民集23巻12号2495頁）。

(ウ) 労働者による賃金債権の放棄　　労働者が自ら賃金債権を放棄するこ

とはあまり考えられない。しかし、実際には、労働者が会社を退職するとき
に使用者から、「会社との間に一切の債権がないことを確認します」という
賃金債権不存在の念書や誓約書の提出を求められることがある。そのため、
労働者が賃金債権を放棄した場合に使用者が放棄された賃金を支払わない
ことは全額払いの原則に反するかが問題となる。

　判例は、労働者が退職に際し自ら退職金債権を放棄する旨の意思表示をし
た場合にその意思表示の効力を否定できないが、労働者の自由な意思に基づ
くものであることが明確でなければならないとした（シンガー・ソーイング・メ
シーン・カムパニー事件：最判昭 48・1・19 民集 27 巻 1 号 27 頁）。その後の判例は、
「既発生の賃金債権を放棄する意思表示の効力を肯定するにはそれが労働者
の自由な意思に基づいてされたことが明確でなければならない」と判示した
（北海道国際航空事件：最判平 15・12・18 労判 866 号 14 頁）。実際には、労働者が自
らの自由な意思で賃金債権の放棄をするというより、使用者から威圧されて
やむを得ず賃金債権を放棄するケースも少なくない。したがって、労働者の
自由な意思の判断は実態に即して慎重になされることが求められる。

　　　㈹ 合意による相殺　　　上記のように使用者による一方的な賃金債権の
相殺は無効になるが、使用者が労働者の合意を得て相殺を行うことは許され
るだろうか。最高裁は、使用者が労働者の合意をもってなす相殺について、
それが労働者の自由な意思に基づきなされたものであると認められるに足
りる合理的理由が客観的に存在するときは、全額払いの原則に反しないとし
た（日新製鋼事件：最判平 2・11・26 労判 584 号 6 頁）。仮に形式的な合意があった
としても、使用者から強要されたなど労働者の自由意思に基づいてなされた
合意でない場合には、賃金全額払いの原則に違反し無効になる。

　(4) 毎月 1 回以上、定期日払いの原則　　　労基法は、毎月 1 回以上、一定期
日に賃金を支払うことを使用者に義務づけている（24 条 2 項）。この原則の趣
旨は、賃金支払いの間隔が長過ぎることおよび支払日が一定しないことによ
る労働者の生活上の不安定を防止することにある。この原則は年俸制の場合
も適用される。臨時に支払われる賃金や賞与のほか、1 か月を超える期間に
ついて支払われる手当については、この原則が及ばない（同条 2 項ただし書、労
基則 8 条）。

2．非常時払い

　労働者が非常の場合の費用に充てるために支払期日前に請求したときは、使用者はこれを支払わなければならない。具体的には、労働者本人および労働者が扶養する者の出産、疾病、災害、婚姻、死亡、やむをえない事由による帰郷の場合がある（労基25条、労基則9条）。

3．休業手当

　労働者が労務を提供しうる状態にあるにもかかわらず、使用者に帰責事由ある休業によって就労することができず、その結果賃金がまったく支払われないことになると、労働者の生活に過度の負担を強いることになる。そこで、労基法は、使用者の帰責事由による休業の場合に、労働者に対して平均賃金の60％以上の手当を支払うことを使用者に義務づけている（26条）。

　労基法26条とは別に、民法536条2項は、債務者たる労働者は、債権者の「責めに帰すべき事由」により契約の履行が不能になったときには「反対給付を受ける権利を失わない」旨規定しており、これにより使用者に対して賃金全額を請求することができる。

　労基法26条は、労働者の生活保障を目的とするものである。したがって、同条の「責めに帰すべき事由」は民法536条2項の「債権者の責めに帰すべき事由」よりも広く、天災事変など不可抗力に該当する場合を除き、使用者側に起因する経営、管理上の障害を含むと解されている。具体的には、経営困難のために社員を自宅に待機させる場合、取引先の経営困難のために、企業が原料や資材の供給を受けることが出来ない場合、資金難による経営障害に陥った場合などである。

　最高裁は、①労基法26条の趣旨は労働者の生活を保障することにあり、同条は民法536条2項の適用を排除するものではなく、休業の原因が民法536条2項の「債権者の責めに帰すべき事由」に該当し、労働者が使用者に対する賃金請求権を失わない場合には、休業手当請求権と賃金請求権が競合しうること、②労基法26条の「使用者の責に帰すべき事由」の範囲は、民法536条2項の「債権者の責めに帰すべき事由」よりも広く、使用者側に起因する経営、管理上の障害を含むと判断した（ノース・ウエスト航空事件：最判昭62・

7・17労判 499 号 6 頁)。

4．出来高払いの保障給

　出来高払制その他の請負制で使用する労働者については、使用者は、労働時間に応じ一定額の賃金の保障をしなければならない（労基 27 条）。出来高払制とは、労働者の製造した物の量・価格や売り上げの額などに応じた一定比率で額が決まる賃金制度である。同条の趣旨は、出来高払制下にある労働者の実収賃金が、客不足や原料粗悪などの、労働者の責めに帰すべきでない事由によって著しく低下するのを防止することにあるため、保障給は、通常の実収賃金とあまりへだたらない程度の収入を保障するように金額を定めるべきものとされている。

Ⅳ　賞与・退職金
1．賞　与

　（1）賞与の賃金性　　日本では、夏と冬の年 2 回、労働者に賞与（ボーナス、一時金）を支給する企業が多い。使用者は、毎月支給する賃金とは異なり、賞与の支払いを義務づけられているわけではないが、臨時の賃金として賞与を支給する制度を設ける場合には、就業規則に賞与の支払いに関する規定を設ける必要がある（労基 89 条 4 号）。

　通常、使用者は、就業規則等において、賞与の一般的な決定方法や支給基準を定めて、労働組合と交渉して金額を決定することや、使用者が会社の業績等を勘案して賞与の支給の有無やその額を決定する旨を規定している。一般に、賞与の支給基準は、基本給に支給率（通常は基本給の○か月分）を乗じて計算されるが、賞与の査定において業績評価や能力評価などの要素を重要な基準としている企業も多い。このように賞与が制度化され、支給基準があらかじめ労働協約や就業規則などで決定されている場合には、賞与は労基法上の「賃金」とみなされる（昭 22・9・13 発基 17 号）。

　賞与請求権が認められるためには、就業規則等の根拠規定に基づき、賞与の支給基準やその額について労働組合と交渉しあるいは使用者が決定することによって、支払時期や賞与の算定方法及び具体的な金額が明確になって

いなければならない。最高裁は、就業規則を受けて定められた給与規程において、期末勤勉手当は「その都度理事会が定める金額を支給する」と定めるにとどまり、具体的な支給額又はその算定方法の定めがなく、前年度の支給実績を下回らない額を支給する旨の労使慣行も存在しない場合に、同手当の請求権は理事会が支給すべき金額を定めることにより具体的権利として発生すると判示した（福岡雙葉学園事件：最判平 19・12・18 労判 951 号 5 頁）。

　(2) **賞与支給日在籍要件**　　多くの企業は、賞与の支給対象者を明確にするため、就業規則や給与規程などに賞与の基準日を設定している。賞与支給日に在籍している者に対してのみ、賞与の算定対象期間を対象とする賞与が支給されるという要件を、「賞与支給日在籍要件」という。これによると、賞与の算定対象期間を勤務しながら、基準日前に辞めてしまい会社に在籍しない者には賞与が支給されないことになる。

　賞与はすでになされた労働への対価の側面（賃金後払い的性格）をもつが、併せて、功労報償的性格、勤労奨励的性格、生活補填的性格、利益配分的性格など多様な性格を有している。賞与が賃金の後払いであれば、支給日在籍要件は賃金全額払いの原則（労基 24 条 1 項）に反し、無効となる。しかし、賞与の功労報償的性格や勤労奨励的性格に照らすと、支給日在籍要件も直ちに不合理なものとはいえない。最高裁は、このような賞与支給日在籍要件を合理的と認め、支給日前に自己都合退職した者に賞与を不支給とした事案において、就業規則における支給日在籍要件が合理的で明確な基準である限り違法とはいえないと判断した（大和銀行事件：最判昭和 57・10・7 労判 399 号 11 頁）。

　定年退職や会社都合退職など、本人が退職日を選択し得ない場合についても、賞与支給日在籍要件による賞与不支給を有効とする裁判例があるが、学説は、このような場合には支給日在籍要件は公序違反で無効になると解する立場が有力である。

2．退職金

　(1) **退職金の賃金性**　　退職金制度は、江戸時代の「のれん分け」が源流とされ、戦後、大企業を中心に、退職時に支払われる功労金として普及したとされている。現在でも、退職金は長期勤続または在職中の功績に対する報

償として、また、退職後における生活を保障するために支払われる給付として、重要な役割を果たしている。

　退職金も賞与と同様、法律によってその支払いが義務づけられているわけではない。しかし、使用者は退職金の定めをする場合には、退職金の計算方法などに関する事項を労働契約の締結の際に明示しなければならず（労基15条1項）、また、その具体的内容（適用される労働者の範囲や退職手当の決定、計算及び支払いの方法など）を就業規則に明記すべきことが義務づけられている（労基89条3号の2）。

　労働協約、就業規則、労働契約等によってあらかじめ支給条件が明確に定められているものは「賃金」（労基11条）にあたると解されている（昭和22・9・13発基17号）。多くの企業は退職金規程によって退職金を制度化しており、支給基準が明確になっている場合には、労働者は退職金請求権を有する。

　(2) 退職金の減額・不支給条項　　多くの企業は退職金規程などにおいて、労働者が懲戒解雇に処せられた場合に退職金の一部または全部を不支給とする旨の規定をおいているが、いかなる場合に退職金の減額・不支給条項が有効になるのだろう。

　退職金は一般に、退職時の基本給などをベースに、勤続年数や年齢、退職事由など一定の支給率を乗じて計算されることからも、賃金後払い的性格も有している。このような退職金の性格を考えると、懲戒解雇の場合に自動的に退職金を全額不支給とするべきではなく、退職金の不支給に値するかについては厳格に判断する必要がある。すなわち、退職金の賃金後払い的性格を重視すると、退職金は勤続年数ごとに具体的請求権が確定し、使用者は退職時まで支払いが猶予されていると解することができるから、退職金の減額・不支給は賃金全額払いの原則（労基24条1項）に違反することになる。

　これに対して、退職金の功労報償的性格に照らせば、退職金の減額・不支給は退職時に確定されるので全額払いの原則に反せず、また、過去の功労を抹消してしまうほどの背信行為が認められれば、退職金減額・不支給条項は公序良俗（民90条）に反しない。

　裁判例は、懲戒解雇の場合の退職金の減額・不支給条項について、全額払い原則および公序良俗に違反せず、過去の功労を抹消してしまう程度の著し

い不信行為があった場合に限られるとしている。企業外非行を理由とする懲戒解雇について、懲戒解雇は有効でも、退職金の不支給措置は否定し、当該労働者の永年の勤続の功を抹消してしまうほどの重大な不信行為があることを要するとして、本来の支給額の3割について退職金請求を認容した裁判例がある（小田急電鉄事件：東京高判平15・12・11労判867号5頁）。

競業避止義務違反と退職金の不支給・減額

　退職した労働者が同業他社に転職したり、競合する事業を立ち上げたりする際に、顧客データや機密情報などが漏洩することは元の企業にとって死活問題である。労働者は職業選択の自由を有しているため、労働者が退職後に同業他社に就職した場合、退職後の労働者の行為をどこまで制限することができるのかが問題となる。

　最高裁は、「会社が退職金規則において、競業避止義務に反した退職社員の退職金を一般の自己都合による場合の半額と定めることも、退職金が功労報償的な性格を併せ有することにかんがみれば、合理性のない措置であるとすることはできない」と判断した（三晃社事件：最判昭52・8・9労経速958号25頁）。反対に、「退職金が労働の対償である賃金の性質を有することや、退職金の減額にとどまらず全額の不支給という、退職従業員の職業選択の自由に重大な制限を加える結果となる極めて厳しいものであることを考慮すると、退職金を支給しないことが許容されるのは、単に競業避止義務違反のみでは足りず、退職従業員に、労働の対償を失わせることが相当であるほどの顕著な背信性がある場合に限られる」として、退職金の全額不支給を違法とした裁判例もある（中部日本広告社事件：名古屋高判平2・8・31労判569号37頁）。

　裁判所は、競業避止義務違反の退職金不支給・減額の有効性について、会社にとっての不支給条項の必要性、退職に至る経緯、退職の目的、労働者が競業する業務に従事したことによって会社の被った損害などを総合的に考慮して判断している。

Ⅴ　最低賃金制度

1．最賃の目的

　賃金の額は、本来、労使が自主的に決めるものである。しかし、個々の労働者が使用者と対等に交渉することは難しい。社会的に不公正な低賃金が定められることを防止するためには、国が労使の賃金決定に介入して最低賃金を設定する必要がある。最低賃金制度は、最低賃金法に基づき国が賃金の最低限度を定め、使用者はその最低賃金以上の賃金を支払わなければならないとする制度である。

2．最低賃金の額と決定方式

　最低賃金額は時間によって定める（最賃3条）。使用者は、最低賃金の適用を受ける労働者に対して、その最低賃金額以上の賃金を支払わなければならない（同4条1項）。労働契約で最低賃金額に達しない賃金を定めるものは無効とされ、最低賃金額と同じ定めをしたものとされる（同条2項）。

　最低賃金制度の決定方式には、地域別最低賃金と特定最低賃金の2つの制度がある。

　地域別最低賃金は、産業や職種にかかわりなく、都道府県内の事業場で働くすべての労働者とその使用者に対して適用される最低賃金である。その賃金額は、①当該地域における労働者の生計費、②賃金、③通常の事業の賃金支払能力を考慮して決定される（最賃9条2項）。生計費については、労働者が健康で文化的な最低限度の生活を営むことができるよう、最低賃金額が生活保護費を下回ることのないように生活保護に係る施策との整合性を配慮することとされている（同条3項）。地域別最低賃金は、一定の地域ごとに、最低賃金審議会の調査審議に基づき、厚生労働大臣または都道府県労働局長が決定する（同10条）。

　特定最低賃金は、特定の産業について設定されている最低賃金であり、関係労使の申出に基づき最低賃金審議会の調査審議を経て、同審議会が地域別最低賃金よりも金額水準の高い最低賃金を定めることが必要と認めた産業について設定される（最賃15条）。特定最低賃金は、特定地域内の特定の産業の基幹的労働者とその使用者に適用される（18歳未満または65歳以上の者、雇入

れ後一定期間未満で技能習得中の者、その他当該産業に特有の軽易な業務に従事する者などには適用されない）。特定最低賃金の額は、その適用を受ける使用者の事業場の所在地を含む地域の地域別最低賃金の額を上回るものでなければならない（同16条）。

3．最賃の減額の特例

一般の労働者より著しく労働能力が低いなどの場合に、最低賃金を一律に適用するとかえって雇用機会を狭めるおそれがある。そのため、使用者が都道府県労働局長の許可を受けることを条件として、①精神または身体の障害により著しく労働能力の低い者、②試の使用期間中の者、③基礎的な技能等を内容とする認定職業訓練を受けている人のうち厚生労働省令で定める者、④軽易な業務に従事する者その他の厚生労働省令で定める者については、最低賃金の減額の特例が認められている（最賃7条）。

Ⅵ　賃金債権の履行確保

1．賃金債権の保護

企業が経営困難や倒産のために賃金等の支払能力を失った場合、債権法および倒産法による履行確保の措置が規定されている。

（1）民法上の先取特権　民法上は、賃金・退職金など雇用関係に基づいて生じた債権については、使用者の総財産上に一般先取特権が認められ、優先弁済を受けることができる（民306条2号・308条）。しかし、一般先取特権は、使用者に弁済可能な財産がなければならず、また、特別先取特権（民329条2項）などに劣後するため、確実に弁済を受けることは難しい。

（2）倒産手続における賃金債権の保護　倒産手続における賃金債権の保護については、破産法、会社更生法、民事再生法による破産手続の種類によって異なる。

破産法による破産手続では、破産手続開始前3か月間の賃金債権は、財団債権として随時弁済をうけることができる（破産149条1項）。破産手続終了前に退職した労働者の退職金債権は、退職前3か月間の給料の総額に相当する額が財団債権となる（同条2項）。また、財団債権に該当しない賃金・退職金

債権についても、優先的破産債権として優先的に弁済を受けることができる（同98条1項）。

会社更生法による会社更生手続では、更生手続開始前6か月間の賃金および手続き開始後に生じた賃金が共益債権となり（会社更生130条1項）、更生手続によらず随時弁済される（同132条）。それ以外の賃金債権は更生債権となるが、一定の優先的取扱いを受けることができる（同168条1項2号）。

民事再生法による民事再生手続では、手続き開始決定前に生じた賃金・退職金債権は、一般優先債権として再生手続によらないで随時弁済される（民事再生122条1項・2項）。再生手続開始後に生じた賃金債権は共益債権として（同119条2号）、再生手続によらないで、再生債権に先立って随時弁済される（同121条）。

2．未払賃金の立替払制度

上記の先取特権や倒産手続による賃金債権の確保措置は十分ではない。そのため、賃金や退職金の保全等を目的とする「賃金の支払の確保等に関する法律」（賃確法）は、①社内預金の保全措置（同3条・4条・18条）、②退職手当の保全措置（同5条）、③退職労働者の賃金に係る遅延利息（同6条）、④未払賃金の立替払制度（同7条・8条）を規定し、労働者の救済を図っている。

「未払賃金の立替払制度」は、企業倒産により賃金未払いのまま退職した労働者に対して、未払賃金の一部を立替払いする制度である。この制度の適用を受けるには、①労災保険の適用事業の事業主であり、かつ、1年以上事業を実施していたこと、②その企業が倒産したこと（破産宣告や更生手続き開始決定などがあった場合だけでなく、中小企業事業主について、労働基準監督署長が、当該事業が事業活動を停止しており、再開の見込みがなく、かつ賃金支払能力がないと認定した事実上の倒産も含む）、が必要である（賃確7条、賃金の支払いの確保等に関する法律施行令（賃確令）2条）。

立替払いを受けることができる労働者は、破産申立て等の6か月前から2年間に退職した者である（賃確令3条）。立替払の対象となる賃金は、退職日の6か月前から立替払請求日の前日までに支払期日が到来している未払賃金（定期給与と退職金）であり、2万円以上の賃金債権で、原則として未払い分の8割に相当する額である（同4条）。

第**3**節　労働時間・休憩・休日

> 本節のねらい
> 　日本では長時間労働が蔓延しており、過労死や過労自殺、過労によるうつ病罹患といった深刻な被害が発生しています。また、子育てや介護との両立が困難となり、退職を余儀なくされる人たちが増え、さらに、家族や地域におけるつながりそのものが機能不全に陥っています。私たちは労働者であると同時に生活者です。各人が生活のために必要な時間を確保することは必要不可欠です。そのため、最近は、生活時間を確保する観点から労働時間法制のあり方を考える動きもあります。本節では、労働時間・休憩・休日の法規制について学びましょう。

I　労働時間の現状と規制の必要性

　憲法 27 条 2 項は、「賃金、就業時間、休息その他の勤労条件に関する基準は、法律でこれを定める」と規定している。この条文からも明らかなように、労働時間および休憩・休日は賃金とならぶ重要な労働条件である。

　歴史的に見れば、労働者は使用者の専制的支配の下で長時間労働を強いられ、その生存を脅かされる状態に置かれていた。労働者の生命と健康を確保するために不可欠の条件として、労働時間規制の要求が高まったのは当然のことであった。

　当初、資本主義諸国では、年少者および女性（後に男性も）を対象として労働時間を規制する法律が制定された。日本では工場法（1911 年）が年少者（15 歳未満）と女性について 1 日の労働時間の上限を 12 時間と義務づけていた。全労働者を対象とした一般的な労働時間基準を設定したのは第二次世界大戦後になってからである。1947（昭 22）年に制定された労基法は、全労働者を対象に、当時の ILO 条約を参考にして、「1 日 8 時間、1 週 48 時間」を法定労働時間とし、休憩時間、週休制の原則、年次有給休暇などを定めた。

　諸外国との貿易摩擦が激化し、日本の長時間労働に対する国際的な批判が強まると、年間総労働時間を 1800 時間に短縮すること（時短）が政策課題と

された。これを受けて、1987（昭 62）年に労基法が改正され、週法定労働時間を 40 時間に短縮するなど、法的枠組みの大転換が実現した。この法改正では同時に、生産性の向上やサービス経済化への対応といった要請を踏まえて、変形労働時間制、フレックスタイム制、専門業務の裁量労働みなし制や、年休の消化促進策として計画年休制度が導入された。また、1993（平 5）年には 1 年単位の変形労働時間制の導入など、1998（平 10）年には企画業務型裁量労働みなし制の導入などの改正が行われた。

その後、長時間労働を抑制し、労働者の健康を確保するとともに、仕事と生活の調和がとれた社会を実現するために、2008（平 20）年の労基法改正では、1 か月 60 時間超の時間外労働に対する割増賃金率を引き上げ、労使協定で定める場合には割増賃金の支払に代えて通常の賃金を支払って休暇（代替休暇）を与えることができることとした。

2018（平 30）年 6 月に成立した「働き方改革関連法」では、長時間労働を是正するために、時間外労働の罰則付き上限規制の導入や中小企業における月 60 時間超の時間外労働に対する割増賃金の見直しを行った（→ 151 頁）。時間外労働の罰則付き上限規制については、2019（平 31）年 4 月から施行されている（中小企業への適用は 2020 年 4 月から）。また、過剰な勤務状態を防ぐことを目的として、「労働時間等の設定の改善に関する特別措置法」の改正により、「勤務間インターバル制度」を事業主の努力義務とした（同 1 条の 2 第 2 項および 2 条 1 項）。これは、1 日の勤務終了後、翌日の出社までの間に、一定時間以上の休息時間（インターバル）を確保する制度である。さらに、多様で柔軟な働き方の実現に向けて、フレックスタイム制の見直し（→ 143 頁）や高度プロフェッショナル制度の創設（→ 138 頁）などの改正が行われた。

Ⅱ　法定労働時間

1.　法定労働時間の原則と特例

使用者は、労働者に休憩時間を除き、1 週 40 時間・1 日 8 時間を超えて労働させてはならない（労基 32 条）。これを「法定労働時間」という。同条に違反した場合には、6 か月以下の懲役または 30 万円以下の罰金が科せられる（同 119 条 1 号）。また、法定労働時間を超える労働時間を定めた労働契約は無

効であり、無効となった部分は法定労働時間の基準に修正される（同13条）。

　法定労働時間の特例として、①小売・卸売・理容の事業、②映画、演劇その他興行の事業、③病者等の治療、看護その他保健衛生事業、④旅館・飲食・接客・娯楽場の事業について、常時10人未満の労働者を使用する事業は、1週44時間と定められている（労基40条、労基則25条の2第1項）。

　使用者は就業規則に始業および終業時刻を定めておかなければならない（労基89条1号）。始業から終業時間まで（休憩時間を除く）を「所定労働時間」といい、労働契約上、労働者が労務を提供する義務を負う時間である。所定労働時間が法定労働時間より短い場合、例えば、労働契約上、所定労働時間が「1日7時間、1週35時間」と決められている場合に、1日1時間・1週5時間の残業をしたとしても、法定労働時間を超えていない。このように法定労働時間の枠内で行われる所定時間外労働を「法内超勤」という。この場合には、時間外割増賃金（同37条）を支払う必要はない。

2．労働時間の概念

　労働者が現実に肉体的活動や作業をしている時間が労働時間に含まれることは明らかである。しかし、労基法は労働時間の定義を置いていないため、例えば、始業前・終業後の準備・後片付けの時間や、店員が顧客を待っている間の手待ち時間が労基法上の労働時間に含まれるか否かが問題となる。

　学説は、「使用者の作業上の指揮監督下にある時間または使用者の明示または黙示の指示によりその業務に従事する時間」として、企業外研修や小集団活動など、直接的には使用者の作業場の指揮監督下にあるとは言い難い場合でも、使用者の明示または黙示の指示によりその業務に従事していることを業務性の補充的な判断基準として位置づけている。また、この立場をさらに進めて、使用者の関与と活動内容という相補的な要件によるとする説もある。

　判例は、労基法上の労働時間を「労働者が使用者の指揮命令下に置かれている時間」とし、その判断は客観的になされ、労働契約、就業規則、労働協約等の定めによって決定されるべきものではないとした上で、労働者が業務の準備行為等を事業場内において行うことを使用者から義務づけられ、また

は余儀なくされたときは、特段の事情のない限り、使用者の指揮命令下に置かれたものと評価され、労基法上の労働時間に該当するとした（三菱重工長崎造船所事件：最判平12・3・9労判778号11頁）。また、判例は、ビル管理人等の仮眠時間であっても、警報等への対応を義務づけられているなど労働からの解放が保障されていない場合には労基法上の労働時間にあたると判断した（大星ビル管理事件：最判平14・2・28労判822号5頁）。

　この他、所定労働時間外に行われる研修やQCサークルなどの小集団活動が労働時間に該当するか否かが問題になるが、最高裁が示したように、使用者から義務づけられていたか、また、その行為を余儀なくされていたかが重要な判断基準になる。

3．使用者の労働時間把握義務

　労基法は、労働時間、休日、深夜業等について規定を設けていることから、使用者は労基法の規定に違反しないようにするため、労働時間を適正に把握し管理する責務を有している。しかし、実際には労働者に労働時間を自己申告させることによって、割増賃金の未払いや過重な長時間労働などの問題が後を絶たない。

　厚生労働省は平成13年に「労働時間の適正な把握のために使用者が講ずべき措置に関する基準」（平13・4・6基発339号）を出しているが、この通達をより具体化するものとして、平成29年に「労働時間の適正な把握のために使用者が講ずべき措置に関するガイドライン」（平成29年1月20日）を策定した。

　ガイドラインでは、まず、労働時間とは使用者の指揮命令下に置かれている時間であり、使用者の明示または黙示の指示により労働者が業務に従事する時間は労働時間にあたること、例えば、参加することが業務上義務づけられている研修・教育訓練の受講や、使用者の指示により業務に必要な学習等を行っていた時間は労働時間に該当するとされている。

　また、使用者は労働者の労働日ごとの始業・終業時刻を確認し、適正に記録することとして、(1) 原則的な方法としては、使用者が自ら現認することにより確認することと、タイムカード、ICカード、パソコンの使用時間等の

記録等の客観的な記録を基礎として確認、適正に記録すること、(2) やむを得ず自己申告制で労働時間を把握する場合には、①自己申告を行う労働者や、労働時間を管理する者に対しても自己申告制の適正な運用等ガイドラインに基づく措置等について、十分な説明を行うこと、②自己申告による労働時間と、入退場記録やパソコンの使用時間記録などによる時間との間に著しい乖離が生じているときは、実態調査を実施し、労働時間の補正を行うこと、③使用者は労働者が自己申告できる時間数の上限を設ける等適正な自己申告を阻害する措置を設けてはならないこと、また、36協定において認められる延長時間を超えて労働しているにもかかわらず、記録上はこれを守っているようにすることが慣習的に行われていないかについて確認すること、とされている。

さらに、労働時間の管理・記録に関して、①賃金台帳において、休日労働時間数、時間外労働時間数、深夜労働時間数などを適正に記入すること、②労働者名簿、賃金台帳のみならず、出勤簿、タイムカード等の労働時間の記録に関する書類を3年間保存すること、としている。

4．労働時間等の適用除外

（1）適用除外の趣旨　　労基法は、業務の性質や態様が法定労働時間制や週休制に適合しない事業や業務に従事する労働者について、労基法上の法定労働時間、休憩および休日規制の適用から除外する旨規定している（41条）。同条により適用除外されているのは、農・水産業に従事する者（1号）、管理監督の地位にある者または機密の事務を取り扱う者（2号）、監視・断続労働に従事する者（3号）である。

チェーンストア等の小規模店舗、飲食店等の店長、企業における中間管理職が管理監督者に該当するか否かをめぐって労使トラブルや法的紛争に発展するケースも多い。かつてマクドナルドの店長が管理監督者に該当するか否かの問題が注目を集めたことにより、通達「多店舗展開する小売業、飲食業等の店舗における管理監督者の範囲の適正化について」（平成20・9・9基発0909001号）が発出され、その後も管理監督者の範囲の適正化が重要な課題となっている。

(2) 管理監督者の判断要素　　管理監督者とは、部長や工場長など労働条件の決定その他労務管理について経営者と一体的立場にある者をいい、名称にとらわれず、実態に即して判断すべきとされている（昭和63・3・14基発150号）。具体的には、地位や権限（その職務の内容が、ある部門全体の統括的な立場にあるか否か、部下に対する労務管理上の決定権等について一定の裁量権を有しているか、部下に対する人事考課、機密事項に接しているか否か）、出退勤について厳格な制限の有無（例えば、タイムカードや出勤簿で出退勤が管理されているか否か、遅刻早退は賃金カットや人事考課に反映されるか（懲戒処分の対象になるか）、出退勤の管理が一般従業員と同様であったか否か）、管理監督者としての待遇・その地位に相応しい処遇（管理職手当ないし役職手当等の特別手当が支給されているか否か、その地位に相応しい処遇がなされているか〔地位に応じた報酬か否か〕、手当と時間外労働時間との関連の有無）が要素となっている。

　マクドナルドの店長は労務管理に関し経営者と一体的立場にあったとはいい難いこと、勤務実態からすると、労働時間に関する自由裁量があったとは認められないこと、賃金処遇も十分ではないことから、管理監督者にあたるとは認められないとした裁判例がある（日本マクドナルド事件：東京地判平20・1・28労判953号10頁）。

5．高度プロフェッショナル制度（労基41条の2）

　2018年6月に制定された「働き方改革関連法」によって、「高度プロフェッショナル制度」が新設された。この制度は、自律的で創造的な働き方を希望する労働者が、高い収入を確保しながら、メリハリのある働き方をできるように、本人の希望に応じた自由な働き方の選択肢を用意する目的で創設されたものである。

　この制度の対象者は、高度の専門的知識等を必要とし、従事した時間と成果との関連が高くないと認められる業務（具体例としては、金融商品の開発業務、金融商品のディーリング業務、アナリストの業務、コンサルタントの業務、研究開発業務など）である（労基41条の2第1項1号、労基則34条の2第3項）。この制度の対象は、職務を明確に定める「職務記述書」等により同意している者で、年収が「労働者の平均給与額の3倍」を「相当程度上回る水準」で厚生労働省令で

定める額以上の人とされている（同条同項2号）。

高度プロフェッショナル制度の創設にあたっては、長時間労働にならないように、以下のような仕組みを整備している。

まず、法律に定める企業内の手続きが必要である。①事業場の労使同数の委員会（いわゆる労使委員会）で、対象業務、対象労働者、健康確保措置などを5分の4以上の多数で決議すること、②書面による本人の同意を得ることが必要である（労基41条の2第1項）。

使用者は、タイムカードやパソコンの使用時間等による「健康管理時間」（事業場内にいた時間＋事業場外で労働した時間）の客観的把握（労基41条の2第1項3号）と、年間104日以上、かつ、4週間を通じて4日以上の休日確保（同条同項4号）を義務づけられている。

また、使用者は次に掲げる①～④のいずれかの措置を決議で定め、実施しなければならない（選択的措置）。すなわち、①勤務間インターバルの確保（始業から24時間を経過するまでに11時間以上の継続した休息時間を確保しなければならない）＋深夜業の回数制限（1か月に4回以内）、②健康管理時間の上限措置（1週間あたり40時間を超えた時間について、1か月について100時間以内または3か月について240時間以内とすること）、③1年に1回以上の連続2週間の休日付与（本人が請求した場合は連続1週間×2回以上）、④臨時の健康診断（1週間あたりの健康管理時間が40時間を超えた場合におけるその超えた時間が1か月あたり80時間を超えたことまたは対象労働者からの申出があったこと）のいずれかの措置である（労基41条の2第1項5号）。

さらに、使用者は、健康管理時間の状況に応じた健康・福祉確保措置として、医師による面接指導、代償休日または特別な休暇の付与、適切な部署への配置転換、産業医等による助言指導または保健指導などの措置のうちから決議で定め、実施しなければならない（労基41条の2第1項第6号）。

労働者の視点に立った労働時間の短縮

　少子高齢化による将来の労働力不足が懸念されるなか、働く人の視点から「労働時間の短縮」という課題に重点的に取り組む必要がある。

　労働時間の短縮について、現行法上は、育介法に短時間勤務制度が義務化されているが（→ 166 頁）、利用目的が育児・介護に限られているため、すべての労働者の多様なニーズに応えるものにはなっていない。また、「短時間正社員制度」を導入している企業では、一時的な短時間正社員制度であればフルタイムへの復帰が予定されているものの、恒常的な短時間正社員制度の場合は必ずしもフルタイムへの転換が保障されているわけではない。

　このような既存の制度の欠陥を補うためには、育児・介護を行う労働者に限らず、あらゆる労働者が希望する労働時間の短縮を実現する、「一般的な労働時間短縮請求権」の創設が必要である。また、いったん労働時間を短縮した後にフルタイムへの復帰を保障するために、労働者が再び元の労働時間に復帰する権利（復帰権）も保障する。

　すべての労働者が、育児・家族介護、自己啓発、地域活動への参加などの仕事以外の活動状況等に応じて、希望する生活時間を確保しつつ、生涯を通じて納得した働き方を選択できるようにするためには、現在の労働時間のあり方を抜本的に見直す必要がある。これまで労働時間の設定は「働かせる側（＝企業）」主導で行われてきたが、今後は、「働く側（＝労働者）」がライフスタイルにあわせて自ら労働時間を決定する仕組みが求められる。労働者のライフスタイルにあわせて自ら労働時間を短縮したりフルタイムに戻したりする権利を保障することは、労働者の時間主権を実現するものであるだろう。

Ⅲ　弾力的労働時間制度

1．変形労働時間制

（1）1か月単位の変形労働時間制　　1か月単位の変形労働時間制とは、1か月以内の一定期間を単位とし、週平均労働時間が40時間（特例措置対象事業場は44時間）を超えない定めをした場合には、特定の週に40時間（特例44時間）を超えて、または特定した日に8時間を超えて労働させることができる制度である（労基32条の2第1項）。この制度は、1日8時間を超えて勤務する交代制や、隔日勤務などに適した制度である。

　1か月単位の変形制を導入する場合には、就業規則または従業員の過半数代表者と書面の協定（労使協定）を締結して所轄労働基準監督署に届け出ることが必要である。労使協定または就業規則に定めておくべき事項は、①対象労働者の範囲、②対象期間および起算日、③労働日および労働日ごとの労働時間、④労使協定の有効期間、である。

　1か月単位の変形労働時間制を採用する場合には、就業規則その他これに準ずるものにおいて変形期間における各日、各週の労働時間をあらかじめ特定しなければならないとされている。業務や勤務体制の特殊性から画一的な特定に馴染まない場合であっても、使用者が業務の都合によって任意に労働時間を変更することができる定め方は許されない（JR西日本（広島支社）事件：広島高判平14・6・25労判835号43頁）。

　変形労働時間制を設けたことによって割増賃金の支払義務がなくなるわけではない。この変形制を採用した場合には、①1日について8時間を超える労働時間を特定している日については、その時間を超えた部分、②1週間について40時間（特例措置対象事業場は44時間）を超える労働時間を定めた週については、その時間を超えた部分（①で時間外労働となる時間を除く）、③対象期間であらかじめ決められた所定労働時間を超えた部分（①または②で時間外労働となる時間を除く）について時間外労働となり、割増賃金の支払いが必要になる。

（2）1年単位の変形労働時間制　　1年単位の変形労働時間制とは、1年以内の一定期間（対象期間）を平均して1週間あたりの労働時間が40時間を超えない範囲内で特定の週に40時間、または特定の日に8時間を超えて労働

させることができる制度である（労基32条の4第1項）。この変形制は、季節や月により業務に繁閑のある事業に適した制度である。

　1年単位の変形労働時間制を導入する場合には、①従業員の過半数代表者と書面の協定（労使協定）を締結すること、②1か月を超え1年以内の一定期間を平均し1週間の労働時間が40時間を超えないこと、③対象期間の労働日および労働日ごとの労働時間を特定すること、④1日については10時間、1週については52時間を限度とし、かつ、対象期間における連続労働日数は6日とすること、また、特定期間中は1週間に1日の休日が確保されること、⑤労使協定を所轄労働基準監督署に届け出ることが必要である。労使協定に定めておくべき事項は、①対象となる労働者の範囲、②対象期間および対象期間の起算日、③特定期間、④対象期間における労働日と労働時間、⑤労使協定の有効期間である。

　この変形制を採用した場合に割増賃金の支払いが必要な時間外労働となるのは、①1日について、労使協定により8時間を超える労働時間が定められた日は、その日を超えて労働した時間、それ以外の日は8時間を超えて労働させた時間、②1週間については、労使協定により40時間を超える労働時間が定められた週はその時間を超えて労働した時間、それ以外の週は40時間を超えて労働させた時間（①で時間外労働となる時間は除く）、③全変形労働期間については、変形期間における法定労働時間の総枠を超えて労働させた時間（①および②で時間外労働となる時間を除く）である。

（3）1週間単位の非定型的変形労働時間制　　1週間単位の非定型的変形労働時間制とは、日ごとの業務に著しい繁閑の差があり、各日の労働時間を特定することが困難であると認められる厚生労働省で定める事業において、労使協定により、1週間単位で毎日の労働時間を弾力的に定めることができる制度である（労基32条の5）。厚生労働省令で定める事業は、常時30人未満の労働者を使用する小売業、旅館、料理・飲食店（労基則12条の5第1・2項）である。

　この変形制を導入するには、①労使協定を締結することにより、1週間の労働時間が40時間以下になるように定め、かつ、この時間を超えて労働させた場合には、割増賃金を支払う旨定めること、②労使協定を所轄の労働基

準監督署長に届け出ることが必要である。

1日の労働時間の上限は10時間までである。使用者は、1週間の各日の労働時間をあらかじめ（前週末までに）書面により労働者に通知することが必要である（労基則12条の5第3項）。緊急でやむを得ない場合、例えば、天候等の客観的事実に基づいて大幅に変更の必要性があるような場合には、前日までに通知をすることでも変更することができるが、会社による一方的な変更はできない。

この変形制を導入した場合には、使用者は労働者を1日について10時間まで労働させることができる。この変形制の場合に時間外労働となるのは、①1週間については40時間を超えた時間、②1日については、所定労働時間が8時間を超える時間が事前通知された日は所定労働時間を超える時間、事前通知により所定労働時間が8時間以内とされている日は8時間を超えた時間である。

2．フレックスタイム制

フレックスタイム制とは、1日の労働時間の長さを固定的に定めず、1か月以内の一定の期間の総労働時間を定めておき、労働者は総労働時間の範囲で各労働日の労働時間を自分で決め、生活と業務との調和を図りながら、効率的に働くことができる制度である（労基32条の3）。1日の労働時間帯を必ず勤務すべき時間帯（コアタイム）とその時間帯の中であればいつ出社または退社してもよい時間帯（フレキシブルタイム）に分けることもできるし、1日の労働時間帯のすべてをフレキシブルタイムとすることもできる。

フレックスタイム制を導入するには、就業規則その他これに準ずるものにおいて始業及び終業時刻をその労働者の決定に委ねる旨定めておく必要がある。また労使協定で定めておくべき事項は、①対象となる労働者の範囲、②3か月以内の清算期間（フレックスタイム制において労働者が労働すべき時間を定める期間）、③清算期間における起算日（毎月1日とか15日など）、④清算期間における総労働時間（フレックスタイム制において、労働契約上労働者が清算期間内において労働すべき時間として定められている時間〔所定労働時間〕で、1週間の労働時間は40時間以内になるように定めなければならない）、⑤標準となる1日の労働時間、

⑥コアタイム及びフレキシブルタイム（設定する場合にはその時間帯の開始及び終了時刻を明記する）、である（労基32条の3、労基則12条の3）。

　フレックスタイム制は始業及び終業の時刻を労働者に委ねているが、使用者は実労働時間を把握する義務がある。フレックスタイム制を採用した場合には、1日・1週につき法定労働時間を超えて労働したとしてもただちには時間外労働とはならない。清算期間における法定労働時間の総枠を超えた場合に時間外労働となる。したがって、時間外労働に関する協定についても、1日の延長時間について協定する必要はなく、清算期間を通算しての延長時間及び1年間の延長時間の協定をすれば足りる。

Ⅳ　労働時間の計算とみなし労働時間制

1．労働時間の計算

　労働者が複数の事業場で労働する場合には、各事業場での労働時間は通算される（労基38条1項）。事業場Aで6時間、事業場Bで4時間働いた場合、労働時間を通算すると合計10時間となり、2時間が時間外労働となる。これは、複数の事業場での労働のみならず、事業主を異にする場合にも適用される。派遣労働者が複数の事業場に派遣される場合も労働時間が通算される。

2．事業場外労働のみなし労働時間制

　営業や取材のように労働者が事業場外で業務を行う場合には、労働時間の算定が困難になることがある。労基法はこのような場合に、原則として「所定労働時間労働したものとみなす」としている（労基38条の2第1項）。

　これが適用されるのは、「労働時間の全部又は一部について事業場外で業務に従事した場合」で、かつ、「労働時間を算定し難いとき」である。時間管理者の随行や無線の指示などにより使用者の具体的な指揮監督が及んでいる場合は含まれない。この要件を満たした場合には、就業規則等に定められた所定労働時間労働したものとみなされる。当該業務の遂行に所定労働時間を超えて労働することが通常必要となる場合には、業務遂行に通常必要とされる時間、労働したものとみなされる。通常必要とされる労働時間が明らかではない場合には、当該事業場の労働者の過半数代表者との労使協定に

よって、通常必要とされる時間を決めることができる。

　判例は、海外旅行の添乗員について、予め使用者が定めた詳細なスケジュールに従って行動することが予定されていたことや、労働者の実際の行動については労働者本人が記録する詳細な添乗日報によって把握することができたこと、添乗日報の正確性についてはツアー参加者のアンケートや関係者の聴取によって確認することができたこと等から、添乗員の勤務の状況を具体的に把握することが困難であったとは認め難く、「労働時間を算定し難いとき」にあたるとはいえないと判示した（阪急トラベルサポート（第2）事件：最判平26・1・24労判1088号5頁）。

3．裁量労働制

　裁量労働制とは、業務の遂行方法や時間配分の決定が大幅に労働者の裁量に委ねられる一定の業務に携わる労働者について、実労働時間ではなく、一定時間労働したものとみなす労働時間制度である。裁量労働制には、専門的な職種の労働者を対象とする「専門業務型裁量労働制」と、企画・立案・調査・分析業務に従事する労働者を対象とする「企画業務型裁量労働制」の2種類がある。

　(1) 専門業務型裁量労働制　　専門業務型裁量労働制は、業務の性質上その遂行方法を労働者の大幅な裁量に委ねる必要があるため、業務遂行の手段および時間配分につき具体的指示をすることが困難な一定の専門的業務に適用されるものである（労基38条の3第1項）。

　この制度の対象となるのは、①新商品・新技術の研究開発または人文・自然科学の研究、②情報処理システムの分析・設計、③新聞・出版・放送における取材・編集、④衣服・室内装飾・工業製品・広告等の新たなデザインの考案、⑤放送番組・映画等の政策におけるプロデューサー・ディレクター、⑥その他、厚生労働大臣の指定する業務（コピーライター、システムコンサルタント、証券アナリスト、大学での教授研究、公認会計士、弁護士、弁理士、税理士など）、である（労基則24条の2の2第2項）。

　この制度を導入するには、従業員の過半数代表者と労使協定を締結して、労基署に届け出ることが必要である（労基38条の3第2項）。労使協定には、①対

象業務、②算定される労働時間、③対象業務の遂行の手段および時間配分の決定等に関して労働者に対し使用者が具体的に指示をしないこと、④労働者の健康福祉確保のための措置、⑤苦情処理に関する措置、⑥有効期間などを記載しなければならない（同38条の3）。

この制度によりみなし時間数が法定労働時間を超えたり深夜業になったりする場合には、時間外・深夜割増手当が必要になる。

(2) 企画業務型裁量労働制　　企画業務型裁量労働制は、企業の中枢部門で企画・立案・調査・分析を対象とする業務で自律的に働くホワイトカラー労働者について、みなし制による労働時間の計算を行う制度である（労基38条の4）。

この制度を導入するには、「賃金、労働時間その他の当該事業場における労働条件に関する事項を調査審議し、事業主に対し当該事項について意見を述べることを目的とする委員会」（労使委員会）を設置し、その委員会の委員の5分の4以上の多数による決議を行い、かつ、使用者がその決議を労基署に届け出ることが必要となる（労基38条の4第1項）。労使委員会の決議事項は、①対象業務、②対象労働者、③労働時間として算定される時間、④対象労働者の健康・福祉確保のための措置、⑤対象労働者からの苦情処理に関する措置、⑥当該労働者の同意を得ることと、不同意者に対する不利益取扱いの禁止、⑦その他命令で定める事項、である（同38条の4第1項、労基則24条の2の3第3項）。

V　休憩・休日

1．休　憩

使用者は労働時間が6時間を超える場合には45分以上、8時間を超える場合には1時間以上の休憩時間を、労働時間の途中に与えなければならない（労基34条1項）。同条の趣旨は、労働が長時間継続すると、労働者の心身に疲労をもたらすうえ、災害が起きやすくなったり、能率が低下したりするおそれがあることから、疲労回復のために休憩時間を与えることとしたものである。休憩時間の位置は特に規制されていないが、労働時間の途中で与えなければならないため、始業直後や終業直後の休憩は違法となる。休憩時間の分

割は特に規制されていないので、分割取得も可能である。

　休憩時間は一斉に与えなければならない（労基34条2項）。ただし、旅客・貨物運送業、商業、旅館・飲食店などのサービス業については、一斉付与の原則が排除される（同40条、労基則31条）。それ以外の事業においても、労使協定に定めがあれば、一斉に与えなくてもよい（同34条2項ただし書）。

　使用者は休憩時間を自由に利用させなければならない（労基34条3項）。休憩時間とは単に作業に従事しない手待時間を含まず、労働者が権利として労働から離れることを保障されている時間の意であって、その他の拘束時間は労働時間として扱う（昭22・9・13発基17号）。権利として労働から離れることを保障されているか否かは、労働者がその時間を自由に利用できるかどうかという観点から判断する（昭39・10・6基収6051号）。また、出勤を命じられ一定の場所に拘束されている以上いわゆる手待時間も労働時間である（昭33・10・11基収6286号）。

　休憩時間の利用について、事業場の規律を保持する上で必要な制約を加えることは、休憩の目的を害さない限り差し支えなく、また、事業場内において自由に休憩できる限りは、外出許可制をとっても差し支えない（昭23・10・30基発1575号）。手待時間や仮眠時間は来客や警報への対応を義務づけられている場合は、労働や職場から解放されていないから休憩時間ではなく、労基法上の労働時間となる（前掲大星ビル最判参照）。これに対して、事業場内において休憩時間中のビラ配布などの政治活動を就業規則等によって禁止したり、許可制のもとに置いたりすることができるか否かについて、判例は、事前の許可を受けなければならない旨を定める就業規則の規定は休憩時間の自由利用に対する合理的な制約というべきであるとしている（目黒電報電話局事件：最判昭52・12・13労判287号26頁）。

2. 休　日
　使用者は労働者に対して、毎週少なくとも1回の休日を与えなければならない（労基35条1項）。休日とは、労働契約上あらかじめ労働義務がないとされている日をいう。労基法上の休日は、原則として暦日（午前0時から午後12時まで）で与えなければならない。休日をあらかじめ特定することは求めら

れていないが、就業規則で休日を特定するよう行政指導がなされている（昭和23・5・5基発682号、昭和63・3・14基発150号）。

　4週間を通じ4日以上の休日を与える場合については、労基法35条1項の規定は適用しない（同条2項）。これを変形休日制または変形週休制という。この場合には、就業規則において変形の単位期間の起算日を定めなければならない（労基則12条の2第2項）。この変形休日制または変形週休制は、特定の4週間に4日の休日があればよく、どの4週間を区切っても4日の休日が与えられていなければならないという意味ではない（昭和23・9・20基発1384号）。

　労働日と休日を事前に振り替えることを「休日の振替」という。使用者は休日の振替制をとる場合には、就業規則等に休日振替の定めをしたうえで、その実施にあたっては振り替えられた後の休日と労働日を特定し、事前に労働者に通知することが必要である。休日の振替を使うと、休日に出勤しても、その日は労働日に振り替わっているので休日労働にはならず、使用者は労働者に休日の割増賃金を支払う必要はない。

　これに対して、休日に休日労働が行われた場合に、その代償として、改めて別の労働日を休みとすることを「代休」という。この場合、事前に振替がなされていないので、休日に労働すれば休日労働になり、それに対して使用者は割増賃金を支払わなければならない。

Ⅵ　時間外・休日労働

　「時間外労働」には、所定労働時間を超えて法定労働時間までの時間外労働（法内超勤）と、1週または1日の法定労働時間を超える時間外労働（法外超勤）がある。労基法が規制している「時間外労働」は後者である。また、「休日労働」には、週1回の休日の労働（法定休日労働）と、労使間の取り決めなどによって定めた法定休日以外の休日（法定外休日労働）がある。労基法が規制している「休日労働」は前者である。本来、労基法の原則からいえば、「時間外労働」および「休日労働」は許されないが、労基法は以下の3つの場合に例外的に時間外・休日労働を認めている。

1．非常事由による時間外・休日労働

　使用者は、「災害その他避けることのできない事由」によって「臨時の必要がある場合」に、行政官庁の事前の許可を得て、時間外・休日労働させることができる(労基33条1項)。行政官庁の許可を受けることができるのは、急病、ボイラーの破裂、事業運営を不可能にするような突発的な機械の故障の修理などである。事態が窮迫していて事前の許可を受けることができない場合には、事後に遅滞なく届け出なければならない (同条同項ただし書)。また、官公署の公務員については、「公務のために臨時の必要がある場合」には時間外・休日労働をさせることができる (同33条3項)。

2．36協定による時間外・休日労働

　(1) 36協定の締結・届出　　使用者は、当該事業場内の過半数組合ないし過半数代表者と書面による協定 (いわゆる36協定) を締結し、厚生労働省令で定めるところによりこれを行政官庁に届け出た場合には、法定の労働時間を超え、または法定の休日に労働させることができる (労基36条1項)。

　労働者の過半数代表者は、労働者の利益を代表して協定を締結するにふさわしい者でなければならず、また投票等の民主的な手続きによって選出されなければならない。判例は、親睦団体の代表者が自動的に労働者代表となって締結された36協定の効力を否定している (トーコロ事件：最判平13・6・22労判808号11頁)。

　36協定の締結・届出により、使用者は協定の枠内で労働者に時間外・休日労働をさせても労基法32条・35条違反にはならない。これを「免罰的効果」という。私法上も、時間外・休日労働についての取り決めが違法・無効にはならない。36協定の枠を超えて時間外・休日労働を行わせた場合には、労基法違反が成立する。

　(2) 協定事項と罰則付きの上限規制　　労基法36条2項は、36協定に定めるべき事項として、①労働時間を延長し、または休日に労働させることができることとされる労働者の範囲 (1号)、②対象期間 (2号)、③労働時間を延長し、または休日に労働させることができる場合 (3号)、④対象期間における1日、1か月および1年のそれぞれの期間について労働時間を延長して労

働させることができる時間または労働させることができる休日の日数（4号）、⑤労働時間の延長および休日の労働を適正なものとするために必要な事項として厚生労働省令で定める事項（5号）を挙げている。

4号の労働時間を延長して労働させることができる時間は、当該事業場の業務量、時間外労働の動向その他の事情を考慮して通常予見される時間外労働の範囲内において、限度時間を超えない時間に限られている（労基36条3項）。ここでいう「限度時間」は、1か月45時間、1年では360時間となっており（同条4項）、原則である月45時間を超えることができるのは、年間6か月までとなっている（同条5項）。また、1年単位の変形労働時間制（同32条の4第1項2号）の対象期間として、3か月を超える期間を定めて同条の規定により労働させる場合には、1か月について42時間および1年について320時間とされている（同36条4項）。

ただし、36協定による労働時間の延長および休日労働については、一定の場合に特別の上限が設定されている。1つは、坑内労働その他厚生労働省令で定める健康上特に有害な業務について時間労働は1日2時間とされている（労基36条6項1号）。もう1つは、36協定の「特別条項」で時間外・休日労働を可能にする方法であり、臨時的な特別の事情があって労使が合意する場合でも、時間外労働は年720時間以内、時間外労働＋休日労働は月100時間未満（2〜6か月平均80時間以内）、原則である月45時間を超えることができるのは年6か月までとされている（同条同項2号・3号）。

これに違反した場合には、6か月以下の懲役または30万円以下の罰金が科せられる（労基119条1号）。

厚生労働大臣は、時間外労働および休日労働を適正なものとするために、36協定で定める時間外労働および休日労働について留意すべき事項等について、指針を定めることができる（労基36条7項）。36協定の当事者は、協定の内容がこの基準に適合したものとなるようにしなければならない（同条8項）。また、行政官庁はそのために助言・指導を行うことができ（同条9項）、助言および指導を行うにあたっては、労働者の健康が確保されるよう特に配慮しなければならない（同条10項）。

3．時間外・休日労働義務発生の要件

　使用者が労働者に時間外・休日労働をさせる場合には36協定の締結・届出が必要である。しかし、36協定には個々の労働者に労働契約上の時間外・休日労働義務を発生させる効力はなく、あくまでも労基法上の罰則適用を受けないという免罰的効果を有しているにすぎない。そのため、多くの場合、就業規則や労働協約に、「業務上やむを得ない理由がある場合、使用者は時間外・休日労働を命じることができる」という規定が設けられている。このような規定が時間外・休日労働義務を発生させる労働契約上の根拠となるか否かが問題となる。

　学説は、労働協約、就業規則または労働契約のいかなる定めによっても時間外・休日労働義務は生じえず、使用者が時間外労働を申し込み、それに対して労働者がその都度同意した場合にのみ時間外労働義務が生じるとする「個別的同意説」と、36協定のほかに、労働契約、労働協約または就業規則に「業務の必要あるときは労働者に時間外・休日労働義務が発生する」旨の一般的規定があれば、36協定の定める限度で労働者に時間外・休日労働義務が発生するとする「包括的同意説」がある。判例は、就業規則や労働協約に時間外・休日労働義務を定めた規定がある場合、それが合理的なものである限り、労働者はこれに基づいて時間外労働を行う義務を負うとした（日立製作所武蔵工場事件：最判平3・11・28労判594号7頁）。

　もっとも、労働時間規制の趣旨は、労働者が人間らしく生きていくための条件整備にある。それは単に労働者の心身の健康保持だけでなく、労働者が社会の構成員として豊かな生活を維持・確保することも含まれている。労働者が仕事と私生活を両立するためには、使用者は労働者に時間外労働の日時や内容を説明し、労働者がそれに同意した場合に限り、時間外・休日労働を命じることができるといえよう。

4．時間外・休日・深夜労働の割増賃金

　(1) 割増率　　使用者は、法定労働時間を超えて労働者を労働させたり、休日労働や深夜労働（午後10時から午前5時までの労働）をさせた場合には、割増賃金を支払わなければならない（労基37条1項）。割増賃金は、通常の労働

時間または労働日の賃金の計算額を基準として、政令で定める割増率（時間外および深夜労働は2割5分以上、休日労働は3割5分以上）を乗じて計算される。割増賃金の算定の基礎となる通常の賃金からは、家族手当、通勤手当、別居手当、子女教育手当、住宅手当、臨時に支払われた賃金、1か月を超える期間ごとに支払われる賃金（賞与など）は除外される（同条5項、労基則21条）。

　時間外労働が1か月60時間を超えた場合には、その超えた時間の労働について5割以上の割増賃金を支払わなければならない（労基37条1項ただし書）。また、1か月60時間を超える時間外労働が行われた場合、割増賃金率の引き上げ分につき割増賃金の支払いに代えて、有給休暇（代替休暇）を与えることを定めることができる（同条3項）。

　(2) 定額残業（固定残業）制の問題　　近年、実際の時間外労働の時間数にかかわらず、毎月一定時間分の定額の割増賃金を支給し、この他には時間外労働等に対する割増賃金を支給しないという、いわゆる「定額残業（固定残業）制」を導入する企業が見受けられる。定額（固定）残業制は、どこまでが通常の労働時間に対する賃金部分で、時間外手当がいくら支給されているのか明確になっていないために問題が生じることがある。

　判例は、タクシー運転手の歩合給制について、時間外労働や深夜労働を行ったとしても増額がなされていないことや、通常の労働時間の賃金にあたる部分と時間外・深夜労働の割増賃金にあたる部分とを判別できないものであったことから、歩合給の支給によって労基法37条の割増賃金を支払ったものとは認められず、使用者は労働者に対して、残業手当や深夜手当等の割増賃金を支払う義務があると判断した（高知県観光事件：最判平6・6・13労判653号12頁、同旨のものとしてテックジャパン事件：最判平24・3・8労判1060号5頁）。これによると、適法に定額（固定）残業制を導入するためには、就業規則や労働契約などにおいて定額（固定）残業代の金額と残業時間を具体的に明記しておくことが必要であり、仮に、定額（固定）残業手当の額が労基法所定の計算方法による割増賃金を下回っている場合には、その差額分を当該賃金支払期間内に支払わなければならない。

第4節 年次有給休暇・育児介護休業法

本節のねらい
　最近、仕事と私生活を両立したいと考える労働者が増えてきています。仕事と私生活を両立するためには、労働者が仕事から解放されて自由に使える時間の確保が必要です。そのため、労働者が労働から解放されて心身ともにリフレッシュしたり、余暇を楽しんだりするための年次有給休暇や、育児・介護のために休業を取得する権利が法律上保障されています。しかし、実際には、「仕事が忙しく休めない」、「職場の同僚に迷惑がかかる」などの理由から、年休や育児・介護休業を取得しにくい（できない）現実があります。
　日本ではなぜ年休や育児・介護休業の取得が難しいのか、どうすれば取得しやすい社会を実現することができるのか、本節で考えてみましょう。

Ⅰ　年次有給休暇

1．年次有給休暇制度の趣旨

　憲法 27 条は、「賃金、就業時間、休息その他の勤労条件に関する基準は、法律でこれを定める」と規定している。同条が保障する「休息」を具体化したのが、週休制（労基 35 条）と年次有給休暇（以下「年休」という）である（同 39 条）。

　週休制は、1 週を単位として休日を与える制度であり、1 週の労働による疲労の回復を主な目的としている。これに対して、年休は、労働者の権利として、基本的には労働者の希望に基づき、賃金を失うことなく労働契約上の労働義務を免除する制度であり、労働者の心身の疲労を回復させるとともに、労働からの解放を図り、ゆとりある生活の実現を通じて人間性を回復することを趣旨としている。労働者の健康で文化的な生活を保障するためには、疲労回復のための休息だけでなく、労働から完全に解放されて娯楽・教養・能力啓発など様々な目的で労働時間以外の時間を確保することが重要である。

2．年休取得の実態と主要な法改正

　欧米の先進国では第一次世界大戦後から年休が普及し始めた。1936年に採択されたILO52号条約は、最低6労働日の年休付与と連続付与（分割取得の禁止）などを定めた。第二次世界大戦後は、1954年のILO98号勧告で最低2週間の有給休暇を定め、1970年に採択されたILO132号条約は、最低3労働週の年休付与と、そのうち2労働週については原則として連続付与を保障した。

　日本では、1947（昭22）年制定の労基法において、当時の国際基準であったILO52号条約を範とした年休制度が規定された。労基法制定当初の年休制度は、1年間継続して勤務し、全労働日の8割以上出勤した者に年6日間（以後1年ごとに1日ずつ加算され、最高20日まで）付与することを定めていた。

　欧米諸国では年休がほぼ完全取得されている状況と比較して、日本の年休取得率は50%を下回る水準で低迷している。そのため、1987（昭62）年の労基法改正では、年休の最低付与日数を6日から10日に引き上げ、所定労働日数の少ない労働者に対する比例付与制度、労使協定による計画年休制度などを導入した。1993（平5）年の労基法改正では、年休取得の要件である継続勤務期間が6か月に短縮され、1998（平10）年には取得日数を拡大して、2年半を超える継続勤務期間を1年ごとに2日増加した。年休取得率の低迷が続くなか、「仕事と生活の調和推進のための行動指針（厚生労働省）」（2007年12月策定）は、「2020年までに有給休暇取得率70%とする」とする政府の数値目標を掲げ、2008（平20）年の労基法改正では、労使協定により、1年に5日分を限度として、年休を時間単位で与えることができることとした。

　年休を取得しやすくするために度重なる法改正が行われてきた。しかし依然として日本は世界各国と比較しても年休の取得率が低い水準にある。そのため、年休取得の促進が重要な課題となっている。2018（平30）年6月に成立した「働き方改革関連法」によって、使用者は10日以上の年休が付与される労働者に対して、年休の日数のうち年5日については、使用者が時季を指定して取得させることが義務づけられた（労基39条7項）。一定日数の年休の取得を義務化することによって、年休の確実な取得が目指されている。

3．年休権の成立と法的性質

　労基法 39 条 1 項および 2 項は、年休権の取得要件として、① 6 か月間の継続勤務と②全労働日の 8 割以上の出勤、という 2 つの要件を定めている。継続勤務の起算日は労働者の雇い入れの日である。勤務の継続性は、労働者としての身分や労働契約の期間が継続しているかによって決められるのではなく、勤務の実態、契約期間、契約期間の間隔等から実質的に判断される。臨時労働者の正社員への採用、定年退職者の嘱託への採用、短期労働契約の更新、在籍出向などは「継続勤務」となる（昭 63・3・14 基発 150 号）。

　「全労働日」とは、労働者が労働契約上労働義務を課せられている日数をいう。ただし、法定休日のほか法定外休日は労働日から除外される（エス・ウント・エー事件：最判平 4・2・18 労判 609 号 12 頁）。

　「8 割以上」の出勤率は、全労働日を分母として、就労日数を分子として計算される。行政解釈は、正当なストライキによる不就労日、使用者の帰責事由による就業日、生理休暇日、慶弔休暇日は全労働日に含まれないものとしている。他方、業務上の負傷、疾病の療養のため休業した期間、育児・介護休業期間、産前産後の休業期間は、いずれも労働日にあたるが、法律の規定によって出勤したものとみなされる（労基 39 条 8 項）。年休取得日も出勤したものとして扱われる（昭 22・9・13 発基 17 号）。

　年休権の成立に使用者の承諾を必要とするか否かは、年休権の法的性格をどのように理解するかという問題である。学説は、労働者の請求を使用者が承諾することにより年休権が成立するとする説（請求権説）、年休権の法的性質を形成権と解し、労働者の一方的意思表示により年休権が成立するとする説（形成権説）、年休権を労基法 39 条 1 項から 3 項に基づき発生する使用者の義務ないし労働者の権利と、5 項に基づく具体的な休暇の時季決定にかかわる権利とに 2 分して把握する説（二分説）が主張されていた。

　判例は、労基法 39 条 1、2 項の要件が充足されたときは、当該労働者は法律上当然に所定日数の年次有給休暇の権利を取得し、使用者はこれを与える義務を負うとした（白石営林署事件：最判昭 48・3・2 民集 27 巻 2 号 191 頁。同旨のものとして、国鉄郡山工場事件：最判昭 48・3・2 民集 27 巻 2 号 210 頁）。最高裁は基本的に二分説の立場を明らかにしている。

4．年休の日数と年休付与の方式

　労基法39条の2要件を満たした労働者には、6か月継続勤務した翌日に10日の年休権が生じる（労基39条1項）。継続勤務が6か月を超えた後は、当該6か月を超えた日から1年間継続勤務するたびに、当該1年間の全労働日の8割以上の出勤を要件に、最大で20日までの年休権を取得する（同条2項）。パートタイム労働者など、週の所定労働時間が30時間未満で、所定労働日数が4日以下の者については、通常の労働者の所定労働日数の割合に応じた日数の年休権が与えられる（同条3項）。

　労基法39条1項が「継続し、又は分割した…労働日」と規定していることからも明らかなように、年休付与の取得単位は「労働日」が原則である。しかし、現実には、病気治療や要介護者の通院の付き添いなどのために、時間単位で取得するニーズが高く、実務においては、労働者の希望により、1労働日未満の単位で年休取得も行われている。行政解釈は、使用者には半日単位で付与する義務はないとするが（昭24・7・7基収）、使用者が任意に労働者の半日単位での取得に応じることはさしつかえないとしている。また、仕事と生活の調和を図る観点から、年休を有効に活用できるようにするために、2008（平20）年の労基法改正によって、労使協定を締結すれば、5日を限度に、時間単位での年休を取得することができることとした（労基39条4項、労基則24条の2）。

　さらに、2018（平30）年6月に成立した働き方改革関連法により、使用者は10日以上の年休が付与される労働者に対し、毎年5日について、時季を指定して年休を取得させることが義務づけられた（労基39条7項）。労働者自身による時季指定や、計画年休により消化された年休分は、5日に含めることができる（同条8項）。

5．年休の時季指定と時季変更

　（1）時季指定権　　年休は労働者の「請求する時季」に与えなければならないと定められている（労基39条5項）。「請求」とは年休権を具体的に実現するためにその時季を指定することを意味することから、「年休の時季指定権」という。労働者の時季指定権は、労働者の一方的な行為で、相手方の承諾を

必要としない。労働者の時季指定権は、使用者の時季変更権の行使があることを解除条件とする形成権であり、その行使により、指定された日の労働義務が消滅する。

労基法39条は、労働者がいつまでに時季指定を行うべきかについては規定していないが、使用者が休暇開始前に時季変更権を行使するか否かの判断をなしうる時間的余裕をもって行われるべきであるとされている。具体的には、使用者が就業規則等で時季指定の時季に制限を設けることも、時季変更権を行使するか否かの判断に必要な代替要員の確保に要する時間を定型的に定める限り、合理性を有すると解される。判例は、「年休には使用者の承諾・許可が必要」であるとの就業規則の規定があっても、使用者が代替要員の確保を容易にするために設けられたものであれば合理性が認められると判断している（此花電報電話局事件：最判昭57・3・18労判381号20頁）。

(2) **時季変更権**　　使用者は、「請求された時季に有給休暇を与えること」が「事業の正常な運営を妨げる場合」には他の時季にこれを与えることができる（労基39条5項ただし書）。これを「時季変更権」という。

一般に、「事業の正常な運営を妨げる場合」に該当するか否かは、事業の内容、規模、当該労働者が担当する業務の内容、業務の繁閑、代替要員の確保の難易、同時季における休暇請求者の有無、人数等の諸般の事情を総合考慮して判断される。

最高裁は、使用者は勤務割を変更して代替勤務者を配置するなど、状況に応じた通常の配慮をする必要があり、それが可能であるにもかかわらずその配慮をせずに時季変更権を行使することは許されないと判示した（弘前電報電話局事件：最判昭62・7・10労判499号19頁、横手統制電話中継所事件：最判昭62・9・22労判503号6頁）。また、例えば、恒常的に人員が不足しており、常時代替勤務者の確保が困難なため、労働者が請求した時季に年休を付与することができなかった場合には、「事業の正常な運営を妨げる場合」に該当するとは認められない（西日本JRバス事件：名古屋高金沢支判平10・3・16労判738号32頁）。

他方、判例は、研修期間中の年休の時季指定について、休暇期間における具体的な訓練の内容が、これを欠席しても予定された知識、技能の修得に不足を生じさせないものであると認められない限り、時季変更権を行使するこ

とができる、と判示した（日本電信電話事件：最判平12・3・31労判781号18頁）。このように、特定の時期に通常とは異なる特別な業務に従事したりする場合には、一般に他の労働者による代替が困難であり、「事業の正常な運営を妨げる」と判断される可能性が高い。

　また、労働者が長期の連続休暇を取得しようとする場合の時季変更権の行使についても、一般に代替要員を確保することが困難である。判例は、労働者が長期かつ連続した年休を取得しようとするときは、事前の調整が必要であり、労働者が調整を経ることなく時季指定をしたときは、どの程度の年休を認めて、どの部分について時季変更権を行使するかについては、使用者にある程度の裁量が認められるとしている（時事通信社事件：最判平4・6・23労判613号6頁）。この判断によれば、労働者が長期の連続した年休を取得することは事実上困難になる。労働者が労働から完全に解放されて、心身ともにリフレッシュするためには、ILOの水準や欧州のバカンスのような長期連続休暇の取得を保障することが求められよう。

6．計画年休制度

　使用者は、労使協定において年休を与える時季についての定めをした場合、年休日数のうち5日を超える部分をこれに従って与えることができる（労基39条6項）。これを「計画年休」という。1987（昭62）年労法改正の際に、年休取得率向上のため、労働者が職場への影響を気兼ねせずに年休を取得できるようにすることを趣旨として導入された。

　計画年休のタイプには、①事業場全体での一斉休暇、②班別の交代制休暇、③年休計画表の作成による個人別休暇などがある。計画年休の対象となるのは、各労働者の休暇のうち「5日」を超える部分である。5日については労働者の自由な年休として付与しなければならない。労使協定による年休日の特定は、それに反対する労働者も拘束するが、特別な事情により年休の特定が適当でない労働者については、年休の計画付与から除外するなど、労使協定の当事者は十分配慮しなければならない（昭63・1・1基発1号）。

　裁判例は、会社と過半数組合との間で締結した計画年休に関する労使協定がこれに反対する少数労働組合の労働者も拘束するか否かについて、その日

数について個々の労働者の時季指定権及び使用者の時季変更権は、ともに当然に排除され、その効果は当該協定により適用対象とされた事業場の全労働者に及ぶとした（三菱重工業事件：福岡高判平6・3・24労民集45巻1・2号123頁）。

7．年休の利用目的

　労基法は年休の利用目的について明文の規定を有していない。そのため、年休をどのように利用するかは労働者の自由である。判例は、「年次休暇の利用目的は労基法の関知しないところであり、使用者の干渉を許さない労働者の自由である」とした（前掲白石営林署事件、前掲国鉄郡山工場事件）。自由利用原則の帰結として、労働者は年休の取得にあたりその目的を告げる必要はないし、あらかじめ告げた目的に反して利用しても問題はない。

　学説は、争議行為目的での年休利用について、争議行為目的であっても使用者が適法に時季変更権を行使しない限り年休の効果を肯定する見解、争議行為に突入すると年休取得の前提である労働日ではなくなるので年休が成立しないとする見解、年休の取得により労働義務がなくなるからストライキの可能性がなくなるなどの見解がある。

　労働者が争議目的で一斉に年休の時季指定をする「一斉休暇闘争」について、実質的には年休に名をかりた同盟罷業（ストライキ）にほかならず、本来の年休権の行使ではないと解されているが（前掲白石営林署事件。ただし傍論）、使用者の時季変更権の行使があればそれに従うこととされている休暇闘争は年休権の行使として認められる（夕張南高校事件：最判昭61・12・18労判487号14頁）。なお、一斉休暇闘争の事案とは異なるが、労働者が年休の時季指定をした後に、使用者による時季変更権の行使がなされなかった状況において、自己の所属する事業場で実施されることとなった争議行為に参加することは、業務を運営するための正常な勤務体制の存在を前提とする年休制度の趣旨に反するものであり、年休は成立しないとした判例がある（国鉄津田沼電車区事件：最判平3・11・19労判599号6頁）。

8．未消化年休の処理

　年休権保障の本来の趣旨（年休権の年次性）からすると、例外的な場合を除

き、当該年度内に消化されなかった年休の繰り越しは認められない。しかし、年休の取得率が低い現状では、繰越を認めるほうが労働者保護に資すること、労基法は繰越を禁止していないことから、行政解釈（昭22・12・15基発501号）は年休の繰り越しを認めている。その場合には、繰り越した年休権は、労基法115条の2年の時効にかかるため、翌年度にのみ繰越可能とされている。

　また、年休の趣旨・目的に照らせば、年休の買い上げは原則として認められない。行政解釈も、「年次有給休暇の買上げの予約をし、これに基づいて法第39条の規定により請求し得る年次有給休暇の日数を減じ、ないし請求された日数を与えないことは、法39条の違反である」（昭30・11・30基収4718号）としている。例外的に、買取りが認められるのは、法定日数を超える部分の年休を買い上げる制度を設ける場合のほか、結果的に未消化となった日数について手当を支給することになる場合である。具体的には、労働者が請求をせずに、時効によって消滅した年休を買い上げることや、定年・辞職などによって退職する人について、退職時に未消化である年休を買い上げることは差し支えないとされる。

　未消化の年休の全部または一部を取得しないとの約定（年休放棄の約定）は、労基法39条に反し、無効である。

9．年休取得を理由とする不利益取扱い

　労基法附則136条は、「使用者は…有給休暇を取得した労働者に対して、賃金の減額その他不利益な取扱いをしないようにしなければならない」と規定している。「しないようにしなければならない」という条文の効力について、学説は、年休の権利を保障する本条にもともと不利益取扱いを禁止する規範が含まれているとする説、労基法39条および附則136条とも不利益取扱いを私法上無効とする強行規定ではなく、不利益取扱いは、年休を取得する権利を保障した趣旨に照らして、場合によっては公序違反となりうるとする説がある。

　判例は、附則136条それ自体としては使用者の努力義務を定めたものであり、年休取得を理由として経済的不利益を生じさせる取扱いは、それが年次有給休暇を取得する権利の行使を抑制し、この権利を保障した趣旨を実質的

に失わせるものでない限り、公序に反して無効とすることはできないとした（沼津交通社事件：最判平5・6・25労判636号11頁）。他方、賃上げの条件としての稼働率80％の算定にあたり、年休、生理休暇、産休等の不就労時間を欠勤日として取り扱うこと（日本シェーリング事件：最判平元・12・14労判553号16頁）や、賞与の計算において年休日を欠勤として扱うこと（前掲エス・ウント・エー事件）は許されないとしている。

Ⅱ　育児介護休業法

1．育児介護休業法の沿革

　最初の育児休業制度は、1972（昭47）年の勤労婦人福祉法に設けられた。それは、事業主に対して育児休業の実施についての努力義務を課すものであった。1975（昭50）年には、「義務教育諸学校等の女子教育職員及び医療施設、社会福祉施設等の看護婦、保母等の育児休業に関する法律」が制定された。これは、国公立の小中高に勤務する女性教職員や医療施設の看護婦のために、子が1歳になるまでの育児休業の取得を認めるものであった。日本は、1979（昭54）年に女性差別撤廃条約に署名し、その批准のために、1985（昭60）年に勤労婦人福祉法を改正して均等法が制定された。最初の均等法には、女性の就業援助措置の1つとして、育児休業が事業主の努力義務とされた。

　その後、経済のソフト化やサービス化の進展により、女性の社会進出が進み、他方で、少子化による生産年齢人口の将来的な減少が見込まれることから、仕事と育児の両立を支援するために、育児休業の法整備が進められた。すでにILO 156号条約・165号勧告は、男女を問わず労働者が平等に家族的責任を負うことができるように就労条件を整備することを義務づけており、これを受けて、日本でも1991（平3）年に育児休業法が制定された。次いで、高齢化への対策として介護休業の整備が課題となり、1995（平7）年に育児休業と介護休業の両制度を柱とする育介法に改正された。

　1997（平9）年の労基法改正における女子保護規定（女性労働者に対する時間外労働の制限や休日・深夜労働の禁止）の撤廃に伴い、育介法は、労働生活や家庭生活に配慮して、小学校就学前の子を養育する労働者および要介護状態の家族の介護を行う労働者について、時間外労働の制限や深夜業の免除を規定した。

2001（平 13）年の育介法改正では、時間外労働の制限、勤務時間短縮等措置の対象年齢の引き上げ、転勤配慮などが盛り込まれ、2004（平 16）年改正では、有期雇用労働者への育児休業の対象拡大、1 歳 6 か月までの育児休業期間の延長、子の看護休暇創設、介護休業の取得回数制限の緩和など各種制度の充実を図った。さらに 2009（平 21）年改正では、父親の育児休業取得を推進させる制度（パパ・ママ育休プラス）、子育て中の短時間勤務制度および所定外労働免除の義務化、介護休暇などが新たに追加された。

2016（平 28）年改正では、介護離職ゼロ政策のもとで、介護休業の分割取得や介護休暇の半日単位取得、介護目的の短時間勤務制度等の措置の創設、介護のための所定外労働の免除などの改正が行われた。また同時に、有期契約労働者の育児休業の取得要件の緩和、子の看護休暇の取得単位の柔軟化（半日単位の取得可）や、企業のマタハラ防止措置の義務づけ等が行われた。

さらに、2017（平 29）年改正では、子どもが 1 歳 6 か月以降も保育園などに入所できない場合には、最長 2 年まで育児休業期間の再延長を可能にするとともに、使用者の育児休業制度の周知義務や育児目的の休暇制度を新設するなど、育児に関する施策の充実が図られた。

2．育児休業

（1）育児休業　　育介法の「育児休業」とは、子を養育するためにする休業をいう。原則として 1 歳未満の子を養育する労働者は、育児休業を請求することができる（育介 5 条 1 項・4 項）。育児休業等の対象となる子の範囲は、法律上の親子関係がある実子・養子だけでなく、特別養子縁組のための試験的な養育期間にある子や、養子縁組里親に委託されている子等も対象となる。

育児休業は原則として子が 1 歳に達する日に終了する。しかし、労働者またはその配偶者は子が 1 歳に達した段階で保育園等に入れないなど休業の継続が特に必要と認められる場合には、子が 1 歳 6 か月（申出により 2 歳までの再延長可）に達するまで休業することができる（育介 5 条 1 項・3 項・4 項）。

日々雇用されている労働者は育児休業を取得することができない。有期契約労働者については、①同一事業主に引き続き 1 年以上雇用されている、かつ、②子が 1 歳 6 か月に達する日までに労働契約の期間が満了しており、か

つ、契約が更新されないことが明らかでないときには、育児休業の申出をすることができる（育介5条1項）。また、父と母が同じ子について育児休業を取得する場合には、1歳2か月まで育児休業を取得することができる（パパ・ママ育休プラス。同9条2項）。

　取得できる育児休業の回数は1人の子について原則1回である（育介5条2項）。ただし、配偶者の死亡、配偶者の負傷・疾病・身体上精神上の障害により当該子の養育が困難となったとき、配偶者が婚姻の解消等により同居しなくなったとき等の特別の事情がある場合は、再度、育児休業を申し出ることができる（同条同項、育介則5条）。また、父親が子の出産後8週間以内に育児休業を取得した場合には、再度の取得が可能である（同条同項）。

　事業主は、労働者からの育児休業の請求を拒否できない（育介6条1項）。ただし、勤続1年未満の者、1年以内に雇用関係が終了することが明らかな者などについては、労使協定で除外した場合にはこれを与えなくてもよい（同条同項ただし書）。

　休業の申出は、休業予定日の1か月前までに行わなければならないが、出産予定日前の出産などの場合には1週間前までに行うことができる（育介6条3項）。労働者は予定日前の出産などの場合には1回に限り休業開始予定日の変更を申し出ることができる（同7条）。休業開始予定日までは休業の申出を撤回できるが、この場合には同じ子については原則として再び申し出ることはできない（同8条）。育児休業の期間は、休業開始予定日とされた日から休業終了予定日とされた日までの継続した期間である（同9条）。

　(2) 休業期間中の賃金等　育児休業中の賃金については、就業規則等に規定がない限り、使用者が支払う必要はない。しかし、育児休業期間中の所得保障として、雇用保険により「育児休業給付金」が支給される（雇保61条の4以下）。給付額は、育児休業を開始してから180日目までは、休業開始前の賃金の67%、それ以後については50%である（同61条の4）。なお、育児休業期間中も社会保険（健康保険、厚生年金保険）関係は継続するが、保険料は免除される。また、事業主は、休業期間中の待遇、休業終了後の賃金、配置その他の労働条件、休業後の労務提供の開始時期等に関する事項について、あらかじめ定め、周知するように努力義務が課せられている（育介21条）。

(3) 不利益取扱い・嫌がらせの禁止　　事業主は、労働者が育児休業の申出をしたこと、あるいはそれを取得したことを理由に、その労働者に対して解雇その他不利益な取扱いをしてはならない（育介10条）。

育児休業取得後に復職した女性労働者に対して担当職務の変更とそれに伴う賃金減額がなされた事案において、裁判所は、職務担当の変更による役割報酬の減給を違法、無効とし、役割報酬の差額請求を認容するとともに、育児休業取得後に業務復帰した際の人事考課において、成果報酬をゼロ査定とすることは、育休等を取得して休業したことを理由に成果報酬を支払わないとすることであり、人事権の濫用として許されないと判断した（コナミデジタルエンタテインメント事件：東京高判平23・12・27労判1042号15頁）。また、3か月間の育児休業を取得した労働者に対して、規定に基づき職能給を昇給せず、かつ所定年数に満たないとして昇格試験の受験機会を与えないことは、本条の定める不利益取扱いにあたり、不法行為を構成するとした（医療法人稲門会事件：大阪高判平26・7・18労判1104号71頁）。

また、育児休業や短時間勤務等を行う労働者に対する嫌がらせが後を絶たない。そこで、育介法は、労働者が育児休業や介護休業その他の制度の利用に関する嫌がらせの言動（ハラスメント）により就業環境が害されることのないように、雇用管理上の防止措置を講じることを事業主に義務づけている（育介25条）。

3．介護休業

労働者（日々雇用される者を除く）は、負傷、疾病または身体上若しくは精神上の障害により2週間以上の期間にわたり常時介護を必要とする状態（要介護状態）にある対象家族（配偶者、父母、または配偶者の父母、また、同居し、かつ、扶養している祖父母、兄弟姉妹および孫）の介護のために、介護休業を取得することができる（育介2条2号〜4号・11号）。

期間を定めて雇用される者については、①同一の事業主に引き続き1年以上雇用されていること、②取得予定日から起算して93日を経過する日から6か月を経過する日までの間に、労働契約（更新される場合には、更新後の契約）の期間が満了することが明らかでない場合には、介護休業の申出をすること

ができる（育介11条1項ただし書）。

　対象家族1人につき通算93日まで、3回を上限として分割して取得することができる（育介11条2項）。労働者は、当該対象家族が要介護状態にあることを明らかにし、かつ、休業開始日および終了日を明らかにして、事業主に申出を行う（同11条3項）。使用者は、労働者からの介護休業の申出を拒否できない（同12条）。ただし、①雇用されて1年に満たない者、②休業の申出の期間から起算して93日以内で雇用が終了することが明らかな労働者、③1週間の所定労働日数が2日以内の労働者については、過半数代表者との労使協定で介護休業を認めない者として定めれば、その申出を拒否することができる（同12条2項）。休業申出および休業したことを理由とする解雇その他不利益な取扱いは禁止されている（同16条）。

　介護休業期間中の所得保障として、雇用保険より「介護休業給付金」が支給される（雇保61条の6以下）。介護休業給付の給付額は、休業開始前賃金の67％である（介護休業開始が平成28年7月以前の場合40％）。介護休業期間中は育児休業と異なり社会保険料は免除されない。

4．育児・介護の支援制度

　（1）多様な休暇制度　　育児休業も介護休業も対象者や取得期間・回数などに制約があり、育児・介護にはとても十分なものとはいえない。そのため、育児・介護と仕事との両立が困難となり退職せざるを得ない労働者も多い。そこで、育介法は「子の看護休暇」と「介護休暇」を規定している。

　小学校未就学児を養育する労働者（日々雇用される者を除く）は、病気、けがをした子の看護または子に予防接種、健康診断を受けさせるために、申出により1年に5日（子が2人以上の場合は10日）までの「看護休暇」を取得することができる（育介16条の2）。1日単位の取得だけでなく、半日単位（所定労働時間の2分の1）単位での取得も可能である（同16条2項、育介則34条1項）。事業主は、労働者からの休暇の申出を拒むことはできない（同16条の3）。

　また、労働者は、要介護状態にある対象家族の介護や通院等の付き添い・介護サービスの手続きの代行など必要な世話をするために、対象家族1人につき年5日、2人以上であれば年10日の「介護休暇」を取得することができ

る（育介16条の5）。介護休暇についても、1日単位ではなく、半日単位（所定労働時間の2分の1）での取得が可能である（同16条2項、育介則40条1項）。事業主は、労働者から申出があったときには拒むことはできない（同16条の6）。ただし、雇用されて6か月に満たない者、休業申出から1年以内に雇用契約が終了することが明らかな者などについては、その申出を拒むことができる。

さらに、平成29年の育介法改正により、「育児目的休暇」が設けられた。事業主は、就学前の子を養育する男女労働者が、育児に関する目的で利用できる休暇制度の措置を講ずるように努めるとしている（育介24条1項）。「看護休暇」は子どもが病気やけがの時などに限定されているのに対して、「育児目的休暇」は配偶者の出産休暇や入園式等の行事参加など、育児に関する多目的の休暇制度である。

(2) 所定労働時間の短縮等の措置　事業主は、3歳までの子を養育する労働者で、育児休業を取得していない者が希望すれば、「所定労働時間の短縮措置」を講じなければならない（育介23条1項）。ただし、労使協定で雇用期間1年未満の者などを除外することができる（同条同項ただし書）。また、事業主は、①1歳未満の子を養育する労働者で育児休業を取得していない者には、始業時刻変更等の措置、②1歳以上3歳未満の子を養育する者には、育児休業に関する制度又は始業時刻変更等の措置、③3歳から就学始期に達するまでの子を養育する労働者については、育児休業に関する制度や所定外労働の制限その他の措置を講ずることについて、それぞれ努力義務を負う（同24条1項）。

事業主は、要介護状態にある対象家族の介護をする労働者に関して、対象家族1人につき、①所定労働時間の短縮措置、②フレックスタイム制度、③始業・終業時刻の繰り上げ・繰り下げ、④介護サービス費用の助成その他これに準じる制度のうち、いずれかの措置を選択して講じなければならない（選択的措置義務）。この措置は、介護休業とは別に、利用開始から3年の間に2回以上の利用が可能である（育介23条3項、育介則74条3項）。また、事業主は、要介護状態にある家族の介護をする労働者に対し、その労働者が請求したときには、介護の必要がなくなるまでの期間について、所定外労働の免除を受けられる（同16条の9）。

(3) 育児・介護休業制度等の個別周知　　育児・介護休業の取得を希望しながら、休業を取得し難い職場の雰囲気を理由に取得を断念する労働者が少なくない。労働者が育児・介護休業等の制度を利用しやすくするために、事業主は、労働者またはその配偶者が妊娠・出産した場合や家族を介護していることを知った場合には、その労働者に対して、個別に育児休業・介護休業に関する定めを周知するよう努めなければならない(育介21条1項)。また、事業主は、労働者が育児休業または介護休業を申し出た場合には、育児介護休業中の待遇や育児介護休業後の労働条件等、労働者に係る取扱いを明示するよう努めなければならない(同21条2項)。

5. 実効性確保

　育介法上の措置については、その実効性を確保するために、以下の制度が定められている。

　育児・介護休業、看護休暇、介護休暇、所定外労働の制限等の利用を理由とする解雇等の不利益な取扱いについて労働者から苦情を受けたときは、事業主は、苦情処理機関において紛争の自主的な解決を図るよう努めなければならない(育介52条の2)。

　都道府県労働局長は、育介法に定める事項についての紛争に関し、紛争当事者の双方または一方からその解決について援助を求められた場合には、当該紛争の当事者に対し、必要な助言、指導または勧告をすることができる。事業主は、紛争解決の援助を求めたことを理由とする解雇その他不利益な取扱いをしてはならない(育介52条の4)。またこの紛争をめぐり、紛争当事者の双方または一方から申請があった場合において、都道府県労働局長がその紛争の解決に必要であると認めるときは、学識経験者などの専門家で構成される第三者機関である「両立支援調停会議」により調停を行わせることができる(同52条の5・52条の6)。

　厚生労働大臣は育介法の施行に関し必要があると認められるときは、事業主に対して、報告を求め、助言・指導・勧告をすることができる(育介56条)。また、厚生労働大臣は、育介法の規定に違反している事業主に対して、法違反の是正についての勧告をした場合に、その勧告を受けた事業主がこれに従

わなかったときは、その旨を公表することができる（同56条の2）。

　厚生労働大臣およびその委任を受けた都道府県労働局長は、育介法の施行に関し必要があると認められるときは、事業主に対して報告を求めることができる。この求めに対して、報告せず、または虚偽の報告をした者は20万円以下の過料に処せられる（同56条・66条）。

Ⅲ　次世代育成支援法

　急速に進行する少子化は、高齢者の増加と相まって、我が国の人口構造にひずみを生じさせ、国民生活に深刻かつ多大な影響をもたらす。このような事態に直面し、家庭や子育てに夢を持ち、子どもを産み育てるための環境整備を講ずるため、2003（平15）年に「少子化社会対策基本法」が制定された。同法は、今後の少子化対策の目的、基本的理念、施策の基本的方向、国・地方公共団体・事業主および国民の責務を定めている。

　また、同時に制定された「次世代育成支援対策推進法」（次世代育成支援法）は、次代の社会を担う子どもが健やかに生まれ、育成される環境を整備するために、国、地方公共団体、企業、国民が担う責務を明らかにしている（2005年4月1日施行）。同法は、2014年度末までの時限立法として制定されたが、引き続き子どもが健やかに生まれ、育成される環境を改善・充実させる必要があることから、2014年に改正され、法律の有効期限が10年延長された。

　次世代育成支援法は、国・地方公共団体以外の事業主であって、常時101人以上の労働者を雇用する一般事業主に、次世代育成支援対策行動計画の策定・届出を義務づけている（次世代育成12条）。行動計画には、①計画期間、②次世代育成支援対策の実施により達成しようとする目標、③実施しようとする次世代育成支援対策の内容およびその実施時期を定めておかなければならない（同条2項）。行動計画に盛り込まれる内容は「行動計画策定指針」に示されており、これによると、子の出生時の父親の休暇取得の促進、育児休暇中の代替要員の確保などを含む、子育てを行う労働者の職業生活と家庭生活の両立支援のための雇用環境整備などが求められている。

　企業の自主的な次世代育成支援に関する取組みを促すために、厚生労働大臣は、一般事業計画の届出をした一般事業主からの申請に基づき、行動計画

を策定したことや計画を実施し目標を達成したことなど基準に適合するものである旨の認定を行うことができる（次世代育成13条）。そして、この認定を受けた事業主には次世代認定マーク（愛称：くるみん）が付与され、商品・役務、広告・取引に用いる書類、ホームページなどに「くるみんマーク」を付けることによって、子育てサポート企業であることを内外にアピールすることができる。

第5節　年少者と妊産婦の保護

> 本節のねらい
> 　年少者については、労働によって健全な成長や教育機会を阻害されないように、特別に保護する必要があります。また、職場における男女の平等は大事ですが、妊産婦については、妊娠・出産という母性保護機能を保護して、職場における機会均等を推進する必要があります。しかし、近年、妊産婦が職場で精神的・肉体的な嫌がらせを受けたり、解雇・雇止め・退職強要などの不利益取扱いを受けたりする「マタニティー・ハラスメント」（マタハラ）が社会問題になっています。職場において特別な保護を必要とする年少者と妊産婦について、労基法はどのように保護しているのでしょうか。本節で学びましょう。

Ⅰ　年少者の保護

1．歴史的経緯

　年少労働者の保護に関する労働基準は国際的に発展してきた。ILO は1919年の第5号条約（工業に使用し得る児童の最低年齢に関する条約）以降、様々な条約や勧告を採択してきた。現在、国際的に児童労働の禁止を定める ILO の国際基準は、1973年採択の ILO 第138号条約（就業が認められるための最低年齢に関する条約）がある。この条約では、就業の最低年齢を義務教育終了年齢の原則15歳とし、ただし、軽労働については一定の条件の下に13歳以上15歳未満、危険有害業務は18歳未満禁止とした。日本の現行労基法はこの条約を参考にしている。

日本ではすでに戦前から年少労働者に対する保護が図られてきた。日本で初めての労働者保護立法である工場法（1911年）は、12歳未満の児童の使用を禁止するとともに、15歳未満の年少者と女性労働者を「保護職工」として保護の対象としていた。戦後、憲法レベルで児童を酷使することが禁止され（憲27条3項）、憲法の下で統一的な労働基準の設定を目指した労基法においても児童労働を禁止ないし制限している。当初、労基法は第6章において年少者と女性労働者の保護を規定していたが、1985年の均等法制定とそれに伴う労基法改正により、現在、両者は分離されている。

　現行労基法第6章「年少者」は、7か条で構成されているが、大きく3つに分けることができる。第1に、児童の使用禁止（労基56条1項）と未成年者等を使用する際の手続き上の規制（同57条）である。第2に、未成年者の労働契約と賃金請求権についての特別な規制である（同58条・59条）。第3に、年少者の労働条件の保護として、危険有害業務や坑内労働での使用の禁止（同62条・63条）と、労働時間や深夜業についての特別規制である（同60条・61条）。第6章「年少者」の各規定の違反に対しては罰則の定めがある（同118条1項・119条1項・120条1項）。

2．最低年齢と年少者の証明書

　憲法27条3項は、児童を酷使することを禁止している。これをうけて、労基法56条1項は、「満15歳に達した日以後の最初の3月31日が終了するまで」、すなわち、標準的な義務教育が終了するまでの児童について、原則として使用することを禁止している。ただし、例外として、①満13歳以上の児童を非工業的事業において、児童の健康および福祉に有害でなく、かつ、その労働が軽易なものについては、行政官庁の許可を得て就学時間外に労働させることができる、②映画の製作または演劇の事業については満13歳に満たない者についても同様の手続きで使用することができる。

　また、労基法57条は、年少者に対する特別な保護と監督を実効的にするために、年少者がいる各事業場に年齢を証明する戸籍証明書の備え付けを義務づけている。また同条2項は、例外的に、同法56条2項の最低年齢に満たない児童を使用する場合には、使用者は本条1項の証明書に加えて、就学

にさしつかえがないことを証明する学校長の証明書、および、親権者または後見人の同意書を事業場に備え付けなければならない（労基57条2項）。

3．未成年者の労働契約と賃金請求権

（1）未成年者の労働契約　　民法は、親権者や後見人は未成年者の同意があれば、未成年者に代わって契約締結等の法律行為を行うことを認めている（民824条ただし書・859条2項）。しかし、歴史的にみると、未成年者が親権者等から搾取され、健康面で深刻な影響をもたらされてきた。そこで、労基法58条1項は、親権者又は後見人が未成年者に代わって労働契約を締結することを禁止している。また、未成年者は、親権者等の同意を得たうえで、自ら労働契約を締結することができるが、未成年者が同意を得ないで労働契約を締結した場合には、未成年者本人または法定代理人はこれを取り消すことができる（民5条1項・2項）。未成年者が同意を得て有効に成立した労働契約であっても、親権者等または行政官庁が、未成年者に不利益であると認める場合においては、当該労働契約を将来に向かって解除する権利を認めている（労基58条2項）。

（2）未成年者の賃金請求権　　子どもは大人に比べて財産を適切に管理・処分する能力が不十分であるため、民法は親権者に未成年の子の財産を管理する権利を付与している（同824条）。しかし、歴史的には、親が使用者に借金をして、使用者が未成年者の賃金から相殺するという弊害がみられたことから、労基法59条は、未成年者は独立して賃金を請求することができ、親権者または後見人が未成年者の賃金を代理受領することを禁止している。

4．年少者の労働条件保護

（1）労働時間および休日、深夜業の規制　　労基法60条および61条は、満18歳未満の年少者の労働時間および休日、深夜業について特別な規制を課している。これは、年少者の健全な発育を図るために、年少者の心身の健康に悪影響を与える可能性がある長時間労働や深夜労働などを制限し、就学機会を確保することを目的とした規定である。

　㋐　労働時間および休日　　労基法60条1項は、変形労働時間制（労基32

条の2から32条の5まで）や時間外労働（同36条）等の規定は、満18歳未満の者について適用されない旨規定する。これにより、年少労働者については、1週40時間・1日8時間の法定労働時間（同32条）、休憩時間の一斉付与および自由利用（同34条）、週休制または4週間で4日の休日制（同35条）も原則通り適用される。

また、使用者は、義務教育が終了していない児童（13歳以上で満15歳の誕生日以後最初の3月31日が到来していない児童）について、「就学時間を通算して1週間について40時間」、「就学時間を通算して1日について7時間」とする特別な規制を設けている（労基60条2項）。これは、義務教育が終了していない児童に就学機会を確保することを目的としている。

また、使用者は、15歳以上で満18歳未満の者について、①1週40時間の範囲内で、そのうち1日の労働時間を4時間以内に短縮する場合には、他の日の労働時間を10時間まで延長することができる（労基60条3項1号）、②1か月または1年単位の変形労働時間制（同32条の2・32条の4）については、1週間について48時間、1日について8時間を超えない範囲内において、労働させることができる（同条同項2号）。

　(イ) **深夜業**　満18歳未満の労働者については、原則として午後10時から午前5時までの間の深夜業が禁止されている（労基61条1項）。ただし、交代制で使用する満16歳以上の男性（同条1項ただし書）、および、事業全体として交代制を採る場合（同条3項）は、例外として深夜業させることができる。また、災害等による臨時の必要がある場合（同条4項前段）、および、事業による例外（同条4項後段）については、年少者についても深夜業が認められる。

　(2) **就業制限**　労基法62条は、衛生学的に抵抗力が弱く、また危険を十分に自覚しない発育過程の年少者について、安全、衛生および福祉の観点から、危険有害と認められる業務での就業を禁止したものである。使用者は、満18歳に満たない者に、省令で定める危険な業務や重量物を取り扱う業務（労基62条1項）、また、省令で定める有害業務や安全・衛生・福祉に有害な場所における業務に就かせてはならない（同条2項）。また、使用者は、満18歳未満の者を坑内で労働させてはならない（同63条）。

　また、労基法64条は、年少者が解雇日から14日以内に帰郷する場合に、

使用者が必要な旅費を負担すべきことを定めている。年少者が帰郷旅費をもたずに職場に拘束されたり、浮浪化したりする弊害を防止する趣旨である。ただし、解雇が年少者の責めに帰すべき事由によるもので、行政官庁の認定がある場合には負担を免除される。

Ⅱ　妊産婦の保護

1．歴史的経緯

　戦前の日本では、工場法（1911年）において、年少者と女性労働者について、長時間労働や深夜業、危険有害業務での就業等を制限していた。これを受け継ぎ、1947（昭21）年に制定された労基法は、当初、女性労働者は男性労働者に比べて生理的・体力的に弱い者として、時間外労働の制限、休日・深夜労働の禁止、危険有害業務の就業制限、産前・産後の保護など幅広い保護を規定していた（女性保護規定）。

　その後、女性差別撤廃条約（1979年採択）を批准するための国内法整備をめぐる議論のなかで、女性労働者を特別に保護することは、かえって女性の雇用機会を狭めて男女平等の妨げになることから、母性保護以外の労働条件については男女労働者を同一の基盤に立たせるべきであるとの声が高まった。これを受けて、1985（昭60）年の均等法制定に伴う労基法改正において、女性保護を年少者保護と切り離して独立の章で取り扱い（6章の2）、妊産婦を除く一般女性への保護規制を大幅に緩和した。

　均等法はその後1997（平9）年および2006（平18）年に改正された。1997年改正均等法（1999年施行）に伴い労基法の一部が改正され、女性の時間外・深夜・休日労働を制限した女子保護規定が撤廃された。2006年改正均等法（2007年4月施行）に伴い労基法の一部が改正され、女性の坑内労働について、妊産婦の場合などを除き、禁止規定が撤廃された。またこの改正では、6章の2の表題も「女性」から「妊産婦」へ変更された。

　このような歴史的な変遷を経て、労基法上の女性保護規定は、男女平等の促進という観点から、妊娠・出産に関する保護を強化する一方で、それ以外の一般的な女性労働者の保護は撤廃ないし縮小され、現在に至っている。

2．母性機能に有害な業務への就業禁止

　労基法は、母性保護のために、一部の坑内労働と母性機能に有害な業務への就業を禁止している（労基64条の2・64条の3）。かつて、坑内労働は炭坑やトンネル内における労働であり、医学的な観点から、女性のみが有する母性保護のために禁止されていた。しかし、施工技術や安全衛生技術が向上したことや、女性のキャリアップの視点から女性労働者からも規制緩和の要望が出されたことから、2006年均等法改正の際に、女性技術者が坑内の管理・監督業務に従事することが許容された。そのため、現在では、妊産婦以外の女性に関して、一部を除き禁止が解除されている。労基法64条の2は、(1) 妊娠中の女性（妊婦）および坑内業務に従事しない旨を使用者に申し出た産後1年を経過しない女性（産婦）について、坑内で行われるすべての坑内労働（1号）、また、(2) それ以外の満18歳以上の女性について、人力で行われる掘削の業務その他女性に有害な業務として厚生労働省令で定めるもの（2号）を禁止している。

　使用者は、妊産婦（妊娠中の女性および産後1年を経過しない女性）を、重量物を取り扱う業務、有毒ガスを発生する場所での業務、その他妊産婦の妊娠・出産・哺育などに有害な業務に就かせてはならない（労基64条の3第1項）。また、妊産婦以外の女性についても、妊娠または出産に係る機能に有害である業務を制限している（同条2項）。具体的な業務および適用される者の範囲については省令で定められている（同条3項、女性則2条・3条）。

3．産前産後の保護

（1）産前産後休業　　使用者は6週間（多胎妊娠の場合には14週間）以内に出産する予定の女性が請求した場合には、その者を就業させてはならない（労基65条1項）。産前休業は、出産予定の女性労働者が請求した場合に与えられる。また、使用者は、産後8週間を経過しない女性を就業させてはならない（同条2項）。ただし、産後6週間を経過した女性が請求すれば、医師が支障ないと認めた業務に就かせることは差し支えない（同条2項ただし書）。産後休業のうち6週間は本人の請求の有無を問わず休業を強制するものだが、6週間を経過した後は、労働者本人の請求と医師の診断書があれば、就業させるこ

とができる。産前の休業期間の算定は、自然分娩予定日を基準にして行われ、産後の休業期間の算定は現実の出産日を基準に行われる（昭26・4・2婦発113号）。

また、労基法65条3項は、妊娠中の女性が請求した場合には、他の軽易な業務に転換させることを使用者に義務づけている。軽易な業務は、原則として当該労働者が請求した業務に転換させる趣旨だが、業務を新設するまでの必要はなく、また業務内容の転換のほか、労働時間帯の変更（早番を遅番に変更する等）なども含むと解されている。

産前産後休業期間中は、就業規則等に有給の定めがない限り無給となる。ただし、健康保険から、1日につき標準報酬日額の3分の2の出産手当金が支給される（健保102条）。

なお、均等法は、事業主に対し、女性労働者が母子保健法による保健指導または健康診査を受けるために必要な時間を確保することができるようにすることを義務づけている（雇均12条）。事業主は、女性労働者が保健指導または健康診査に基づく指導事項を守ることができるようにするために、勤務時間の変更、勤務の軽減等の必要な措置を講じなければならない（同13条）。

(2) 産前産後休業と不利益取扱い　労基法19条1項は、産前産後休業期間中およびその後30日間の解雇を禁止している。均等法も、産前産後休業中および休業後30日以内の解雇や妊娠出産等を理由とする解雇を禁止している。しかし以前は、解雇以外の不利益取扱いは特に規制されていなかったため、産前産後休業の請求ないし取得を理由とする様々な不利益取扱いが問題となった。

判例は、前年稼働率が80％以下の者を賃上げの対象から除外するとし、年休・生理休暇・産前産後休業・育児時間等による不就労を稼働率算定の不就労時間とする旨の協約条項の効力が争われた事案において、法律に定められた権利の行使を抑制し、法律が労働者に権利を保障した趣旨を実質的に失わせるとしたうえで、80％条項にある法律上の権利行使による不就労を稼働率算定の基礎とする定めは公序に反し無効であるとした（前掲日本シェーリング事件）。また、賞与の支給要件として支給対象期間の出勤率が90％以上であることを必要とすることを定め、その算定において産後休業を欠勤扱いする

ことは、労基法上の権利行使への抑制効果が強く、権利保障の趣旨を失わせるとして、公序に反し無効であるとした（東朋学園事件：最判平 15・12・4 労判 862 号 14 頁）。

　この問題に対して、2006 年の改正均等法は、産前産後休業の請求ないし取得等を理由とする解雇その他の不利益取扱いを禁止した（雇均 9 条 3 項）。妊娠中および産後 1 年以内の女性労働者を解雇した場合は、使用者が妊娠・出産に係る事由による解雇ではないことを証明しない限り、無効となる（同条 4 項）。均等法 9 条 3 項は、女性労働者が妊娠・出産したことや、産前産後休業を請求・取得したことだけでなく、「その他妊娠又は出産に関する事由であって厚生労働省令で定めるもの」を理由とする不利益取扱いも禁止している。妊娠中の軽易業務転換を理由とする不利益取扱いもここに含まれる。

　判例は、軽易業務転換に際し女性労働者を降格させる措置について、原則として均等法 9 条 3 項の違反にあたり、本人が自由な意思に基づいて降格を承諾したと認められる場合や、業務上の必要性等に照らして同項の趣旨・目的に実質的に反しないと認められる特段の事情が存在する場合を除き、違法となると判示した（広島中央保健生協（C 生協病院）事件：最判平 26・10・23 労判 1100 号 5 頁）。

4．妊産婦の労働時間・休日・深夜労働

　労基法制定当初は、一般女性に対する時間外労働規制は、「1 日について 2 時間、1 週間について 6 時間、1 年について 150 時間」と定められていたが、1985 年均等法制定に伴う労基法改正により、女性一般に対する時間外・休日・深夜業への規制が大幅に緩和された。労基法 66 条は、妊産婦が請求した場合には、変形労働時間制（労基 32 条の 2 第 1 項・32 条の 4 第 1 項・32 条の 5 第 1 項）の下での法定労働時間外労働（同 65 条 1 項）、時間外・休日労働（同条 2 項）、深夜業（同条 3 項）を禁止している。妊娠中の長時間労働や深夜労働は、妊産婦の母体と胎児に悪影響を与える可能性があることや、出産後 1 年以内の産婦の長時間労働や深夜労働も産後回復や哺育に支障を来す場合が多いことから、母性保護の視点から設けられた規定である。

5．育児時間

　使用者は1歳未満の生児を育てる女性が請求したときは、法定の休憩時間のほか、1日2回各々少なくとも30分の育児時間を与えなければならない（労基67条）。本条の育児時間は、もともとは勤務時間中の授乳時間を保障することを目的としていたが、現在では、保育所の送り迎えなどを含めて育児のための時間を女性労働者に保障する制度として運用されている。本条は、育児時間の回数と最低限の時間数を定めているが、いつ与えるかについては定めていないため、基本的には当事者の合意に委ねられている。したがって、1日1時間の育児時間をまとめて勤務時間の始めまたは終わりに与えてもよい。また、育児時間中は労働協約や就業規則で有給と規定されない限りは無給である。

6．生理休暇

　生理日に腹痛、腰痛などの苦痛により就業が著しく困難な女性に対して、本人の請求により生理休暇の取得を認めている。使用者は、女性が休暇を請求したときは、その者を生理日に就業させてはならない（労基68条）。休暇中の賃金については、労働協約や就業規則などに別段の定めがない場合には、無給である。判例は、精皆勤手当の算定において生理休暇取得日を欠勤扱いとすることは、労基法68条（昭和60年労基法改正前の67条）に違反するとはいえないとした（エヌ・ビー・シー工業事件：最判昭60・7・16労判455号16頁）。他方、昇給の要件たる出勤率の算定にあたり生理休暇日（その他、年休、産休も含む）を欠勤扱いすることは、権利の行使を抑制し、法がこれらの権利を保障した趣旨を実質的に失わせるものであるため、公序に反し無効であるとした（前掲日本シェーリング事件最判）。

第6節　安全衛生と労災補償

> 本節のねらい
>
> 　生命・身体・健康は労働者にとって最も重要なものです。しかし、労働者が仕事中に高所から転落したり、機械に手を挟んだりして負傷することがあります。最近は、長時間・過重労働を原因とする過労死・過労自殺や精神疾患に罹患した労働者のメンタルヘルスが社会的にも大きな問題になっています。精神障害による自殺は業務が原因であることを認めて、労働災害と認定するケースもありますが、氷山の一角に過ぎません。
>
> 　本節では、労働災害を予防する仕組みと、不幸にも労働災害が発生してしまった場合の補償について学びましょう。

Ⅰ　概　説

　労働者が安全で健康に働くための職場環境を整備し、万が一労働災害（労災）が発生した場合には、被災労働者またはその遺族に対して補償を行うことが必要である。労災に関する制度は、労災の「予防（防止）」と労災発生時の被災労働者及びその遺族に対する「補償」に分けることができる。

1．労災予防

　まずは、労働災害が起こらないように予防することが必要である。制定当初の労基法第5章「安全及び衛生」は、使用者の各種の措置義務や安全衛生管理体制などについて規定していた。その後、産業の発展や技術の高度化に伴い、労働災害を防止するための総合的な立法の必要が高まったことから、1972（昭47）年に労安衛法が制定された。この法律は、労基法上の安全衛生に関する規定を独立させて拡充した法律であるため、労基法と密接な関係がある（労基42条、労安衛1条参照）。労安衛法は時代の流れや社会の要請に応えて適宜改正され、労基法の内容を修正・拡充したり、新たな内容を追加したりするなどして独自の発展を遂げている（労安衛法を中心とする労働災害の予防の仕組みについては本節のⅡ）。

2．労災補償

　労災が発生しないように予防しても、仕事中の事故や傷病等を完全に防止することはできない。不幸にも労働災害が発生した場合には、被災労働者や遺族は使用者に対して労災による損害賠償を請求することができる。しかし、被災労働者や遺族が、使用者側の故意過失や業務と災害との因果関係の存在を証明することは難しく、また仮に証明できたとしても、労働者に過失があれば過失相殺によって減額されてしまうこともある。

　そこで、労災による損害を補償して被災労働者や遺族に対して迅速かつ適切な救済を行うために、労基法第8章「災害補償」は、被災労働者やその遺族に対して使用者の無過失責任に基づき一定の補償を与える制度について規定している。もっとも、使用者に資力がなければ被災労働者や遺族に十分な補償が行われないため、労基法とともに制定された「労働者災害補償保険法」（労災保険法）は、労基法上の災害補償責任を保険化し、政府を保険者とし使用者を加入者とする強制保険制度によって補償を行うことによって、被災労働者やその遺族に対する補償の実効性を確保して迅速な救済を図ることとした（労基法上の労災補償と労災保険法による保険給付については本節のⅢ）。

　なお、労基法上の労災補償および労災保険法による保険給付は、被災労働者や遺族が被ったすべての損害を填補するものではない。そのため、これらによってもカバーされない損害について、被災労働者や遺族は民法に基づく損害賠償請求を行うことができる（民法上の損害賠償請求については本節のⅣ）。

Ⅱ　労働安全衛生

1．労働安全衛生法規の体系

　労基法は、労働者の安全衛生に関する規制を労安衛法に委ねることを定めている（労基42条）。また、労安衛法も、労基法と相まって、職場における労働者の安全と健康を確保し、快適な職場環境の形成を促進することを目的とすることを定めている（労安衛1条）。

　労安衛法は労働安全衛生に関する総合的包括的立法であり、その下にある労働安全衛生法施行令（労安衛令）や、労働安全衛生規則（労安衛則）をはじめとする省令（規則）、告示、指針、通達が具体的な措置を詳細に規定し、その

解釈を示している。

2．労安衛法の内容

　労安衛法は、雇用主である事業者等の責務として、同法で定める労働災害防止のための措置を講じるとともに、快適な職場環境の実現と労働条件の改善を通じて、職場における労働者の安全と健康を確保するよう求めている（労安衛3条1項）。また、同法は、労働者に対しても、法の遵守や協力に関する努力義務を定めている（同4条）。

　労安衛法第3章は「安全衛生管理体制」について規定している。具体的には、事業者は、その事業場の責任者である「総括安全衛生管理者」の選任（労安衛10条）、統括安全衛生管理者の下に「安全管理者」（同11条）・「衛生管理者」（同12条）・「安全衛生推進者等」（同12条の2）の配置、「安全委員会」・「衛生委員会」の設置（同17条・18条）、常時50人以上の労働者を使用する事業場における「産業医」の選任（同13条、労安衛令5条）を義務づけられている。また、常時50人未満の労働者を使用する事業場については、医師等に労働者の健康管理等を行わせる努力義務が課せられている（同13条の2）。

　また、労安衛法は、事業者が遵守すべき安全衛生の基準として、「労働者の危険又は健康障害を防止するための措置」（第4章）、「機械等並びに危険物及び有害物に関する規制」（5章）、「労働者の就業に当たっての措置」（6章）、「健康の保持増進のための措置」（7章）、「快適な職場環境の形成のための措置」（7章の2）等を規定している。これらの規定を受けて、労安令、労安則などの規則が詳細な内容を定めている。

3．健康診断

　労安衛法第7章は、事業者に対して、定期的な一般健康診断（労安衛66条1項）や、一定の有害業務に従事する労働者に対する特殊健康診断（同条2項）を実施する義務を課している。労安衛法は、労働者に対して健康診断の受診義務を課している（同条5項）。その際、事業者の指定した医師とは別の医師による健康診断を受ける「医師選択の自由」を規定している（同条5項ただし書）。

判例は、定期健康診断の一環として行われるエックス線検査を公立学校の教員が拒否した事案について、公立学校の教職員は、労安衛法66条5項により定期健康診断を受けなければならない義務を負い、結核の有無に関するエックス線検査についても結核予防法7条1項によって受診する義務を負うとし、また、校長は教職員に対し、職務上の命令としてエックス線検査の受診を命ずることができるとして、受診拒否を理由とする減給処分を有効とした（愛知県教委事件：最判平13・4・26労判804号15頁）。また、法定外健診について労働者が受診を拒否した事案について、判例は、精密健診が労働者の病気治癒という目的に照らして合理的で相当な内容のものであれば、労働者において受診の自由や医師選択の自由を理由に受診を拒否することは許されないとした（電電公社帯広局事件：最判昭61・3・13労判470号6頁）。

事業者は、健康診断結果を労働者に報告しなければならず（労安衛66条の6）、健康診断により異常があると診断された労働者に対して、産業医などの意見を勘案して、作業の変更や労働時間の短縮などの必要な措置を講じなければならない（同66条の5）。

4．医師による面接指導

長時間労働やメンタルヘルス不調などによって健康リスクが高い状況にある労働者を見逃さないために、2018年制定の働き方改革関連法により、労安衛法が改正され、2019年4月1日から「長時間労働者に対する面接指導等」が強化された。

事業者は、長時間労働による疲労の蓄積により健康障害リスクが高まった労働者に対して、医師による面接指導を行うことが義務づけられている。面接指導では、医師が問診その他の方法により心身の状況を把握し、これに応じて必要な指導を行う。

医師による面接指導の対象となるのは、(1) 月80時間超の時間外・休日労働を行い、疲労の蓄積があり面接を申し出た労働者（高度プロフェッショナル制度適用者を除く）（労安衛66条の8、労安衛則52条の2）、(2) 研究開発業務従事者で、(1) に加えて、月100時間超の時間外・休日労働を行った者（労安衛66条の8の2、労安衛則52条の7の2）、(3) 高度プロフェッショナル制度適用者で、

1週間当たりの健康管理時間が40時間を超えた時間について月100時間を超えて行った者（労安衛66条の8の4、労安衛則52条の7の4）、である。また、事業者は、(1)〜(3)以外の労働者であって健康への配慮が必要なものについては、厚生労働省令で定めるところにより、必要な措置を講ずるように努めなければならない（労安衛66条の9、労安衛則52条の8）。

時間外・休日労働時間が月100時間超の研究開発業務従事者と健康管理時間が月100時間超の高度プロフェッショナル制度適用者について、事業者が面接指導義務に違反した場合には、50万円以下の罰金が規定されている（労安衛120条1号）。

5. ストレスチェック

仕事によるストレスが原因でメンタル不調を訴える労働者は年々増加している。このような状況に対応するため、2014（平26）年に改正された労安衛法は、「ストレスチェック制度」を創設した（労安衛66条の10）。これは、従業員数50人以上の全ての事業場に、心理的な負担の程度を把握するための検査（ストレスチェック）や、検査結果に基づく医師による面接指導の実施を義務づける制度である。医師の意見を勘案し、必要があると認めるときは、事業者は、労働者の実情を考慮して労働環境を改善する等の適切な措置を講じなければならない。ストレスチェックの内容について、厚生労働省が「ストレスチェック実施プログラム」と57項目からなる「職業性ストレス簡易調査票」を作成・公開している。

Ⅲ 労災補償

1. 労基法と労災保険法の関係

使用者がその災害発生につき過失がなくても（無過失責任）、被災労働者や遺族に対して一定の補償給付を行うものが労災補償制度である。労災補償制度は、労基法と労災保険法に基づく制度である。

（1）労基法上の労災補償 まず、労基法第8章「災害補償」は、労働者が業務上負傷し、疾病にかかり、または死亡した場合の使用者の補償責任を規定している。この災害補償責任は使用者の無過失責任であり、災害の発生

が業務上のものであれば、使用者の故意・過失を問わず、補償される。

　補償の内容は、療養補償（労基75条）、休業補償（同76条）、障害補償（同77条）、遺族補償（同79条）、葬祭料（同80条）の５つである。

　補償額は、療養補償を除き、いずれも平均賃金を基礎として定額化ないし定率化されている。労基法上の労災補償は、現実に発生した全損害をカバーするわけではなく、また、使用者が資力を欠く場合には十分な補償が行われないこともあるため、被災労働者や遺族に確実かつ十分な補償がなされるとは限らない。そこで、実際には労災保険制度によって被災労働者や遺族への補償が行われている。

　(2) 労災保険制度　　労災保険制度は、被災労働者やその遺族に対する補償の実効性を確保して迅速な救済を図るため、労災保険法によって労基法上の災害補償責任を保険化し、保険制度によって補償を行う仕組みである。労働災害が発生した場合、被災労働者や遺族が労災認定を受けると、政府から直接に、労災補償に対応する一定の保険給付を受けることができる。

　労災保険は政府が保険者となって運営する（労災保２条）。労災保険法の適用事業は、労働者を使用する事業であり（同３条１項）、保険料は全額事業主負担である（労保徴31条）。保険料率は事業の種類ごとに定められている。一定規模以上の事業については過去３年度の保険給付収支率に応じて保険料を増減する制度（メリット制）が適用される（労保徴12条３項）。

　労災保険法の適用対象者たる労働者は、労基法のそれと同一である（横浜南労基署長（旭紙業）事件：最判平８・11・28労判714号14頁）。労働関係にない者（中小事業主や一人親方など）については、「特別加入制度」が設けられており、任意に加入して保険料の支払いを行えば、保険給付の対象となる（労災保33～36条）。特別加入者の給付対象となる業務は、同制度を申し込む際に申請した業務に限定される。判例は、事業者である特別加入者が、特別加入の承認を受けた事業とは異なる業務に従事していたときに遭遇した災害は保険給付の対象にはならないとした(国・広島中央労基署長事件：最判平24・２・24民集66巻３号1185頁)。

　労災保険法上の給付が行われる場合は、使用者はその限度で労基法上の補償責任を免れる（労基84条１項）。当初、労災保険給付の内容は労基法上の災

害補償と同一であったが、その後、労災保険法の改正を経て、労災保険給付が労基法の補償を上回り、現在は労災保険法が災害補償の中心的役割を担っている。

労災保険の給付を受けるためには、労基署長に給付申請をして、労基署長は労働者の傷病等が「業務上」か否かを判断したうえで、支給か不支給の決定をする。不支給処分に不服がある場合は、労災保険審査官への審査請求、さらに労働保険審査会への再審査請求を経て、裁判所に当該処分の取消訴訟を提起することができる。

2．業務上・外の認定基準

労働者の「業務上」の事由による負傷・疾病・障害または死亡を「業務災害」という（労災保7条1項1号）。労災保険の給付を受けることができるかどうかは、災害が「業務上」のものか否かによって決まる。

行政解釈によれば、業務上の認定は「業務遂行性」と「業務起因性」の2要件によって行われる。「業務遂行性」とは、労働者が労働契約に基づいて事業主の支配・管理下にあることをいい、「業務起因性」とは、業務と負傷・疾病等との間に経験則上相当な因果関係が存在すること（換言すれば、労働者に生じた傷病等が業務に内在する危険が現実化したものであること）をいう。業務遂行性は業務起因性の第一次的判断基準とされている。

業務遂行性は一般に3つに類型化される。①労働者が事業主の支配・管理下で業務に従事している場合（作業中の用便や飲水等の時間も含む）、②事業主の支配・管理下にあるが、業務に従事していない場合（休憩中や、就業開始前・終了後の事業場構内での行動など）、③事業主の支配下にあるが、管理下を離れて業務に従事している場合（出張や社用での外出などのために事業場の外で仕事をする場合）である。

これらの場合に業務遂行性が認められたとしても、直ちに業務起因性が認められるわけではない。例えば、①については、原則的に業務起因性が認められるが、自然現象や本人の私的逸脱行為、規律違反行為などによる場合は業務起因性が認められない。ただし、地震に際して発生した災害を被りやすい業務上の危険があった場合に業務上認定された例もある。②については、

事業場内の移動中の災害や、事業場施設の不備・欠陥などによる災害であれば業務起因性が認められるが、スポーツ活動による負傷などの場合には業務起因性が認められないこともある。③については、危険にさらされる範囲が広いので、その災害が労働者本人の積極的な逸脱行為でない限り、業務起因性は広く認められる。例えば、出張先の宿泊施設において酒に酔って階段から転落して死亡した事故につき、業務起因性を認めた例（大分労基署長事件：福岡高判平5・4・28労判648号82頁）や、工場での仕事を中断して飲食店での歓送迎会に参加した後、工場に戻る途中での交通事故による死亡が「業務上」と認められた例（国・行橋労基署長事件：最判平28・7・8労判1145号6頁）がある。

3．業務上の疾病

　労働者に生じる疾病については、業務と疾病との間にいわゆる相当因果関係があると認められる場合に業務上疾病とされる。しかし、労働者の疾病は、業務だけでなく、労働者個人の素因や基礎疾患など多数の原因が競合して生じることや、発症の時期を特定することが難しいことなどの理由によって、業務起因性の立証が困難である。

　そこで、労基法は、業務上の疾病の範囲を命令で定めることとし（労基75条2項）、それ受けて、労基法施行規則は、特定の業務から発生しやすい疾病を列挙している（労基則35条別表第1の2）。別表には、業務上の負傷に起因する疾病、物理的因子による疾病、身体に過度に負担のかかる作業態様に起因する疾病、化学物質等による疾病などがリスト化されている（1号〜10号）。ここに列挙されている疾病は特段の反証がない限り、「業務上の疾病」と認められ、列挙されていない疾病でも、「その他業務に起因することの明らかな疾病」（11号）と認められれば、「業務上の疾病」として取り扱われる。

　また、災害性の疾病と異なり、長期にわたり一定の業務に従事したために発症する非災害性の疾病（いわゆる職業性疾病ないし職業病）については、業務と疾病との間の因果関係を立証することは困難である。そのため、同別表は2010（平22）年に改正され、長期間にわたる長時間の業務その他血管病変等を著しく増悪させる業務による脳出血、くも膜下出血、脳梗塞、高血圧性脳症、心筋梗塞、狭心症、心停止（心臓性突然死を含む）若しくは解離性大動脈

瘤またはこれらの疾病に付随する疾病（8号）や、人の生命にかかわる事故への遭遇その他心理的に過度の負担を与える事象を伴う業務による精神および行動の障害またはこれに付随する疾病（9号）などが新たに追加された。

4．脳・心臓疾患（いわゆる過労死）の労災認定

過労死の原因となる脳・心臓疾患は、労働者本人の基礎疾患が加齢や日常生活の様々な要因と影響しあって悪化し発症に至るもので、業務上の有害因子を特定することは困難である。そのため、かつて（2010年労基則改正以前）、脳・心臓疾患の業務上認定は行政通達に基づいて行われていた。通達は、脳・心臓疾患の業務上認定基準を、業務に関連した異常な出来事またはとくに過重な業務への従事という「過重負荷」を受けたこと、その過重負荷が発症のせいぜい1週間前までに生じたことを要件としていた（昭62・10・26基発620号）。しかし、その要件が限定的であると批判を受けて、発症前1週間以内の業務が日常業務を相当程度超える場合には、それ以前の業務の過重性も含めて総合的に判断すると要件を緩和した（平7・2・1基発38号）。

その後、この基準では長期間の業務上の疲労の蓄積による脳・心臓疾患を適切に判断できないとの批判もあり、最高裁も、支店長つき運転手のくも膜下出血の発症に対する労働基準監督署による労災保険給付不支給決定について、長期間にわたる疲労の蓄積が労働者の基礎疾患を増悪させたとして、当該不支給決定を覆す判断を示した（横浜南労基署長事件：最判平12・7・17労判785号6頁）。

これを受けて、平成13年に脳・心臓疾患の認定基準が改正された（平成13・12・12基発1063号）。この認定基準は、業務による明らかな過重負荷の認定要件として、①発症直前から前日までの間に「異常な出来事」に遭遇したこと、②発症前おおむね1週間に「特に過重な業務」に就労したこと、③発症前おおむね6か月間にわたって著しい疲労の蓄積をもたらす特に過重な業務（「長期間の過重業務」）に就労したこと、を掲げている。特に、③については、発症前1か月ないし6か月にわたって1か月あたりおおむね45時間を超える時間外労働がある場合は業務と発症との関連性が強まり、発症前1か月間におおむね100時間を超える時間外労働が認められる場合、あるいは、発症前

2か月ないし6か月間にわたって1か月あたりおおむね80時間を超える時間外労働が認められる場合には業務と発症との間の関連性が強い、などの目安が示されている。また、業務の過重性評価にあたって、労働時間だけでなく、不規則な勤務、作業環境、精神的緊張などの業務の質的過重性も含めて総合的に判断する考え方が示されている。

その後の裁判例の中には、この認定基準に依拠しつつ、認定基準にとらわれずに業務起因性を判断するものも現れるようになった。裁判例では、発症前6か月間の月あたり時間外労働時間数はいずれも30時間未満であったが、発症前10か月半の間に多数回の海外出張を繰り返していたことが相当な精神的緊張を伴うものであったとして、業務起因性を肯定するなど、労働の質を評価する傾向が見られる（松本労基署長（セイコーエプソン）事件：東京高判平20・5・22労判968号58頁）。また、判例は、発症前に業務に過重性が認められなくても、業務のために発症後の適切な処置が出来ず（治療機会の喪失）、その結果として死亡した事案について、業務起因性を肯定している（地公災基金東京都支部長（町田高校）事件：最判平8・1・23労判687号16頁、地公災基金鹿児島支部長事件：最判平18・3・3労判919号5頁）。

なお、過労死が依然として大きな社会問題となっていることや、過労死が本人だけでなく、遺族や家族、社会にとっても大きな損失であることに鑑みて、2014（平26）年に「過労死等防止対策推進法」が成立した。同法は、過労死等の防止に向けた対策を国の責務とし、そのために必要な調査研究・啓発活動・相談体制の整備・民間団体への支援などを行うことを定めている。

働き方改革による労安衛法の改正　　*column*

　長時間労働やメンタルヘルス不調などによって健康リスクが高い状況にある労働者を見逃さないために、2018年制定の働き方改革関連法により、労安衛法が改正され、2019年4月1日から「長時間労働者に対する面接指導等」（本文参照）の他に、「産業医・産業保健機能」が強化された。
　具体的には、事業者は産業医に対して、(1) 労働者の労働時間に関する情報その他の産業医が労働者の健康管理を適切に行うために必要な情報

を提供しなければならない（労安衛13条4項・同条の2第2項・14条の2第1項2項・15条の2第3項）、(2)　事業者は、産業医から勧告を受けた場合は、勧告の内容等を衛生委員会または安全衛生委員会に報告しなければならない（労安衛13条6項、労安衛則14条の3第3・4項）、(2)　事業主は、産業医等が労働者からの健康診断に応じ、適切に対応するために必要な体制の整備その他の必要な措置を講ずるように努めなければならない（労安衛13条の3）、(4)　産業医を選任した事業場における産業医の業務の内容等を、常時各作業場の見やすい場所に掲示し、または備え付ける等の方法で労働者に周知しなければならないこと（労安衛101条2・3項、労安衛則98条の2第1・2項）とした。

　　今回の法改正は、産業医が専門的立場から、労働者の健康確保のために効果的な活動を行いやすい環境を整備することを目的としたものである。今後、産業医は労働者の安全や健康を守り、職場環境を改善するために、より一層重要な役割を担うことが期待される。

5．精神障害の業務上認定

　　労働者が業務によるストレスからうつ病等の精神障害を発症し、自殺するケースが後を絶たない。労働者の自殺は一般的には「労働者の故意による死亡」として労災保険給付の支給対象とされない（労災保12条の2の2第1項）。そのため、かつての行政通達は自殺を労災認定しなかったが、裁判所は、過重な業務により精神障害を発症したと認められる者が自殺を図った場合には、精神障害によって正常な認識、行為選択能力が著しく阻害されあるいは自殺行為を思いとどまる精神的抑制力が著しく阻害されている状態に陥ったものと推定し、業務起因性を認めていた（加古川労基署長（サンコー）事件：神戸地判平8・4・26労判695号43頁）。

　　そこで、厚労省は、「心理的負荷による精神障害等に係る業務上外の判断指針」（平11・9・14基発544号）により、仕事によるストレス評価のチェックリストを策定した（この指針は平成21年と平成23年に改正されたが（平21・4・6基発0406001号、平23・12・26基発1226号第1号）、判断指針の基本的な考え方は変わっていない）。判断指針の基本的な考え方は、いわゆる「ストレス−脆弱性」理論

の考え方を前提としている。「ストレス−脆弱性」理論とは、精神障害の発症の有無は、ストレス（職場における心理的負荷、職場以外の心理的負荷）と個体側の反応性・脆弱性との関係で決まるとする考え方である。これによれば、①当該精神疾患が業務との関連で発病する可能性のある一定の精神疾患（対象疾病）にあたること、②発病前のおおむね6か月間に業務による強い心理的負荷が認められること、③業務以外の心理的負荷および個体側要因により発病したとは認められないことという3つの要件を満たす場合、その疾病は労基則別表第1の2第9号所定の「人の生命にかかわる事故への遭遇その他心理的に過度の負担を与える事象を伴う業務による精神及び行動の障害又はこれに付随する疾病」に該当する業務上の疾病として取り扱うこととされる。

　「業務による強い心理的負荷」の要件は、対象疾病の発病前おおむね6か月間に業務による出来事があり、その出来事およびその後の状況による心理的負荷が、客観的に当該疾病を発病させるおそれのある強い心理的負荷であると認められることである。③の「業務以外の心理的負荷」については、別表「業務による心理的負荷評価表」を指標として、「強」（業務による強い心理的負荷が認められるもの）、「中」（経験の頻度は様々であって、「弱」よりは心理的負荷があるものの強い心理的負荷とは認められないもの）、「弱」（日常的に経験するものであって一般的に弱い心理的負荷しか認められないもの）の3段階に区分されている。長時間・過重労働だけではなく、職場における「ひどい嫌がらせ、いじめ、又は暴行を受けた」という項目も心理的負荷「強」の中に含まれている（パワー・ハラスメントによる精神障害と自殺については222頁参照）。

6．通勤災害に関する保険給付

　日本では多くの労働者が車や電車、バスなどの交通手段を利用して通勤している。通勤は、労務の提供に必然的に随伴するものであり、通勤途上の災害（交通事故や駅の階段での転倒など）は不可避的に生ずる社会的な危険となっている。そのため、1973（昭48）年の労災保険法の改正の際に、通勤災害が労災保険の保護の対象に加えられた。

　労災保険法は、「労働者の通勤による負傷、疾病、障害又は死亡」（労災保7

条1項2号）を通勤災害と規定している。

　労災保険法上の「通勤」とは、「労働者が就業に関し、次に掲げる移動を、合理的な経路及び方法により行うことをいい、業務の性質を有するものを除くもの」（労災保7条2項）をいう。「次に掲げる移動」とは、①住居と就業の場所との間の往復、②厚生労働省令で定める就業の場所から他の就業の場所への移動、③上記①に掲げる往復に先行し、または後続する住居間の移動（省令で定める要件に該当するものに限る）をいう。③は赴任先住居と帰省先住居との間の移動を意味する。

　「通勤による」災害とは、通勤と負傷等との間に相当因果関係があること、つまり、通勤に通常内在する危険が具体化したことをいい（昭48・11・22基発644号、平3・2・1基発75号）、単に通勤中に災害が生じたというだけでは足りない（オウム真理教の信者により待ち伏せされ通勤途上で殺害された事件につき、通勤はその犯罪に単なる機会を提供したに過ぎず、通勤に内在する危険が現実化したものとはいえないとして、通勤災害の成立が否定されている。大阪高判平12・6・28労判798号7頁）。また、天災地変に際して発生した災害については、一般的には通勤に内在する危険が具体化したものとは認められない（昭56・4・7基収3086号）。しかし、2011年の東日本大震災の際に、「通勤途上で津波や建物の倒壊等により被災した場合にあっては、通勤に通常伴う危険が現実化したものとして通勤災害として差し支えない」（平23・3・24基労管発0324第1号）との考えを示している。

　「合理的な経路・方法」とは、当該住居と就業の場所との間を往復する場合に、一般に労働者が用いるものと認められる経路および手段等をいう。例えば、鉄道やバス等の通常利用する経路だけでなく、通常これに代替することが考えられる経路（通常は電車利用だがマイカーで通勤する場合の利用経路など）、当日の交通事情（通常の利用経路が工事中の場合など）により通常の経路を迂回してとる経路なども、合理的な経路となる。通常労働者が利用する交通方法（電車、バス、マイカー、自転車）を本来の用途に従って使用する場合には、一般に合理的な方法である。労働者が合理的な経路および方法をとらなかった場合には、通勤災害は認められない。勤務終了後に飲酒して、自転車で帰宅途中に転倒し負傷したケースでは、合理的な方法とは認められず、通勤災害で

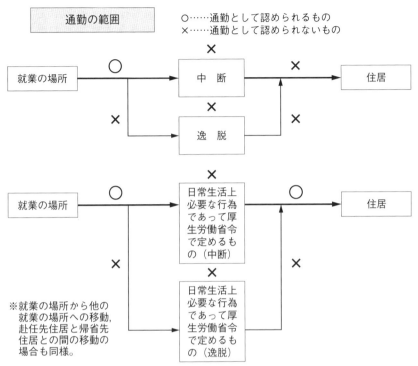

出典：厚生労働省・都道府県労働局・労働基準監督署『労災保険給付の概要』

はないとされる。

　労働者が通常の往復の経路を「逸脱」したり、往復を「中断」したりする場合、およびその後の往復は通勤とはならない（労災保7条3項）。「逸脱」とは、通勤の途中において、就業または通勤とは関係のない目的で合理的な経路をそれることをいい、「中断」とは、通勤の経路上において、通勤とは関係のない行為を行うことをいう。逸脱・中断した場合には、逸脱・中断の間およびその後の移動は原則として通勤災害として保護されない。ただし、通勤途中でのささいな逸脱・中断（通勤経路上の公衆トイレに立ち寄る、経路上の店でタバコ、新聞を購入したり、購入した飲み物を飲んだりするなど）は通勤災害の認定には影響しない。

また、労働者が会社帰りに保育園に子どもを迎えに行くとか、夕食の食材を購入するために近くのスーパーに立ち寄ることがある。そのため、「日常生活上必要な行為であって厚生労働省令で定めるやむをえない事由により行うための最小限度のもの」である場合は、逸脱・中断後に合理的な経路に復した後は通勤とされる（労災保7条3項ただし書）。ただし逸脱・中断の間は当然に通勤とされない。「日常生活上の必要な行為」とは、日用品の購入、教育訓練、選挙権の行使、診察または治療を受けることその他これに準ずる行為（労災則8条）であり、2008年労災則改正によって「介護」が加えられた。「介護」が追加されたきっかけとなった羽曳野労基署長事件（大阪高判平19・4・18労判937号14頁）は、勤務終了後、義父宅に介護のために立ち寄ったことは労災保険法7条3項ただし書に該当し、通勤の逸脱にあたらないとした。

7．労災保険給付の内容
　労災保険法は、「業務災害に関する保険給付」、「通勤災害に関する保険給付」、「二次健康診断等給付」の3種類の保険給付を設けている（労災保7条1項）。
　（1）業務災害に関する保険給付　業務災害に対する保険給付としては、①「療養補償給付（労災保13条）」、②「休業補償給付（同14条1項）」、③「障害補償給付（同15条）」、④「遺族補償給付（同16条）」、⑤「葬祭料（同17条）」、⑥「傷病補償年金（同18条）」、⑦「介護補償給付（同18条の8第4項・19条の2）」の7種類が定められている（同12条の8第1項）。内容は、おおむね労基法上の補償内容と同じだが、傷病補償年金と介護補償給付は労災保険法独自の規定である。またこれら保険給付に上積みされる「労働福祉事業」として、各種の「特別支給金」も存在する（労災保険法の療養補償給付を受ける労働者に対して打切補償を行った場合には、労基法の解雇制限の除外事由に該当し解雇することができるとしたものとして、学校法人専修大学事件：最判平27・6・8労判1118号18頁）。
　（2）通勤災害に関する保険給付　通勤災害の保険給付の内容は、療養給付（労災保22条）、休業給付（同22条の2）、障害給付（同22条の3）、遺族給付（同22条の4）、葬祭給付（同22条の5）、傷病年金（同23条）、介護給付（同24条）の7種類がある。

労災保険給付等一覧

保険給付の種類		こういうときは	保険給付の内容	特別支給金の内容
療養（補償）給付		業務災害または通勤災害による傷病により療養するとき（労災病院や労災保険指定医療機関等で療養を受けるとき）	必要な療養の給付※	
		業務災害または通勤災害による傷病により療養するとき（労災病院や労災保険指定医療機関等以外で療養を受けるとき）	必要な療養の費用の支給※	
休業（補償）給付		業務災害または通勤災害による傷病の療養のため労働することができず、賃金を受けられないとき	休業4日目から、休業1日につき給付基礎日額の60％相当額	（休業特別支給金）休業4日目から、休業1日につき給付基礎日額の20％相当額
障害（補償）給付	障害（補償）年金	業務災害または通勤災害による傷病が治癒（症状固定）した後に障害等級第1級から第7級までに該当する障害が残ったとき	障害の程度に応じ、給付基礎日額の313日分から131日分の年金 第1級 313日分　第6級 156日分 第2級 277日分　第7級 131日分 第3級 245日分 第4級 213日分 第5級 184日分	（障害特別支給金）障害の程度に応じ、342万円から159万円までの一時金 （障害特別年金）障害の程度に応じ、算定基礎日額の313日分から131日分の年金
	障害（補償）一時金	業務災害または通勤災害による傷病が治癒（症状固定）した後に障害等級第8級から第14級までに該当する障害が残ったとき	障害の程度に応じ、給付基礎日額の503日分から56日分の一時金 第8級 503日分　第13級 101日分 第9級 391日分　第14級 56日分 第10級 302日分 第11級 223日分 第12級 156日分	（障害特別支給金）障害の程度に応じ、65万円から8万円までの一時金 （障害特別一時金）障害の程度に応じ、算定基礎日額の503日分から56日分の一時金
遺族（補償）給付	遺族（補償）年金	業務災害または通勤災害により死亡したとき	遺族の数等に応じ、給付基礎日額の245日分から153日分の年金 1人　153日分 2人　201日分 3人　223日分 4人以上　245日分	（遺族特別支給金）遺族の数にかかわらず、一律300万円 （遺族特別年金）遺族の数等に応じ、算定基礎日額の245日分から153日分の年金
	遺族（補償）一時金	(1) 遺族（補償）年金を受け得る遺族がないとき (2) 遺族（補償）年金を受けている人が失権し、かつ、他に遺族（補償）年金を受け得る人がない場合であって、すでに支給された年金の合計額が給付基礎日額の1000日分に満たないとき	給付基礎日額の1000日分の一時金（(2)の場合は、すでに支給した年金の合計額を差し引いた額）	（遺族特別支給金）遺族の数にかかわらず、一律300万円（(1)の場合のみ） （遺族特別一時金）算定基礎日額の1000日分の一時金（(2)の場合は、すでに支給した特別年金の合計額を差し引いた額）
葬祭料 葬祭給付		業務災害または通勤災害により死亡した人の葬祭を行うとき	315,000円に給付基礎日額の30日分を加えた額（その額が給付基礎日額の60日分に満たない場合は、給付基礎日額の60日分）	

※療養のため通院したときは、通院費が支給される場合がある。

保険給付の種類	こういうときは	保険給付の内容	特別支給金の内容
傷病（補償）年金	業務災害または通勤災害による傷病が療養開始後1年6か月を経過した日または同日後において次の各号のいずれにも該当するとき (1) 傷病が治癒（症状固定）していないこと (2) 傷病による障害の程度が傷病等級に該当すること	障害の程度に応じ、給付基礎日額の313日分から245日分の年金 　第1級　　313日分 　第2級　　277日分 　第3級　　245日分	（傷病特別支給金） 障害の程度により114万円から100万円までの一時金 （傷病特別年金） 障害の程度により算定基礎日額の313日分から245日分の年金
介護（補償）給付	障害（補償）年金または傷病（補償）年金受給者のうち第1級の者または第2級の精神・神経の障害および胸腹部臓器の障害の者であって、現に介護を受けているとき	常時介護の場合は、介護の費用として支出した額、165,150円［166,950円］を上限とする。 親族等により介護を受けており介護費用を支出していない場合、または支出した額が70,790円［72,990円］を下回る場合は70,790円［72,990円］。 随時介護の場合は、介護の費用として支出した額（ただし、82,580円［83,480円］を上限とする）。 親族等により介護を受けており介護費用を支出していない場合または支出した額が35,400円［36,500円］を下回る場合は35,400円［36,500円］。	
二次健康診断等給付 ※船員法の適用を受ける船員については対象外	事業主が行った直近の定期健康診断等（一次健康診断）において、次の(1)(2)のいずれにも該当するとき (1) 血圧検査、血中脂質検査、血糖検査、腹囲またはBMI（肥満度）の測定のすべての検査において異常の所見があると診断されていること (2) 脳血管疾患または心臓疾患の症状を有していないと認められること	二次健康診断および特定保健指導の給付 (1) 二次健康診断 　脳血管および心臓の状態を把握するために必要な、以下の検査 　① 空腹時血中脂質検査 　② 空腹時血糖値検査 　③ ヘモグロビンA$_{1c}$検査 　（一次健康診断で行った場合には行わない） 　④ 負荷心電図検査または心エコー検査 　⑤ 頸部エコー検査 　⑥ 微量アルブミン尿検査 　（一次健康診断において尿蛋白検査の所見が疑陽性（±）または弱陽性（＋）である者に限り行う） (2) 特定保健指導 　脳・心臓疾患の発生の予防を図るため、医師等により行われる栄養指導、運動指導、生活指導	

注) 表中の金額等は、令和2年3月1日現在のもの。［　］の額は令和2年4月1日改正予定額。

出典：厚生労働省・都道府県労働局・労働基準監督署『労災保険給付の概要』（一部改変）

おおむね業務上災害と同じだが、保険給付の名称に「補償」の文字がついていない。また、通勤災害によって療養給付を受ける労働者から一部負担金を徴収することができること（労災保31条2項）、通勤災害は労基法上の「業務上災害」ではないので、被災者には労基法上の使用者による休業補償（労基76条1項・84条1項）が与えられないことや、労基法19条の解雇制限規定の適用がないなど、業務上災害との違いがある。

(3) 二次健康診断等給付　　これは、労安衛法に基づく定期健康診断等において、「過労死」等に関連する血圧の測定等の項目について異常の所見が認められる場合に、労働者の請求に基づき、二次健康診断および特定保健指導を給付する制度である（労災保26条）。二次健康診断等給付は、労災病院および都道府県労働局長が指定する病院もしくは診療所で受けることができる。

Ⅳ　労働災害と民事上の損害賠償

1．損害賠償請求の法的根拠

労働者が労働災害を被った場合、被災労働者もしくは遺族は、労基法および労災保険法に基づく労災補償を請求することができる。しかし、その補償はすべての損害をカバーするものではないため、被災労働者もしくは遺族は、使用者に対し、民法上の損害賠償を行うことが多い（労災民訴）。

かつては、不法行為による損害賠償請求（民709条・715条・717条）が主流であったが、次第に労働契約上の債務不履行を根拠とする損害賠償請求が増大した。1975年の判決で、最高裁ははじめて、国は公務員の生命および健康等を危険から保護するよう配慮すべき義務（安全配慮義務）を負うことを認め（陸上自衛隊八戸車両整備工場事件：最判昭50・2・25労判222号13頁）、その後、私企業の使用者と労働者との間においても安全配慮義務が認められることを明らかにした（川義事件：最判昭59・4・10労判429号12頁）。これらの判例により、契約関係における債務不履行責任の追及が使用者に対する損害賠償請求の中心になった。労働契約法もこれを受けて、「労働者の安全への配慮」を規定した（労契5条）。

もっとも、判例は、過労自殺の事案において、「使用者は業務の遂行に伴

う疲労や心理的負荷等が過度に蓄積して労働者の心身の健康を損なうことがないよう注意する義務」（不法行為上の注意義務）を負い、使用者の履行補助者である上司は労働者の勤務状態と健康状態の悪化を認識しながらその負担を軽減しなかった点に過失があったとして、民法715条の使用者責任を認めている（電通事件：最判平12・3・24労判779号13頁）。このように不法行為を根拠として、使用者以外の第三者の労災責任を追及している。

2. 消滅時効と立証責任

　使用者の責任の根拠が不法行為よりも債務不履行に求められるようになったのは、消滅時効（2017年民法改正以前、不法行為は3年、債務不履行は10年）や立証責任の点で労働者に有利になると考えられていたからである。しかし現在、両者の違いはかなり相対化されている。

　2017年の民法（債権法）改正によって、消滅時効の規定が改正された。これにより、2020年4月以降、労災による生命身体の侵害についての損害賠償請求権の時効期間は、損害及び加害者を知った時あるいは権利行使可能と知った時から5年（新724条の2）と、不法行為の時あるいは権利行使可能となった時から20年（新167条）に統一された。

　また、立証責任について、かつて最高裁は、安全配慮義務の内容を特定し、義務違反に該当する事実を主張・立証する責任は原告（被災労働者側）にあるとした（航空自衛隊航空救援群芦屋分遣隊事件：最判昭56・2・16民集35巻1号56頁）。しかし、労災が生じた原因に関する基本的な情報は使用者の下にあるという事情の下で、労働者に過大な証明責任を負わせるのは公平の要請に反する。そのため、労働者が使用者の安全配慮義務違反の事実をある程度抽象的に特定し、それを裏づける間接事実を証明すれば、使用者の義務違反が推認されると解されている。

3. 使用者の安全配慮義務の内容及び範囲

　安全配慮義務の具体的内容は、職種、地位及び安全配慮義務が問題となる具体的状況によって異なるため（前掲陸上自衛隊事件）、法令上使用者に課せられた義務だけでなく、労働契約やその他の法律関係の内容、事業の種類、労

務提供の方法・場所、施設等の具体的状況などの諸事情を総合的に考慮して決定される。

　かつて最高裁は、安全配慮義務の内容を、使用者が事業遂行に用いる物的施設（設備）および人的組織の管理を十全に行う義務と把握した（前掲航空自衛隊事件最判、川義事件最判など）。安全配慮義務の具体的内容は一律に定まっているわけではなく、個々の事案ごとに判断する必要がある。裁判例は、過労死の事案において、「労働時間、休憩時間、休日、休憩場所等について適正な労働条件を確保し、さらに、健康診断を実施した上、労働者の年齢、健康状態等に応じて従事する作業時間及び内容の軽減、就労場所の変更等適切な措置を採るべき義務を負う」として、安全配慮義務の具体的内容を示した（システムコンサルタント事件：東京高判平11・7・28労判770号58頁）。判例も、過労自殺の事案では、自殺した労働者の業務量の適切な調整等を行う義務があったこと（前掲電通事件最判）、また、過重労働による労働者のうつ病罹患の事案では、使用者は労働者からの申告がなくても、労働者の健康にかかわる労働環境等に十分な注意を払うべき安全配慮義務を負い、必要に応じてその業務を軽減するなど労働者の心身の健康への配慮に努める必要がある（東芝〔うつ病・解雇〕事件：最判平26・3・24労判1094号22頁）と判示した。

　また、安全配慮義務の適用範囲について、前掲陸上自衛隊八戸事件最判は、「ある法律関係に基づいて特別な社会的接触の関係に入った当事者」としていることから、労働契約関係にある場合に限られない。最高裁は、元請人の安全配慮義務違反は「雇用契約ないしこれに準ずる法律関係上の債務不履行」であるして、元請企業が下請け企業の従業員に対して安全配慮義務を負うことを認めている（大石塗装・鹿島建設事件：最判昭55・12・18民集34巻7号888頁）。また、安全配慮義務は、親子会社における親会社と子会社の労働者、あるいは請負関係における元請と下請会社の労働者間においても存在する（三菱重工神戸造船事件：最判平3・4・11労判590号14頁）。近年では、傭車運転手に対する運送会社の責任、研修医に対する病院の責任、シルバー人材センターの会員に対するセンターの責任など、安全配慮義務の適用範囲を幅広く認める裁判例も出ている。

4．過労死・過労自殺と相当因果関係

　労災民訴による損害賠償請求においては、第1に、労働者の業務従事と負傷、疾病または死亡との「相当因果関係」の存在が要件となる。

　過労死は、本人の基礎疾患や遺伝・体質、生活習慣など業務と関係ない事由が寄与している場合が少なくない。また、過労自殺のケースでは、自殺した労働者が従事していた業務と自殺との間に直接、原因と結果の関係を認めることは難しい。そのため、過労死・過労自殺の事案では業務と死亡または自殺との間に相当因果関係が認められるか否かが問題となる。

　前掲電通事件最判は、一般に、「長時間にわたり業務に従事する状態が継続などして、疲労や心理的負荷が過度に蓄積すると、労働者の心身の健康を損なう危険がある」、「長期の慢性的疲労、睡眠不足、いわゆるストレス等によって、抑うつ状態が生じ、反応性うつ病にり患することがある」、「うつ病にり患した者は、健康なものと比較して自殺を図ることが多く、うつ病が悪化し、又は軽快する際や、目標達成により急激に負担が軽減された状態の下で、自殺に及びやすい」など、うつ病の発症に関する医学的知見を考慮して、当該労働者の業務の遂行とうつ病罹患による自殺との間に相当因果関係を認めた（うつ病と自殺との相当因果関係が認められたものとして、東加古川幼児園事件：最決平12・6・27労判795号13頁、富士通四国システムズ（FTSE）事件：大阪地判平20・5・26労判973号76頁などがある）。

5．過失相殺等による損害額の減額

　労災民訴による損害賠償請求においては、相当因果関係の存在の他に、安全配慮義務違反または過失（注意義務違反）の存在が要件となる。

　過労死等の事案では、労働者の基礎疾患が疾病の発症や死亡の協働の原因となっていることが多い。そのため、使用者に損害の全部を賠償させることが公平に失するという場合には、過失相殺の規定（民722条2項）を類推適用して、労働者の基礎疾患を斟酌することがある（NTT東日本北海道支店事件：最判平20・3・27判時2003号155頁）。また、労働者の業務と関連した自殺についても、労働者の性格・心因的要素（脆弱性）が寄与している場合には責任の軽減を認めた裁判例もある（三洋電機サービス事件：東京高判平14・7・23労判852号73

頁は、過失相殺規定の類推適用によって損害額から8割を減額している）。

　他方、前掲電通事件の高裁判決（東京高判平9・9・26労判724号13頁）は、本人の性格や同居両親の対応を理由として過失相殺（3割減額）したが、最判は、「労働者の性格が個性の多様さとして通常想定される範囲を外れるものでない限り、その性格を賠償額の算定に斟酌すべきではない」として、過失相殺を否定している。また、最高裁は、神経科医院への通院のように労働者のプライバシーに属するメンタルヘルス情報を会社に申告しなかったことを理由に行った2割の過失相殺を不適法と判断している（東芝（うつ病・解雇）事件：最判平26・3・24労判1094号22頁）。

6．労災保険給付と損害賠償との調整

　被災労働者は労災保険の給付を政府に対して請求することができると同時に、使用者に対して損害賠償を請求することも可能である。

　労災補償と使用者の損害賠償責任の関係については労基法が規定している。まず、労災保険給付がなされると、使用者は労基法上の補償責任を免れる（労基84条1項）。また、労基法による補償あるいは労災保険給付がなされると、その限度において使用者は損害賠償責任を免れる（同84条2項）。ただし、労災補償または保険給付は労働者の被った一定の財産的損害（主に逸失利益）を塡補するものであり、精神的損害（慰謝料）やその他の積極的損害の賠償はこれとは性質を異にするので、調整の対象とならない。

　労災保険に年金が導入され、労働災害の被災者が毎年一定額の年金を受けるようになると、将来の年金給付を損害賠償訴訟においていかに取り扱うべきかが問題となる。学説・裁判例は、損害賠償額から将来の年金額は控除すべきではないとする説（非控除説）と控除説があるが、最高裁は非控除説を採用した（三共自動車事件：最判昭52・10・25民集31巻6号836頁）。なお、1980年の労災保険法改正において、労災保険給付の改善・充実と関連させて使用者行為災害の場合の保険給付と損害賠償の調整規定（労災保64条）が設けられた。

　また、労働災害が第三者の行為によって発生した場合、使用者が労災補償をすればその限度で被災労働者や遺族の第三者に対する損害賠償請求権を代位取得する（労災保12条の4第1項）。被災労働者や遺族が第三者から先に損

害賠償を受けたときは、政府はその限度で保険給付の義務を免れる（同12条の4第2項）。

7．労災上積み補償制度

労働協約（または就業規則）によって業務上災害（および通勤災害）について法定の労災補償に一定の補償を上積みする制度が普及している。被災労働者は上積み補償協定によって直接使用者に対し上積み補償を請求する権利を取得する。遺族は受益の意思表示（民537条1項）をなすことによって上積みの遺族補償の請求権を取得する。

上積み補償制度は、労働災害の補償について法定補償の不足を補うために、一定の補償を上積みする趣旨のものである。したがって、上積み補償の支払いは原則として使用者の労災補償責任や労災保険の給付に影響しない。他方、使用者は上積み補償をなすことによってその価額の限度で同一事由につき被災労働者またはその遺族に対して負う損害賠償責任を免れる。

第3章　労働者の人権・平等・人格権

第1節　雇用における平等

> 本節のねらい
>
> 　平等の大切さは広く知られています。女性だから賃金を低くすることや、イスラム教徒だから昇進をさせないことについて、憲法で「法の下の平等」が保障されていることを知らなくてもほとんどの人は不平等と言うでしょう。しかし何を平等というのかは難問です。能力や出勤率に応じて昇進させていくことは平等のようにも見えます。しかし出産や宗教上の理由で作業量や出勤が少なくなった場合はどうすべきでしょうか。この節では、雇用における平等に関する理論や法制度を学び、こうした問題に取り組むときの基礎を作ることにしましょう。

I　雇用における平等の理論的基礎

1. 雇用平等に関する法の背景

　貴族・平民といった身分格差や白人・黒人といった人種差別など、社会には古くから様々な不平等が存在してきた。一人一人が国家権力から自由となり、個人として平等に尊重されることは、身分制社会から近代立憲主義へ移行するための前提であった。そのため平等は自由とともに市民社会の中で最高の価値を与えられてきた。日本国憲法も、すべて国民は法の下に平等であって、人種、信条、性別、社会的身分または門地により、政治的、経済的または社会的関係において差別されないことを定め（憲14条）、これを基礎に平等に関する法制度や法理が展開している。

　労働法領域においても、雇用の場における平等を実現するための法が具体化され、労働法における主要な問題領域の1つとして確立している。本書では、こうした法の総体を雇用平等法と呼ぶ。この節で扱う均等待遇（労基3条）や第4章で扱われる典型・非典型労働者間の均衡待遇、さらには組合員資格の平等（労組5条2項3号）などのように各文脈で実現されるべき平等の

内容が明文化されているほか、法の下の平等が公序（民90条）の内容として具体化されることもある。

2．雇用平等法の展開

雇用平等法の法的基礎は、戦後、法の下の平等（憲14条）が憲法に明文化されたことによって形作られた。労基法にも均等待遇原則（3条）や男女同一賃金原則（4条）の定め（1947年）が設けられた。しかしこの均等待遇原則の規定は募集・採用の差別を対象外とするものと一般に解され、性差別については賃金しか規制対象としていない。類推適用などの柔軟な解釈でこれらの規制対象を広げることも、罰則規定を有する労基法は謙抑的に解釈されるべきとして認められなかった。

これに新たな雇用平等へのアプローチ方法を加えたのが住友セメント事件判決（東京地判昭41・12・20労民集17巻6号1407頁）である。この判決は、法の下の平等を背景に性差別の禁止が公序（民90条）を形成していることを認め、女性のみに設けられていた結婚退職制をこの公序に反する不合理な取扱いとして無効と判断した。法の下の平等の趣旨を公序を通じて実現するこの法理は、日産自動車事件最高裁判決（最判昭56・3・24民集35巻2号300頁）においても男女別定年制を無効と判断する際に利用され、判例法理として確立した。この公序法理は、現在も新たな平等法理を展開させるための手段の1つとして機能している。

この公序法理の展開に加え、女性差別撤廃条約の批准（日本は1985年批准）を求める国際的圧力を受けて、1985年に勤労婦人福祉法（1972年）を改正する形で男女雇用機会均等法（均等法）が制定された。均等法は当時一部の労働条件について努力義務にとどめて女性差別の禁止を定めるに過ぎなかったが、その後男女双方に対する差別の禁止を強行的に禁止するものへと発展した。また、男女を同一に扱うだけでは、社会的に男性よりも弱い立場に置かれた女性がかえって不利益を被るおそれがある。そのため均等法も女性が置かれた不利な立場を積極的に是正するポジティブ・アクションの利用を認め（1997年改正均等法）、この不利な立場を差別の証明に反映する間接差別を禁止する（2006年改正均等法）など、構造的差別を是正する法律へと展開している

（→208頁）。

雇用平等に関する法整備は男女平等以外の領域でも進んでいる。数多くの例外を認めつつも2007年には旧雇用対策法10条（現労働施策総合推進法9条）に募集・採用における年齢差別の禁止が定められ、2013年には障害者雇用促進法34・35条に障害者差別の禁止が明文化された（→217頁）。これらは労働者本人を尊重した取扱いの実現を目指すとともに、雇用政策的な役割をやや強く帯びている点に特徴がある。また労働契約に基づいて設置される雇用形態間の平等を実現するための法整備も進んだ。2007年には、雇用形態間の就業の実態に応じた均衡考慮の原則が労働契約上の基本原則とされ（労契3条2項）、フルタイム・パートタイム労働者間の均等・均衡待遇（2007年改正短労9条、2014年改正短労8条、2018年に現行の法律名に改称して次の有期・無期労働者間の雇用平等規定を吸収→229頁）、有期・無期労働者間（2012年改正労契法20条）、派遣労働者と派遣先労働者間（2012年改正派遣では努力義務、2018年改正派遣30条の3では強行規定化→244頁）での平等の実現が求められている。さらには女性が活躍しやすい環境を一定程度整えた企業にその旨の表示を認めるなど（女性活躍10条）実効性確保の仕組みも充実しつつある。

3．雇用平等法の体系と平等・差別概念

雇用平等法は、差別事由の特徴に応じて大きく2つに分類される。

1つは性別や宗教など、自身の意思で変えることができない属性や基本的人権に関わる属性に基づく区別が問題になる場合である。この種の属性に基づく区別は、労働者本人の特徴を見ずに取扱いを区別する点で個人の尊重の否定につながる。そのため取扱いが有利か不利かを問わず、その属性に基づいて取扱いを区別すること自体が社会的に非難の対象になる。ただし年齢差別や障害者差別のように、その属性と労働能力に一定の相関関係があったり、その属性を有する者が社会的に置かれた立場を考慮する必要があったりして、その属性に基づく区別が比較的広く認められる場合もある。

もう1つは通常の労働者と比較して相対的に短時間労働であることや労働契約に期間の定めがあることなど、労働契約に基づいて設定された属性に基づく区別が問題になる場合である。この属性は労働者の意思に基づいて設定

されたものであるため、この属性に基づいて労働条件に差が生じても問題にする必要はないようにもみえる。しかし家庭責任を担っていたり、正社員の就職口が少なかったりしてこの属性を選ばざるを得なかった労働者の存在や、この差を放置することの社会的問題性などを考慮して、一定の規制が講じられている。この規制根拠の考え方の違いに対応してこの種の雇用平等法の法的性質の理解の仕方については争いがある。現行法は、パートタイム労働などの雇用形態に基づいて賃金などの取扱いを区別すること自体は原則として許容する一方で、その賃金の差などの区別の程度が仕事内容の違いなどと比べて不釣合いに大きい場合にはこれを規制する仕組みを採用している。

Ⅱ　均等待遇原則

　使用者は、労働者の国籍、信条または社会的身分を理由として、賃金、労働時間その他の労働条件について差別的取扱いをしてはならない（労基3条）。禁止される差別理由の中に性別が含まれていないのは、労基法の中に産前産後休業制度（同65条）など女性のみを対象とする制度が存在することとの抵触を避けようとしたことによる。本条の「労働条件」には職場における労働者に対する処遇が広く含まれるが、判例（三菱樹脂事件：最大判昭48・12・12民集27巻11号1536頁）は労働条件を設定する労働契約がまだ存在しない募集・採用は「労働条件」に含まれないと解している。

　「国籍」は、アメリカ国籍、中国籍等国家の所属員たる資格を意味する。人種は、生物学的・人類学的分類で国籍とは異なるが、国籍または社会的身分の一種として禁止される差別事由に含まれると解されている。

　「信条」は、人の内心におけるものの考え方を意味し、キリスト教やイスラム教の信者であることなどの宗教的信仰や特定政党の支持者であることなどの政治的信念などがこれに該当する。特定の宗教や政治的思想に基づいて運営されている事業（傾向事業［経営］）であっても、信条を理由に取扱いを区別することができるのは、事業目的と当該宗教・政治的思想が本質的に不可分であり、その承認、支持を存立の条件とし、これらを労働者に求めることが客観的に妥当である場合等、例外的場面に限られる（日中旅行社事件：大阪地判昭44・12・26判時599号90頁）。

「社会的身分」は、自らの意思によって変えることができない生来的地位（門地など。昭22・9・13発基17号）や、破産者や前科など後天的な社会的分類を意味すると解されている。パートタイム労働者や契約社員等の雇用契約上の地位も社会的身分に含まれるか否かについては争いがある。これらの地位が社会的に強制されうることを強調すれば肯定に傾くが、裁判例はこれを否定する（丸子警報器事件：長野地上田支判平8・3・15労判690号32頁）。

　本条違反を成立させるためには、労働者側は問題の労働条件についての差別的取扱いが国籍等を理由として生じたことを証明しなければならない。しかし問題の取扱いを決定するに至った経緯や比較しうる他の労働者の労働条件など、差別を証明するために有用な資料の多くは使用者側にあるため、この証明は容易ではない。そこで裁判例は、使用者の差別意思を推認させる事実と他の労働者との間の労働条件格差の存在を労働者側が証明した場合には差別の存在を推定し、使用者側がこの推定を覆す合理的な理由を示すことができなければ差別が成立したものと判断する証明ルールを採用している（東京電力（長野）事件：長野地判平6・3・31労判660号73頁等）。本条違反の取扱いは無効になり、不法行為（民709条）責任を発生させるほか、6か月以下の懲役または30万円以下の罰金の対象となる（労基119条1号）。

第2節　男女平等法理と男女雇用機会均等法

本節のねらい
　　女性の仕事は男性のサポートだけ、女性は男性よりも先に定年を迎えるといった昔はよく見られた男女別の取扱いは今日ほとんど見られなくなりました。むしろ従業員や管理職に女性が少ないことを問題視する企業が現れ、女性を積極的に活用する動きが見られます。しかし女性が男性と同じように働こうと思っても、親の介護のために自分が望むように働けなかったり、男性ばかりの職場でコミュニケーションが取りづらかったりして思うようにいかないこともまだまだあります。反面男性からすれば女性を積極的に活用することは「逆差別」のようにも思えます。この節では、男女平等を実現する方法と課題について学ぶことにしましょう。

Ⅰ　男女同一賃金原則

　雇用の場における男女平等は、賃金については労基法4条、これ以外の主要な労働条件については均等法、これら全体を視野に入れつつ訴訟では労基法4条や均等法がカバーしない問題領域において用いられる公序法理というように、異なるルールを組み合わせて実現されている。まずは労基法4条の内容について確認してみよう。

1．基本構造

　使用者は、労働者が女性であることを理由として、賃金について、男性と差別的取扱いをしてはならない（労基4条）。性別にかかわらず同一の賃金を支払うべきこと（男女同一賃金原則）は、ヴェルサイユ条約（1919年）やILO100号条約（1951年、日本は1967年に批准）などによって古くから承認されてきた国際的な基本原則である。本条の「差別的取扱」は女性に対して有利か不利かを問わないものと解されているため、本条は男性に対する差別も規制対象としている。

　ある男女間の賃金格差が性別を理由とするか否かは、均等待遇原則（労基3条）と同様に、その格差を取り巻く事実を総合考慮して判定される。男女別の賃金表が適用されている場合のように（秋田相互銀行事件：秋田地判昭50・4・10労民集26巻2号388頁）、一見して賃金格差が性別に基づくことが明白な場合はこの証明は容易である。しかし性差別禁止の意識が社会にほぼ浸透した近年はこうした事案は少なくなり、むしろ総合職、地域限定職などの複線的な雇用管理や世帯主か否かに基づく労働条件の区別（三陽物産事件：東京地判平6・6・16労判651号15頁）など、一見性中立的な仕組みに基づく賃金決定の中に性差別が潜む事案が増加する傾向にある。

　性別を理由とするか否かの判定では、差別を訴える労働者と性別を除いておおむね同じ立場にある異性の労働者との個別的、集団的な比較が行われることが多い。比較される男女労働者が同一労働をしていることは労基法4条違反を成立させるための必須の条件ではないが、成立させるための有力な事実になる。労基法3条（均等待遇原則）の証明と同様、証拠の偏在等による差別の証明の困難さを考慮して、労働者が使用者の差別意思と男女間の賃金格

差を証明すれば、使用者が職務内容や能力評価、勤続年数などこの格差を正当化する合理的な理由を証明しない限り、労基法4条違反が成立する（前掲秋田相互銀行事件）。女性が一般的に家計補助者であって勤続期間が短い傾向にあるため男性よりも賃金を低く設定したという主張は、統計的にはそのように言えたとしても、差別を申し立てている女性個人を評価したものではない点で女性差別を否定する理由にはならない（統計的差別の禁止、岩手銀行事件：仙台高判平4・1・10労判605号98頁）。

　総合職・一般職等、属している雇用管理区分に応じて賃金格差を設けている場合であっても、この雇用管理区分が現実の職務内容等に対応しない形骸化したものになっている場合には、それは賃金格差を合理化する理由にならない（兼松（男女差別）事件：東京高判平20・1・31労判959号85頁）。

　労基法4条違反が成立した場合、刑事罰が科されるとともに（労基119条1号）、差別的賃金を定めた労働契約の部分は無効となり、不法行為（民709条）を理由として差別がなければ支払われたであろう賃金と実際に支払われた賃金との差額分等の損害賠償を請求することができる。賃金の支払基準が就業規則等に明確化されている場合には、労基法13条を基礎に差額賃金（日本鉄鋼連盟事件：東京地判昭61・12・4労判486号28頁）を請求することもできる。

2．同一（価値）労働同一賃金原則

　ILO100号条約や女性差別撤廃条約は、同一労働同一賃金原則を定める。この原則は、同一労働に従事する男女には原則として同一の賃金を支払わなければならないというものである。労基法4条もこの原則を保障しているといえるだろうか。これを否定する立場は、職務給が普及している諸外国ではこの原則は妥当したとしても、年齢や学歴など属人的な要素で賃金を決めることが多い日本では、この原則を認める基盤が存在しないことなどを指摘する。裁判例も、この原則に近い考え方を採用したもの（日ソ図書事件：東京地判平4・8・27労判611号10頁）もあるが、この原則を明確に採用したものはない。この原則を使用者に職務給の導入を原則とすることを公序として設定するものと理解すれば、前述の社会実態や賃金処遇制度のあり方に当事者の自由が認められていることをふまえると、確かにこの原則の導入は難しい。しかし

この原則を、使用者は雇用する労働者を原則として平等に扱うべきとの労働契約上の平等原則の一形態と理解し、賃金格差のある男女間の同一労働が証明されたときに、使用者にその格差の適法性を説明させる方法の1つとなると解せばこのような困難はなくなるだろう。なお、同一労働同一賃金原則は、典型雇用と非典型雇用との労働条件格差を問題にする場面でも論じられている。

国際的には、同じ価値の労働をしている者には原則として同じ賃金を支払わなければならないものとする同一価値労働同一賃金原則も広まっている。この原則は、同一労働同一賃金原則を用いて同じ仕事をしている者の間での差別を禁止するだけでは、女性が支配的な比較的賃金の低い職と男性が支配的な比較的賃金の高い職との間に存在する賃金格差を是正することはできないとの認識の下に生まれた。日本ではこの原則を認めた法律や裁判例は存在しないが、男女間の職域分離と賃金格差は存在することからこの原則の必要性は存在する。この原則を活用する場合には、その理論的基礎の明確化と仕事の価値を数値化する職務評価制度をいかに構築するかが鍵となる。

Ⅱ　男女雇用機会均等法
1．均等法の展開
今日雇用の場における性差別禁止の中心的な役割を担っているのが均等法である。

前述のように、均等法は女性差別撤廃条約批准のための国内法整備の一環として1985年に制定された。もっとも当時の均等法は、女性差別のみを禁止し（片面的性質）、その禁止の程度も募集、採用、配置、昇進については努力義務にとどめられていた。

しかし女性を優遇することは、結局男女で取扱いを区別することを認めることを意味する。これによって正社員は男女、パートは女性のみというような採用を認めることで女性の職域を固定しかねないことや、性差別禁止を努力義務とすることが既に判例が認めていた性差別禁止の公序性と矛盾することについて批判が集まった。そこで1997年の均等法改正では、法律の名称から「福祉」の文言が削られ、差別禁止が全て強行的禁止とされ、女性優

遇も女性であることを理由とする差別に該当すると解することで実質的に性差別の禁止が実現された。また、女性が男性よりも社会的に弱い立場に置かれていることについてはポジティブ・アクションの利用を認めることで対応し、機会均等調停委員会（現紛争調整委員会の機会均等調停会議）による調停を一方当事者の申請で開始することを認め、均等法違反に対する勧告に従わない場合に企業名の公表を予定するなど、救済や実効性確保の仕組みも強化された。

2006年の均等法改正では、法文上も男女双方に対する性差別を禁止することが明記され、差別禁止の対象となる雇用ステージが拡大された。また、間接差別の禁止の明文化、妊娠、出産、産前産後休業取得を理由とする不利益取扱いの禁止の明文化、セクシュアル・ハラスメントに関する事業主の配慮義務の措置義務への強化などが行われた。

2．規制の仕組み

（1）直接差別の禁止　　事業主は、性別を理由として応募者・労働者を差別してはならない（雇均5条・6条）。この差別の禁止は、次の間接差別の禁止と対比して直接差別の禁止と呼ばれる。禁止対象となる雇用ステージは、募集および採用（同5条）、配置、昇進、降格および教育訓練（同6条1号）、住宅資金の貸付等厚労省令で定める福利厚生措置（同条2号、雇均則1条1号～4号）、職種および雇用形態の変更（雇均6条3号）、退職の勧奨、定年および解雇ならびに労働契約の更新（同条4号）である。

性別を理由とすることの証明は、均等待遇原則（労基3条）や男女同一賃金原則（同4条）におけるそれと基本的に同じ方法で行われる。適法なポジティブ・アクションに該当する場合や、芸術上、防犯上、宗教上の理由などから特定の性別のみに当該業務を従事させる職務上の必要性が存在する場合等については、例外的に性別に基づく取扱いが許容される。

均等法の直接差別の禁止は、指針（「労働者に対する性別を理由とする差別の禁止等に関する規定に定める事項に関し、事業主が適切に対処するための指針」平成18年厚労告614号）に基づいて一の雇用管理区分の中で機能すると解されている。雇用管理区分とは、職種、資格、雇用形態、就業形態等の区分その他の労働者

についての区分であって、当該区分に属している労働者について他の区分に属している労働者と異なる雇用管理を行うことを予定して設定しているものをいう。具体的には管理職候補の総合職と定型的な業務を担当する一般職の区分や、正社員やパートタイム労働者の区分があてはまる。このルールは雇用管理区分をまたがる男女間の労働条件格差については均等法違反が成立しないことを意味する。そのため均等法制定当時、能力主義の採用を視野に入れて広まりつつあった総合職・一般職などにコースを分けて雇用を管理する複線型の雇用管理制度（コース別雇用管理制度）が、既存の男女別の雇用管理を温存させる機能も持つことになった。男女をそれぞれ特定のコースにあてはめる男女コース別雇用管理制度については、均等法で差別禁止が強行規定化された時点以降これを違法とする例がある一方（野村證券（男女差別）事件：東京地判平14・2・20労判822号13頁等）、合理的なコース転換制度を設けていれば均等法の差別禁止の強行規定化時点以降も適法と判断した例がある（兼松（男女差別）事件：東京地判平15・11・5労判867号19頁）。なお、男女コース別雇用管理制度自体は適法としつつも、この制度から乖離した実態が労基法4条や不法行為の違法性判断の基準とすべき雇用関係についての私法秩序に違反することを理由に、均等法の差別禁止の強行規定化以前の賃金格差を違法とした例がある（兼松（男女差別）事件：東京高判平20・1・31労判959号85頁）。

　均等法違反が認められた取扱いは無効となり、不法行為（民709条）に基づく損害賠償請求の対象になる。差別がなければ得られたであろう格付けや職位にあることの確認は、差別的な状態を存続させないために必要な救済であるが、これらの地位への配置の決定が使用者の人事上の裁量に基づいて行われることを理由に認められない傾向にある。この裁量が少ない場合、例えば格付けの決定が契約の内容になっていたり形式的に行われていたりする場合には格付けや職位の確認が認められる余地がある（芝信用金庫事件：東京高判平12・12・22労判796号5頁）。

　（2）間接差別の禁止　　　資格の有無や学歴に基づいて人事処遇を区別することは、一見差別と関わりがないようにみえる。しかし教育の機会を十分に与えられてこなかったグループには、これらの基準が差別的な効果をもたらす。例えば、有色人種を白人と区別して適切な教育機会を用意しない社会や、

女性には学歴は必要ないと考えられている社会では、学歴基準は有色人種や女性には不利に働く。もしこのような基準の利用を制限無く認めれば、歴史的に形成された社会の差別的構造が足かせとなって平等が実現されない。間接差別の禁止は、この社会構造を理由とする差別（構造的差別）を禁止することを主目的とした差別概念である。

　間接差別の禁止は均等法では適用場面を限定して定義されている。すなわち、事業主は、均等法が対象とする雇用ステージにおいて行われる措置であって労働者の性別以外の事由を要件とするもののうち、措置の要件を満たす男性および女性の比率その他の事情を勘案して実質的に性別を理由とする差別となるおそれがある措置として厚生労働省令で定めるものについては、当該措置の対象となる業務の性質に照らして当該措置の実施が当該業務の遂行上特に必要である場合、事業の運営の状況に照らして当該措置の実施が雇用管理上特に必要である場合その他の合理的な理由がある場合でなければ、これを講じてはならないと定められている（雇均7条）。「合理的な理由」は、当該措置の対象となる業務の性質に照らして当該措置の実施が当該業務の遂行上特に必要である場合、事業の運営の状況に照らして当該措置の実施が雇用管理上特に必要であること等を意味する。「厚生労働省令で定めるもの」としては、募集採用における身長体重要件、募集採用、昇進、職種変更における転勤要件、昇進における転勤経験要件が定められている（雇均則2条1号～3号）。

　間接差別の禁止は、直接差別の禁止とは異なり、事業主が性別を理由とするという差別的意図を有していたか否かを問わない。労働者側が問題とする措置の差別的効果を統計や実態を用いて証明し、当該措置の合理性を使用者が説明することを通じて、適法と解されていた措置の合理性を問い直す機能を有する。しかし均等法の間接差別の禁止は、3つの場面に適用対象を限定され、この問い直し機能をほとんど持たない点に国際的に見た特徴がある。公序概念（民90条）など他の法律の下で間接差別の禁止が認められる余地は残されている。

　（3）ポジティブ・アクション　　発見された性差別を1つ1つ是正していけば、社会から性差別はいつかなくなる。しかしこの方法では社会に根付いた

性差別的な社会構造や意識を是正するまで長い時間がかかり、この間、性差別的な社会構造による新たな性差別の犠牲者が生まれることになる。このような状態を早期に是正し、差別の連鎖を防ぐための手段としてポジティブ・アクションが用いられている。

均等法は、ポジティブ・アクションを「雇用の分野における男女の均等な機会及び待遇の確保の支障となっている事情を改善することを目的として女性労働者に関して行う措置を講ずること」と規定し（雇均8条）、同法の差別禁止の例外として許容する。例えば、一の雇用管理区分において女性労働者が男性労働者よりも相当程度少ない場合に、昇進・昇格の基準を満たすなど同程度の資格を有する男女のうち、女性を優先して昇進・昇格させることが認められる。国は、ポジティブ・アクションを実施しようとする事業主を支援することができる（同14条）。

ポジティブ・アクションは、女性が男性よりも社会的に不利な立場にあることに着目して暫定的、例外的に認められる取扱いであるため、社会的に有利な立場にいる男性のためには用いることができない。また、女性を優遇することは確かであるため、その優遇の程度によっては、法の下の平等に反する男性に対する差別として違法評価を受ける可能性がある。

（4）婚姻、妊娠、出産等を理由とする不利益取扱いの禁止　　事業主が、女性労働者が婚姻し、妊娠し、または出産したことを退職理由として予定する定めを置くこと（雇均9条1項）、婚姻を理由として解雇すること（同条2項）、妊娠、出産、産前産後休業の取得等を理由とする解雇その他不利益取扱いをすることは禁止される（同条3項）。判例は、この均等法9条3項は強行規定であり、妊娠、出産等を契機とする不利益取扱いは原則違法としつつ、当該労働者が自由な意思に基づいて不利益取扱いを承諾したものと認めるに足りる合理的な理由が客観的に存在するとき、または、業務上の必要性から不利益取扱いをせざるを得ず、その必要性や内容等から同項の趣旨および目的に実質的に反しないものと認められる特段の事情が存在するときは例外的に禁止の対象にならないものとする（広島中央保健生協（C生協病院）事件：最判平26・10・23労判1100号5頁）。

また、妊娠中または出産後1年を経過しない女性労働者に対する解雇は、

これが妊娠、出産等を理由とするものでないことを事業主が証明しない限り、無効となる（雇均9条4項）。

(5) セクハラ・マタハラ防止措置義務　「セクシュアル・ハラスメント」（以下「セクハラ」）は、相手方の意に反する性的な言動を意味する。これには、性的な言動に対する労働者の対応により当該労働者が労働条件について不利益を被るタイプ（対価型）や、性的な言動により労働者の就労環境が悪化させられるタイプ（環境型）がある。セクハラは、女性が男性中心の企業社会に進出する過程でクローズアップされ、社会問題として認識されるようになった。1997年改正均等法は当初セクハラを防止するために必要な雇用管理上の配慮をする義務を事業主に課し、2006年法改正の際に、男性に対するセクハラも含め、この義務を措置義務へと強化した（雇均11条1項）。また、2016年には、妊娠・出産等に関するハラスメント（マタニティー・ハラスメント、マタハラ）防止措置義務が明文化された（同11条の3第1項）。

セクハラ防止措置義務の内容は、指針（「事業主が職場における性的な言動に起因する問題に関して雇用管理上講ずべき措置についての指針」平18・10・11厚労告615号。マタハラ防止措置義務については、平28・8・2厚労告312号）に具体化されている。指針は、大きく、①事業主の方針等の明確化およびその周知・啓発、②相談に応じ、適切に対応するために必要な体制の整備、③セクハラに係る事後の迅速かつ適切な対応について規定する。この措置義務は、行政との関係において課される公法上の義務であり、労働者が使用者にこれらの措置を講じることを請求する権利を認めたものではないし、これ自体がセクハラを違法な行為として禁止するものでもない。しかしこの義務の履行状況は、使用者の民事責任（→223頁）を検討する際の考慮要素となる。

3．実効性確保制度

事業主は、均等法に関する紛争について自主的解決を図ることを求められる（雇均15条）。また、個別労働関係紛争解決促進法の特例として（同16条）、均等法に関する問題の解決について当事者が援助を求めた場合、都道府県労働局長は必要な助言、指導、勧告を行い（同17条1項）、必要と認めた場合には紛争調整委員会による調停が行われる（同18条1項）。これらの申請をした

ことを理由として事業主が不利益な取扱いをすることは禁止される（同17条2項・18条2項）。厚生労働大臣が勧告したにもかかわらず(同29条1項。都道府県労働局長にこの権限を委任することもできる・同条2項)、事業主が従わなかった場合には、その旨を公表することができる（同30条）。

Ⅲ　女性活躍推進法

　男女平等は、法律に禁止規定を置いてこれの実現状況を行政や司法がチェックし、指導・監督や違法評価をするという方法で主に行われてきた。これらに対し2015年に制定された「女性の職業生活における活躍の推進に関する法律」（女性活躍推進法）は、女性の活躍に役立つ取り組みを行った企業の社会的評価を高める方法で男女平等の実現を目指す点に特徴がある。

　女性活躍推進法は、常時雇用する労働者の数が301人以上（2022年4月1日から101人以上）の事業主に対して行動計画を作成する義務を課す（8条1項）。この行動計画は、①採用者に占める女性の割合、②男女の勤続年数の違い、③長時間労働の状況、④管理職の女性割合などの女性の活躍状況を把握した上で、計画期間、達成目標、取組みの内容、実施時期を定めて作成されなければならない（同条2項・3項）。行動計画の実施状況が優良な事業主は厚生労働大臣からその旨の認定を受け（9条）、認定事業主であることを示すマーク（「えるぼし」）を商品や役務の提供の用に供するもの、商品または役務の広告、取引に用いる書類・通信等に表示することができる（10条1項）。また、事業主は女性の活躍状況に関する情報を定期的に公表することを義務づけられている（20条1項）。なお国・地方公共団体も類似の行動計画の作成（19条）、情報公開（21条）を義務づけられている。

LGBTに対する差別の禁止　　　　　　　　　*column*

　身体が男性ならば心も男性、恋愛・性愛の対象（性的指向）は異性である女性というのが、社会の多数派である。しかし身体的には男性でも自身では女性と認識している人や、そもそも特定の性別と認識していない人もいる（transgender）。恋愛・性愛の対象も、同性（homosexual、男性：gay、

女性：lesbian）である人もいるし、両性（bisexual）である人もいる。これらの性的少数者は、その頭文字を取って LGBT と総称されている。

LGBT は、性的多数派とは異なる性自認・性的指向を有することに対する偏見や宗教的事情により差別を受けてきた。しかしいかなる性自認・性的指向を有するかが本人の性的人格に関する事柄であることが徐々に認識されるようになり、LGBT に対する差別を禁止する法制度が世界的に整備され始めている。日本でも同性のパートナー関係に婚姻と同等の権利を認めようとする動きがあることはよく知られている。

現在 LGBT に対する雇用差別を明示的に禁止する法律はない。だが、ある性自認・性的指向を有することが個人の性的人格の表れとして尊重されるべきであるという考え方は世界・日本において一般化しつつある。こうした事情をふまえれば、確かに均等法は LGBT に対する差別禁止を想定して制定されていないものの、憲法上の権利規定（憲13条・14条）を根拠に同法を LGBT に対する差別を禁止するよう解釈、改正する可能性を模索することができるし、少なくとも公序良俗（民90条）や不法行為（同709条）という枠組みを通じて差別に対する救済を認めることは可能である。裁判例においても、身体の性別とは異なる性自認に基づいた服装での出勤等を理由とする懲戒処分の有効性判断にあたり、使用者がその性自認に合わせた容姿での勤務を可能にするような配慮を行ったか否か、この勤務に対する職場の理解を求める取組みを行ったか否かを考慮したものがある（S 社事件：東京地決平 14・6・20 労判 830 号 13 頁）。

第3節　障害者の雇用平等
I　障害者の雇用平等実現の仕組みと展開

　障害者の雇用保障は障害者雇用促進法を中心に実施されてきた。1960 年に制定された同法は、事業主に一定割合以上障害者を雇用する義務を課す雇用義務制度を定め、1987 年に障害者の職業的自立を促進するための職業指導、職業訓練、職業紹介等を実施する職業リハビリテーション、2013 年に障害者に対する差別禁止をその仕組みに追加した。これら3つの仕組みが協働すること、すなわち障害者が職場に進出する間口を広げつつ、雇用の場への送出

しとそこへの定着、キャリア形成を支援し、実際の雇用において障害者が不当な取扱いを受けることを禁止することによって、障害者の働く権利の実現が図られている。本書では、雇用義務制度と差別禁止法について概観することにしよう。

なお、障害者の働く場としては、本書が扱う民間企業などで労働契約に基づいて行われる働き方（一般就労）のほか、障害者総合支援法に基づく就労支援サービスの一環として実施される福祉的就労がある。また、障害者雇用促進法の適用対象から外れる非労働者に対しても障害者差別解消法に基づいて障害者差別が禁止されている。

Ⅱ　雇用義務制度

雇用義務制度は、法定雇用率以上の障害者を雇用することを事業主に義務づける障害者雇用率制度（以下「雇用率制度」）と、雇用義務を達成することができない事業主から納付金を徴収し、雇用義務を超えて障害者を雇用する事業主に調整金を支払う障害者雇用納付金制度（以下「納付金制度」）から構成される。これらは障害者が職に就くこと、いわば障害者雇用の量を保障し、これによって障害者の職業の安定を図ることを意図している。

雇用率制度は、従業員数に応じて政令で定める雇用率（障害者雇用率。一般に法定雇用率と呼ばれる）に達するまで障害者を雇用することを事業主に義務づける。ここでいう「障害者」には、身体障害者、知的障害者、精神障害者が含まれるが、これらは福祉制度上の認定を受けて身体障害者手帳、療育手帳、精神障害者保健福祉手帳を交付されている者（対象障害者）に原則として限定されている（障害雇用37条2項）。法定雇用率は、労働者の総数に対する対象障害者である労働者の総数（それぞれ失業者を含む）の割合を基準として設定され、少なくとも5年ごとに、当該割合の推移を勘案して政令で定められる（同43条2項）。法定雇用率は、2020年9月の時点で民間企業は2.2%、国・地方公共団体等は2.5%、都道府県等の教育委員会は2.4%であり、次第に引き上げられている。

事業主は、毎年障害者の雇用状況を厚生労働大臣に報告する義務を負う（雇用状況報告。障害雇用43条7項）。法定雇用率未達成の事業主は、未達成分に

相当する障害者雇用納付金を支払う義務を負う（同53条以下）。この納付金は、障害者雇用調整金および諸種の助成金の支給等の費用に充てられる。厚生労働大臣は、雇用率未達成の事業主に対して、障害者の雇入れ計画の作成を命じることができる（同46条1項）。計画が実施されない場合には、実施勧告を出すことができ（同条6項）、正当な理由なく勧告に従わない事業主については、その旨を公表することもできる（同47条）。逆に法定雇用率を超えて対象障害者を雇用している事業主に対して、この超える人数に応じて「障害者雇用調整金」を支給する（同49条1項1号・50条）。障害者雇用について優良な取組みをしている中小企業（常用労働者300人以下）については、この優良な取組みを認定（同77条）し、自社の商品や広告等に認定マークを付することを認める等のメリットを付与する制度（同77条の2）が設けられている。

　雇用義務を達成するために、障害者雇用専用の採用枠を設けて他と異なる雇用管理を講じることがある。この採用枠を設けることは、障害を理由とする区別を行うものであるが、裁判例はこの仕組みが障害者雇用の維持拡大を目的とすることを理由にその合理性を肯定している（日本曹達（退職勧奨）事件：東京地判平18・4・25労判924号112頁。ただし障害を理由とする直接差別の禁止が明文化される前の判決）。

Ⅲ　障害者差別禁止法

1.　障害者差別禁止の特徴

　雇用義務制度による障害者の雇用保障は、法定雇用率の段階的な引き上げが示すように一定の成果を上げてきた。しかしこの制度は、採用後の障害者の労働条件を規制するものではなく、障害者であることと関連する不利益取扱いは、判例法理を通じて限定的に規制されるにとどまっていた（阪神バス（勤務配慮）事件：神戸地尼崎支決平24・4・9労判1054号38頁等）。そこで障害者権利条約の批准準備の一環として、2013年に障害者雇用促進法が改正され、同法に障害者に対する直接差別の禁止、合理的配慮提供義務の定めが置かれ、司法救済の幅が広げられた。この定めは、その他の領域における障害者差別禁止を定める障害者差別解消法に対する特例としての位置にある（障害差別解消13条）。

差別禁止法は、一般に差別事由とは無関係に個人に着目した取扱いを行うことを求める。しかし障害者差別の禁止においては、同様に障害という属性を無視して同一の取扱いをするとかえって障害者の排除が生じることがある。

この特徴に対応するため、障害者雇用促進法の障害者差別禁止は、障害者差別は禁止するが、非障害者に対する差別は禁止せず、障害者を有利に扱うことを認める（片面的差別禁止）。

また、非障害者には行わない措置や取扱いを障害者に一定程度講じることが雇用主に義務づけられている（合理的配慮）。

2. 直接差別の禁止

事業主は、労働者の募集および採用について、障害者に対して、障害者でない者と均等な機会を与えなければならない（障害雇用34条）。また、賃金の決定、教育訓練の実施、福利厚生施設の利用その他の待遇について、労働者が障害者であることを理由として、障害者でない者と不当な差別的取扱いをしてはならない（同35条）。

3. 合理的配慮提供義務

事業主は、労働者の募集および採用について、障害者と非障害者との均等な機会の確保の支障となっている事情を改善するため、労働者の募集および採用にあたり障害者からの申出により当該障害者の障害の特性に配慮した必要な措置を講じなければならない（障害雇用36条の2）。また、採用後は、障害者である労働者について、障害者でない労働者との均等な待遇の確保または障害者である労働者の有する能力の有効な発揮の支障となっている事情を改善するため、その雇用する障害者である労働者の障害の特性に配慮した職務の円滑な遂行に必要な施設の整備、援助を行う者の配置その他の必要な措置を講じなければならない（同36条の3）。ただし、いずれの場合も、こうした措置を講じることが事業主に対して過重な負担を及ぼすこととなるときは、この限りではない。

合理的配慮提供義務には、建物や設備に調整を加えること（例えば、車いす

の利用者に合わせて建物にスロープやエレベーターを設置すること）、必要な装備や用具を調えること（例えば、視覚障害者に文書読み上げソフトや点字を用いて情報を提供すること）、人的なサポートを準備すること（例えば、施設内の移動の補助員や手話通訳者を用意すること）などが含まれる。

4．実効性確保制度

　事業主は、障害者である労働者から、差別禁止や合理的配慮提供義務に関する苦情の申出を受けたときは、苦情処理機関に処理を委ねる等により、自主的解決を図る努力義務を負う（障害雇用74条の4）。

　また障害者雇用促進法は、行政による紛争解決の手段として、①都道府県労働局長による助言・指導・勧告（障害雇用74条の6第1項）と②都道府県労働局長の指示を受けて行われる紛争調整委員会による調停（同74条の7第1項）を用意する。この紛争解決援助制度は、個別労働関係紛争解決促進法の特例として位置づけられる（障害雇用74条の5）。

第4節　労働者の自由と人格の保障

本節のねらい

　労働者も人として尊重されるべきことはいうまでもありません。同僚の面前で仕事の失敗を罵倒されたり、ありもしない性的な噂をばらまかれたりすることは、雇用の場でなくても許されるべきではない行為です。「○○ハラスメント」という言葉の広まりやプライバシーの大切さが意識されるようになったことを通じて、社会はこれらの行為に問題があることに気づきつつあります。しかし業務に関する指導のつもりがパワハラと言われたり、健康に配慮するために健康情報を集めたらプライバシーの侵害と言われたりするなど、現実には職場でお互いにどこまでの関わりが許されるのかは明らかではありません。こうした労働者の自由や人格に関わる行為に法はどのように対処しているのか、この節で学んでいきましょう。

Ⅰ　労働者の自由と人格

　労働者は労働契約に基づいて使用者の指揮命令の下に置かれ、使用者の企業組織に組み込まれて勤務する。この過程で労働者はときに意に沿わない業務を行い、私的な情報を使用者に提供せざるを得なくなるが、これは労働者が全人格的に使用者に従属することを意味しない。労働者は使用者と労働契約関係という特殊な関係にあるが、依然社会における一個人として当然に保障されるべき権利を有している。これが労働者の人格権である。

　人格権は、主として身体・健康・自由・名誉などの人格的属性を対象とし、その自由な発展のために、第三者による侵害から保護されなければならない諸利益の総体ということができる。戦後日本の労使関係は、労働者を職場の濃密な人間関係の中に組み込み、企業の一員としての高い忠誠心と帰属意識を求める傾向にあった。この環境下では労働者の自由やプライバシーといった人格権は軽視される傾向にあり、裁判上争われるのも不当労働行為や思想信条差別など既存の法律等に規定された人格的権利が、ある労働条件に関する不利益取扱いの文脈で争われることが多かった。労基法の労働憲章の定めも、旧来から認識されてきた人格権侵害の代表例を規制対象とするにとどまっていた。

　しかしバブル経済終了後の1990年代頃から、厳しい経営環境の下での能力主義の徹底や成果主義賃金制度の導入、典型労働者の非典型労働者への置き換えや女性の職場進出等による労働者像の変化、企業への帰属意識の低下や企業内の人間関係の希薄化などを背景に、労働者へのいじめや嫌がらせ（ハラスメント）が目立つようになった。労働法学は、従来、労働契約関係が他の契約関係とは従属性などの点で異なる性質を有することに注目して固有の理論構築をすることが多かった。だが、このような問題の変化を背景に市民法領域における個人の基本的権利に関する議論の展開を受けて、労働法領域においてもその特徴を反映した労働者の人格権、特に精神的人格権の保障に注目が集まるようになった。今日、性差別禁止など憲法上明記された人格権のほか、名誉権やプライバシー権など憲法上個別的人権として列挙されていない精神的人格的価値の保障へと議論が展開している。

　このように人格権は、新たな人格的利益を保護するための理論的基礎と

なって今後も様々に展開することが予想される。本書では人格そのものを侵害する行為である職場におけるハラスメントと、人格権の典型例であるプライバシー権について概観することにしよう。

Ⅱ　ハラスメント

1. 背景と特徴

　ハラスメントには、仕事を与えない、過剰に与える、仲間はずれにする、侮辱的な言葉を投げかけるといったものが該当するが、違法と評価されるハラスメントの定義はなされていない。そのためハラスメントが賃金引き下げや降格など労働条件に関する不利益取扱いに該当する場合にはそれぞれの処遇の適法性を判断する枠組みを用いて、これに該当しない場合や不利益取扱いに人格権の侵害が伴う場合には人格権などを被侵害利益とした不法行為責任の有無等という形でその適法性が争われる。

　ハラスメントという言葉とその問題性は、セクシュアル・ハラスメント（セクハラ）への注目を通じて発見された。セクハラは従来問題とされてきた性差別に該当しうることに加え、性的人格権を侵害する点で注目され、均等法において法整備が進んだ。その後、企業間競争の激化や職場のコミュニケーションの希薄化などの影響を受けて、職務上の地位や権限を利用したパワー・ハラスメント（パワハラ）が人格権侵害として問題視されるようになった。このほかにもジェンダー・ハラスメント、モラル・ハラスメント、マタニティー・ハラスメント、パタニティー・ハラスメントなど、ハラスメントという言葉は様々な文脈や意味で用いられ、問題を認識、提起する手段になっている。

2. パワー・ハラスメント

　パワハラは後述する雇用管理上の措置との関係で、職場において行われる①優越的な関係を背景とした言動であって、②業務上必要かつ相当な範囲を超えたものにより、③労働者の就業環境が害されるもの、と定義される（労働施策推進30条の2）。特定政党の支持者に対して監視やつきまとい、仲間外しを行ったことについて「自由な人間関係を形成する自由を不当に侵害すると

ともに、その名誉を侵害する」と判断した例（関西電力事件：最判平7・9・5労判680号28頁）は、政治的思想に関わる比較的古くからある問題類型である。今日パワハラは多様化し、①身体的な攻撃、②精神的な攻撃、③人間関係からの切り離し、④過大な要求、⑤過小な要求、⑥個の侵害等の類型がある。

　使用者としては指示や指導を行う意図であっても、それが職務上の地位や権限を超えて社会通念上許容される範囲を超えた場合には、違法な言動と評価される。仕事上のミスをとがめる場合でもその表現は適切なものである必要があるし（U銀行事件：岡山地判平24・4・19労判1051号28頁）、教育訓練を意図していたとしても就業規則の全文の書き写しといった方法は合理性が無いと評価されることが多いだろう（JR東日本（本荘保線区）事件：最判平8・2・23労判690号12頁）。

　パワハラによる心理的負荷により労働者が精神疾患に罹患する場合もある。長時間労働と「給料分の仕事をしていない」等の言動が相まってうつ病の発症と自殺を発生させた例（公立八鹿病院組合ほか事件：鳥取地米子支判平26・5・26労判1099号5頁）や「辞めた方がみなのためになるんじゃないか」「死んでしまえ」等による言動が自殺を導いた例（X産業事件：福井地判平26・11・28労判1110号34頁）がある。

　事業主は、パワハラによって就業環境が害されることのないよう、労働者からの相談に応じ、適切に対応するために必要な体制の整備その他の雇用管理上必要な措置を講じなければならない（労働施策推進30条の2第1項）。この定めに反したときには都道府県労働局長は助言・指導・勧告を行うことが可能なほか（同30条の5）、紛争当事者は紛争調整委員会による調停を申請することもできる（同30条の6）。

3．セクシュアル・ハラスメント

　セクハラは、相手方の意に反する性的な言動を意味する。この定義からは、セクハラに該当するか否かが被害者の主観に基づいて判断されることが分かる。ただし、この定義によりセクハラと判断される言動であっても、その言動が道徳的に非難されることを超えて民事上・刑事上の責任を発生させるためには、これを認めるに足りる違法性を備える必要がある。

加害者に対しては、被害者の人格的利益や良好な労働環境で働く利益、平等に処遇される利益等を侵害したことを理由とする不法行為責任（民709条）が争われる。均等法はセクハラを対価型と環境型に分類している（→213頁）が、これに応じて民事的な救済の枠組みが区別されているわけではない。

　加害者を雇用する使用者は、不法行為であるセクハラが「事業の執行について」行われた場合には、このセクハラについて使用者責任を負う（民715条1項）。使用者が加害者の選任およびその事業の監督について相当の注意をしたとき、または相当の注意をしても損害が生ずべきであったときには条文上免責が認められている（同項ただし書）。セクハラ防止措置義務を適切に履行していることはこの免責を根拠づける事実となりうるが、他の法領域も含めて裁判例はこの免責をほとんど認めない傾向にある。

　また、使用者自身が、労働者が働きやすい環境を保つよう配慮する義務を負い、この義務を果たしていないことを理由に法的責任を負う場合もある。使用者責任が加害者との関係で法的責任を把握するのに対し、この方法は職場全体の問題としてこれを把握する点に特徴がある。裁判例ではこれまでに、意に反する退職がなされないような環境整備をする義務（京都セクハラ（呉服販売）事件：京都地判平9・4・17労判716号49頁）や迅速に事実関係を調査する義務、加害者の処分義務、被害再発防止義務（仙台セクハラ（自動車販売会社）事件：仙台地判平13・3・26労判808号13頁）などが提示されてきた。これらの義務への違反は、不法行為上の注意義務違反として不法行為責任を基礎づけたり（福岡セクハラ事件：福岡地判平4・4・16労判607号6頁等）、労働契約上の付随義務違反として債務不履行責任（民415条）を基礎づけたりする（三重セクハラ事件：津地判平9・11・5労判729号54頁等）。

Ⅲ　プライバシーと個人情報の保護

1．プライバシー権と自己決定権

　プライバシー権は当初、「私生活をみだりに公開されない法的保障ないし権利」というような個人の私的領域に他者を無断で立ち入らせない自由権的・消極的権利として理解されていた。しかし、その後行政機関等に個人情報が集中的に管理される情報社会化の進展に対応して、個人が自身の情報を

閲覧、削除、訂正するといった個人情報の保護を求めることも含む情報コントロール権として理解されるようになった。この結果、従来プライバシー権の一類型として理解されてきたが情報コントロールには関わらない家族のあり方の自由やライフタイルの自由、尊厳死などに関わる生命処分の自由等は、情報コントロール権とは区別される自己決定権に分類される権利として整理されるようになった。こうしたプライバシー権の問題類型は雇用関係にも基本的に当てはまる。

　労働者としてのプライバシー権を包括的に保障する法律は存在せず、個々の法律に個人情報の収集や管理に関する定めが存在するにとどまる。そのためプライバシー権の保護は主に判例法理を通じて行われ、後に個人情報保護に関する一般法である個人情報保護法（2003年制定）の適用が雇用関係にも及ぶようになった。

２．個人情報保護法

　個人情報保護法が保護する「個人情報」とは、生存する個人に関する情報で特定個人を識別可能なものを意味し（2条1項）、氏名や年齢等の事実に関する情報のほか、個人の身体、財産等の属性に関する判断や評価を表す全ての情報を含む。特に本人の人種、病歴等よりセンシティブな情報は「要配慮個人情報」（2条3項）として保護の仕組みを区別している。

　個人情報保護法は「個人情報データベース等」を事業の用に供している者（個人情報取扱事業者）に対して、要配慮個人情報についてはその取得自体に原則として労働者の同意を必要とし、個人情報の利用については原則として本人が予め同意した目的（16条）や対象者（23条）の範囲でなければならないものとする。ここでの同意は事後の紛争防止の観点から本人が十分に認識可能な程度に具体的に利用目的を示した上での明示的なものである必要があるが、就業規則等包括的同意で足りるか、個別的同意を要するかについては争いがある。そのほか個人情報を安全に管理するための措置を講じる義務（20条）、本人が個人情報の開示を求める権利（28条）や訂正、追加または削除を求める権利（29条）等を定めている。

　個人情報保護法への違反は使用者の不法行為責任を基礎づける（社会医療法

人Ａ会事件：福岡高判平27・1・29労判1112号5頁）。プライバシー権を侵害された労働者は、問題類型に即して個人情報保護法あるいは判例法理の法的構成を選択、あるいは平行して利用して訴えを提起することができる。

3．プライバシー権の侵害とその類型

　プライバシー権の侵害が問題となる事案には、①個人情報の収集・開示強制（所持品検査（西日本鉄道事件：最判昭43・8・2労判74号51頁）、特定の党員でないことの表明の強制（東京電力塩山営業所事件：最判昭63・2・5労判512号12頁）等）、②個人情報・自己決定に基づく取扱いの区別（健康診断の受診強制（電電公社帯広局事件：最判昭61・3・13労判470号6頁）、身だしなみを理由とする不利益取扱い（東谷山家事件：福岡地判小倉支決平9・12・25労判732号53頁）等）、③個人情報の不正管理（個人情報の目的外利用、第三者提供（前掲社会医療法人Ａ会事件）等）、④個人情報の開示・訂正（人事考課情報の開示（商工組合中央信用金庫（職員考課表提出命令）事件：大阪地決平10・12・24労判760号35頁）等）等がある。保護されるプライバシーの範囲は、労働契約関係の形成・維持のために労働者のプライバシー権が一定の制約を受けることを前提に、当該プライバシー権侵害をめぐる労使の利益衡量を通じて確定される。この枠組みの中で労働契約関係の形成・維持に対する権利侵害の必要性の質や程度、侵害されるプライバシー権の性質や特徴、権利侵害の態様といった具体的事実が考慮される。

第4章　非典型雇用

本章のねらい

　学校を卒業してからいつまでもフリーターで生活していると、世間体が良くないとか、不安だとか感じる人は少なくありません。パート、有期労働、派遣など、非典型雇用と呼ばれる正社員以外の働き方は、正社員と比べて収入は少なく、社会的信用も結婚可能性も低くなります。でも正社員しか適切な働き方の選択肢がないというのも窮屈です。同じような仕事をしている正社員とこんなに待遇が違うと、アルバイトは一生続けられないと思いつつ、正社員との差がもう少し縮まればこの働き方も悪くないと思ったことはないでしょうか。次第にその割合が増えている非典型雇用にはどのような課題があり、どのような法規制が加えられているか、この章で考えてみましょう。

第1節　非典型雇用に対する法的規制の背景

　戦後日本で多数を占めてきた雇用形態は、法定労働時間程度働き、契約期間の定めなく直接雇用される等の特徴を持ついわゆる典型雇用（正規雇用、正社員）である。これらの特徴のいずれかを欠く雇用形態は非典型雇用（非正規雇用、非正社員）と呼ばれ、企業の基幹的労働を担う典型雇用をサポートする補助的労働や一時的労働に従事するものと位置づけられ、その分労働条件も低く抑えられてきた。

　その後厳しい経営環境の中で経営効率の向上を目指す企業は、一定範囲の典型雇用を非典型雇用に置き換えるようになった。これは業務によっては典型雇用よりも非典型雇用の方が低コストとなり、雇止めなどによる雇用調整が容易になることを背景としていた。その結果、非典型労働者は現在雇用者全体の4割近くを占めるようになり、非典型雇用で生計を立て、週40時間を超えて何年も働き、管理的職務に従事する者も目立つようになった。反面、コストダウンを目的の1つとしてこの置換えが進んだ結果、典型・非典型雇用間の労働条件格差は残ることになった。

非典型雇用という働き方を選択するのは労働者であり、そのためたとえ労働条件がよくなくても本人の選択の結果としてこれを問題としなくてもよいという考え方もある。しかし家庭責任や雇用環境から非典型雇用を選択せざるを得ない者もおり、非典型雇用をよりよい働き方にすることは、個人がそのライフスタイルや就労観に合った働き方を可能にする意義を有する。そこで非典型雇用の労働条件を適切なものにするために各雇用形態の特徴をふまえた規制が講じられることとなった。以下この規制の概要をパートタイム労働・有期労働、派遣労働の順に確認していこう。

第2節　パートタイム労働・有期労働

Ⅰ　規制の対象と背景

1．法制度の展開

　パートタイム労働および有期労働は、短時間労働者および有期雇用労働者の雇用管理の改善等に関する法律（パートタイム・有期雇用労働法）に基づいて規律されている。

　この法律の元となったパートタイム労働法（短時間労働者の雇用管理の改善等に関する法律）は、1993年に制定された。初期のパートタイム労働法は、パートタイム労働者の保護をその目的に掲げつつも、主な規制を努力義務としていた。しかしその後も正社員との労働条件格差を残したままパートタイム労働者の数が着実に増加し、「ワーキングプア」に代表される低賃金労働が社会問題として認識されたことなどを受けて、2007年に通常の労働者と同視すべきパートタイム労働者との均等待遇の義務化など規制を強化する改正が行われた。

　他方、有期労働は、固有の法律に基づくことなく、労基法や判例法理などによって規律されてきた。前述した非典型雇用の増加は、有期雇用を保護する必要性を社会に意識させ、行政指導の対象とし（2003年労基法改正、14条2項・3項）、必要以上に短い期間の定めを反復更新する雇用管理を抑制する定めを設けるなどした（2007年労契法改正、17条2項）。さらに2012年には労契法において、無期転換ルールや雇止め法理、期間の定めを理由とする不合理な労働条件の禁止が明文化された。

パートタイム労働法においても、2014年には、期間の定めを理由とする不合理な労働条件を禁止する労契法の定めとの整合性を意識しながら、均衡処遇のルールや説明義務、相談体制の整備に関する定めが整えられた。その後2018年に、同じ非典型雇用として有期雇用も規制対象とする改正が行われ、これに伴う名称改正が行われて今日に至る（中小企業は2022年4月）。

2．人的適用範囲

　「パートタイム労働者」は、統計や個別企業において様々に定義されるが、パートタイム・有期雇用労働法は、同法が適用されるパートタイム労働者（短時間労働者）を、一週間の所定労働時間が同一の事業所に使用される通常の労働者と比較して短い労働者と定義する（短有労2条1項）。「通常の労働者」には、一般的には当該事業所の正社員が該当するため、いわゆるアルバイトの多くはパートタイム労働法の適用を受ける。他方、「パート」という名称で呼ばれていたとしても、所定労働時間が通常の労働者と同等程度の疑似パートにはこの法律は適用されない。また、「有期雇用労働者」は、事業主と期間の定めのある労働契約を締結している労働者と定義される（同2条2項）。

Ⅱ　共通規制
1．労働条件の明示・説明義務、就業規則の意見聴取

　パートタイム・有期雇用労働者は、正社員と異なる雇用管理を受け、採用手続が比較的簡易なことから労働条件が曖昧になりがちである。そこでパートタイム・有期雇用労働法は、パートタイム・有期雇用労働者を採用した場合には、労基法の労働契約締結時の労働条件明示義務事項（労基15条1項、労基則5条、→42頁）に加え、これらの雇用形態で問題になりやすい労働条件（昇給、退職手当、賞与の有無）についても文書の交付等により当該労働者に明示することを事業主に義務づけた（短有労6条1項）。

　パートタイム・有期雇用労働者を採用した場合は、事業主は、均等・均衡待遇を実現するための措置や転換制度の内容を当該労働者に説明しなければならない（短有労14条1項）。採用時でなくとも、パートタイム・有期雇用労働者から求めがあった場合には、以上に加え、事業主は労働条件に関する

文書の交付や就業規則作成・変更時の意見聴取に関する事項の決定、均等・均衡処遇の実施にあたって考慮した事項について説明する義務がある（同条2項）。この求めを理由とする解雇その他不利益取扱いは禁止される（同条3項）。

　また、事業主はパートタイム・有期雇用労働者に係る事項について就業規則を作成、変更しようとするときは、パートタイム・有期雇用労働者の過半数代表者の意見を聴くよう努めなければならない（短有労7条）。

2. 均等・均衡待遇

　パートタイム・有期雇用労働法は、通常の労働者とパートタイム・有期雇用労働者との間の労働条件格差を主に2つのルールに基づいて重層的に規制している。

　(1) 不合理な待遇の禁止　　1つは、通常の労働者とパートタイム・有期雇用労働者との労働条件の差が均衡の取れたものでならなければならないとする原則（均衡待遇原則）である。

　事業主は、その雇用するパートタイム・有期雇用労働者の基本給、賞与その他の待遇のそれぞれについて、当該待遇に対応する通常の労働者の待遇との間において、当該パートタイム・有期雇用労働者および通常の労働者の業務の内容および当該業務に伴う責任の程度（これらを合わせて「職務の内容」）、当該職務の内容および配置の変更の範囲その他の事情のうち、当該待遇の性質および当該待遇を行う目的に照らして適切と認められるものを考慮して、不合理と認められる相違を設けてはならない（短有労8条）。

　均衡がとれていることが求められる「労働条件」には賃金はもちろん、教育訓練や福利厚生など一切の待遇が含まれる。ある労働条件が不合理であると認定されるにあたり、職務内容や職務内容・配置の変更の範囲が同一であることは要件とされておらず、その他の事情を含めて労働条件ごとにその性質や目的に着目しながら総合的な検討が行われる。通勤手当や皆勤手当など、職務の内容や職務の内容・配置の変更の範囲などに直接関連しない労働条件については、通勤の経済的負担の補償や出勤率の向上などの当該手当等を支給する目的がパートタイム・有期雇用労働者にも正社員と同様に当てはまれば、その相違について不合理性が認められやすい（ハマキョウレックス事

件：最判平 30・6・1 労判 1179 号 20 頁、長澤運輸事件：最判平 30・6・1 労判 1179 号 34 頁）。他方、賃金や賞与、退職金については、その決定に職務の内容等が関連することが多いことから相対的に不合理性の認定は複雑になるものの、不合理性を認定する裁判例が徐々に増えている（大阪医科薬科大学事件：大阪高判平 31・2・15 労判 1199 号 5 頁、メトロコマース事件：東京高判平 31・2・20 労判 1198 号 5 頁）。

　本条のような均衡待遇規定が整備される前は、労基法 3 条（均等待遇）や 4 条（男女同一賃金原則）の「根底には、およそ人はその労働に対して等しく報われなければならないという均等待遇の理念が存在して」おり、それは「人格の価値を平等とみる市民法の普遍的な原理である」とした上で、長期間にわたり正社員と同一の業務と責任を負ってきたにもかかわらず、女性臨時社員の賃金が女性正社員の 8 割以下になるときは、公序良俗違反（民 90 条）に該当し、違法・無効になると判断する（丸子警報器事件：長野地上田支判平 8・3・15 労判 690 号 32 頁）などして労働条件格差の合理性を争っていた。この視点は、今日の均等・均衡待遇規定の基礎にも存在している。

　不合理性の認定については、労働者に問題の労働条件格差が不合理であることの証明を求めるか、事業主に問題の労働条件格差の合理性の説明を求めるかなど、証明責任の分配や内容をめぐって争いがある。問題の格差が当事者の意思に基づく取り決めによって生じたものであることを強調すれば、労働者が格差の不合理さを説明することになる。他方、労働契約を就業の実態に応じて均衡を考慮しつつ締結、変更することは労働契約における基本原則であり（労契 3 条 2 項）、労働者が平等に扱われることは労働契約に織り込まれていると理解すれば、この前提に反する格差が存在することについて事業主が合理的なものであることを説明する必要が出てくる。

　法違反が認められた場合には、当該行為は不法行為、法律行為であれば無効となる。無効となった部分については、通常の労働者の労働条件を参考に、労働契約や就業規則の定めを解釈することなどを通じて補充される。

（2）通常の労働者と同視すべきパートタイム・有期雇用労働者に対する差別的取扱いの禁止　　もう 1 つは、一定の場合に、通常の労働者とパートタイム・有期雇用労働者の労働条件を同一にすべきものとする規制である（均等待遇原則、差別的取扱いの禁止）。「通常の労働者と同視すべき短時間・有期雇用

労働者」については、パートタイム・有期雇用労働者であることを理由として、基本給、賞与その他の待遇のそれぞれについて、差別的取扱いをしてはならない（短有労9条）。この定めも民事的効力を有し、本条違反は不法行為と評価され、法律行為は無効となる。

「通常の労働者と同視すべき短時間・有期雇用労働者」は、①職務の内容が通常の労働者と同一の短時間・有期雇用労働者（職務内容同一短時間・有期雇用労働者）であって、②当該事業所における慣行その他の事情からみて、当該事業主との雇用関係が終了するまでの全期間において、その職務の内容および配置が当該通常の労働者の職務の内容および配置の変更の範囲と同一の範囲で変更されることが見込まれるものをいう。社内で非典型労働者として位置づけられたパートタイム・有期雇用労働者は、典型労働者と異なる昇進や配転の仕組みの下に置かれることが一般的であるため、この定めに基づいて差別を訴えることができる労働者は多くない（パートタイム労働者のケースとして、ニヤクコーポレーション事件：大分地判平25・12・10労判1090号44頁、京都市立浴場運営財団ほか事件：京都地判平29・9・20労判1167号34頁）。

(3) その他の均等・均衡待遇に関する定め　通常の労働者と同視すべきと認められないパートタイム・有期雇用労働者についても、通常の労働者との均衡を考慮しつつ、当該パートタイム労働者の職務の内容、職務の成果、意欲、能力または経験その他の就業の実態に関する事項を勘案して賃金を決定する努力義務が事業主に課されている（短有労10条）。パートタイム・有期雇用労働法8条、9条に該当しない場合でも、この条文に基づいて行政指導を行うことは可能である。

さらに事業主は、職務の内容や責任が通常の労働者と同一のパートタイム・有期雇用労働者については、通常の労働者が従事する職務の遂行に必要な教育訓練と同様の教育訓練を原則として実施する義務、同一でないパートタイム・有期雇用労働者に対しても実施する努力義務を負う（短有労11条）。福利厚生施設の利用機会については、事業主はすべてのパートタイム・有期雇用労働者に利用機会を付与する義務（同12条）を負う。

3．通常の労働者への転換

　事業主は、通常の労働者への転換を推進することを目的として、①通常の労働者を募集する際に、その内容を当該事業所で雇用するパートタイム・有期雇用労働者に周知すること（短有労13条1号）、②通常の労働者の配置を新たに行う場合に、当該事業所で雇用するパートタイム・有期雇用労働者に当該配置の希望を申し出る機会を与えること（同2号）、③パートタイム・有期雇用労働者から通常の労働者への転換制度を設けること（同3号）のいずれかの措置を講じる義務を負う。

4．実効性確保

　事業主は、パートタイム・有期雇用労働者からの苦情の申し出に応じ、その苦情を自主的に解決する努力義務を負う（短有労22条）。当事者は都道府県労働局長に対して紛争解決の援助を求めることも認められており、必要な助言、指導、勧告（同24条1項）、紛争調整委員会による調停が実施される（同25条1項）。この仕組みは、個別労働関係紛争解決促進法の特例として位置づけられている（同23条）。これらの申請をしたことを理由として事業主が当該パートタイム・有期雇用労働者を不利益に取り扱うことは禁止される（同24条2項・25条2項）。

　厚生労働大臣も、必要があると認めるときは、事業主に対して報告を求め、助言、指導、勧告を行うことができる（短有労18条1項）。一定の事項について勧告に従わない場合には、企業名を公表することができる（同条2項）。

Ⅲ　有期労働に対する規制
1．期間の定めの意義

　日本では当事者の合意により特別な理由を必要とすることなく原則として自由に契約期間を定めることができる。正社員の労働契約には期間の定めがなく、契約社員やアルバイトの労働契約には期間の定めがあることが一般的である実態が示すように、期間の定めの有無は、典型雇用と非典型雇用を区別する中核的な基準となってきた。

　期間の定めを設けることは、その期間の満了により労働契約が終了するこ

とを意味する（自動終了機能）。また、契約期間が決められている以上、その期間中は原則として解雇されないこと（雇用保障機能）を意味するが、逆に見ればその期間中労働者は原則として退職することができないことも意味する（人身拘束機能）。有期労働契約が持つこれらの特徴から生じる問題について、次のような規定が用意されている。

2．契約期間の制限

　期間の定めを長期に設定すれば、労働者にとってその分だけ長く雇用が保障され、教育訓練を受ける機会が増えるメリットがある。しかし現在の労働環境が劣悪だったり、ほかによりよい労働条件の募集があったりした場合であっても、契約期間内であればその労働者はその労働契約関係に足止めされてしまうデメリットもある。そこで労基法は、①一定の事業の完了を目的とする場合にはこれに必要な期間、②弁護士や一定の実務経験を有する高度な専門的知識等を有する労働者（労基14条1項1号）と満60歳以上の労働者（同項2号）については5年、③これら以外の労働者については3年の期間の定めの上限を設ける（同項本文）という方法でこれらの利害のバランスを図った。ただし、③のケースについては、契約期間が1年経過した後は、労働者側から申し出ていつでも退職することが認められている（同137条）。また、①のケースで雇用の期間が5年を超える場合には、当事者の一方は、5年を経過した後、いつでも契約の解除をすることができる（民626条1項）。この場合、使用者が解除をするときは3か月前、労働者が解除をするときは2週間前に予告をしなければならない（同条2項）。

　上限を超える期間の定めを設定した場合について、裁判例（旭川大学事件：札幌高判昭56・7・16労民集32巻3・4号502頁）は、労基法13条および14条に基づいて期間の定めが上限の期間に縮減されると解している。また、罰則（労基120条1号）の適用もある。

3．無期労働契約への転換

　労働者を事業遂行のために利用することが労働契約の目的の1つであることから考えると、短期的な事業についてはそれに応じた有期の、そうでない

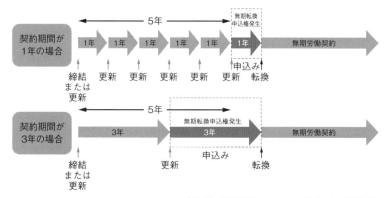

【出典】無期転換ルールハンドブック（厚労省）

事業には無期の労働契約を締結することが目的に沿うようにみえる。しかし現実には恒常的な業務に従事する労働者の労働契約にも期間の定めが設定され、これを更新して労働者が働き続けることが少なくない。この取扱いが行われる意図の１つは、労働者が不要になった際、契約期間が満了し、その後採用しなかったに過ぎないという雇止めの形式で労働契約を終了させることで、解雇規制（→94頁）を免れ、その労働者を雇用の調整弁として活用しやすくすることにある。労働者の立場を不安定にするこのような取扱いを制限するため、雇止めを制限する法理が判例上確立して明文化されたほか（労契19条）、有期労働契約を一定の条件の下で無期労働契約へ転換する制度（同18条）が設けられた。

　同一の使用者との間で締結された２以上の有期労働契約（契約期間の始期の到来前のものを除く）の契約期間を通算した期間が５年（高度専門労働者や定年後再雇用労働者が一定の要件を満たす場合について有期雇用特別措置法による例外がある）を超える労働者が、当該使用者に対し、現に締結している有期労働契約の契約期間が満了する日までの間に、当該満了する日の翌日から労務が提供される期間の定めのない労働契約の締結の申込みをしたときは、使用者は当該申込みを承諾したものとみなされる（労契18条１項）。ただし、有期労働契約と次の有期労働契約との間に６か月以上（通算された期間が１年未満の場合はその２分の１以上）の空白期間（クーリング期間）が存在する場合は、期間の通算がな

されない（同条2項）。

　有期労働者は契約更新の拒否を恐れて無期労働者以上に使用者と対等な交渉や苦情対応を求めにくい立場にある。また、雇止めが違法と判断されたとしても得られる救済は原則として労働契約が1回更新されることにとどまる。無期転換制度は、一定期間以上の有期労働契約の利用を濫用的と認め、労働契約関係の安定を図るものといえる。もっともこの制度は、無期転換後の労働条件を正社員等と同一にすることまでは求めておらず、転換者用の雇用管理区分を設けて正社員と異なる労働条件の下に置くことも認められている。

4．雇止め

　（1）雇止めに対する法的規制の基礎　　有期労働契約は期間の満了により自動的に終了する。その後の有期労働契約の更新は新たな採用を意味する。使用者には採用の自由が認められており（→40頁）、有期労働契約を更新しないこともこの自由の一環として当然に認められそうである。

　しかし雇用期間満了後、労働者が引き続きその労働に従事する場合において、使用者がこれを知りながら異議を述べないときは、従前の雇用と同一の条件で更に雇用をしたものと推定される（民629条1項）。実際、有期労働契約を更新して何年も同じ職場で働いている労働者も数多く存在する。有期労働契約で働く者は非典型労働者と位置づけられ、従来典型労働者とは異なる基準で採用され、補助的の労働に従事し、家計を補助するための働き方として評価されることが多かった。しかし非典型労働者が基幹的業務に従事することが一般化し、典型労働の職の減少から生計維持のために有期労働に従事する者も増えた。この背景の下、有期労働契約を更新し、解雇ではないという形式を整えることで、雇用の調整弁としての役割を担わせることも不当と解されるようになる。雇止めと解雇は法形式的には異なるが、労働契約関係が解消されることが労働者に与える打撃という点では大きく異ならない場合もあることが次第に認識されるようになった。

　こうした問題意識を受けて裁判例は、雇止めについても解雇権濫用法理を類推適用するという判例法理を構築した。まず、有期労働契約の実態が無期

労働契約と実質的に変わらないために解雇権濫用法理の類推適用を認める判例法理が現れた（東芝柳町工場事件：最判昭49・7・22労判206号27頁）。その後、契約更新手続が行われるなどして無期労働契約とは同視することができない事案においても、労働者が契約期間満了後も労働契約関係の継続について保護に値する期待を有している場合には解雇権濫用法理の類推適用を認めるという判例法理が現れた（日立メディコ事件：最判昭61・12・4労判486号6頁）。これらの判例法理は、前者が実質無期契約型、後者が期待保護型として労契法19条に明文化された。

(2) 労契法 19 条による雇止め規制

(ア) 労契法 19 条の構成と効果

労契法19条は、有期労働契約が実質無期、あるいはその継続に関する労働者の期待を保護すべき場合について、契約期間が満了する日までの間に労働者が当該有期労働契約の更新の申込みをした場合、または当該契約期間の満了後遅滞なく有期労働契約の締結の申込みをした場合であって、使用者が当該申込みを拒絶することが、客観的に合理的な理由を欠き、社会通念上相当であると認められないときは、使用者は、従前の有期労働契約の内容である労働条件と同一の労働条件で当該申込みを承諾したものとみなす旨を定める。

この定めは、濫用認定時に契約更新を認めるための理論的基礎として、申込みと承諾を用いて新たな有期労働契約を締結する形式を整備したためにやや複雑な構造になっている。しかしその実質は前述のように雇止めに解雇権濫用法理の類推適用を認める判例法理の明文化であるため、これらの要件は厳格に解されていない。契約更新の申込みは使用者の雇止めに対して労働者の何らかの反対の意思表示が伝わるものであればよく、その時期も信義則上雇止めの訴えを提起することが不当と解される時期に遅れなければ足りる。

労契法19条違反の有無は、次の部分で示すように、①本条の適用がある有期労働契約関係か、②適用が認められるとして、その雇止めに合理の理由や社会通念上相当性が認められるか否か、という流れで検討される。本条違反が認められると、問題の有期労働契約が1回更新される効果がもたらされる。

ただし、期間の定めを設けた趣旨・目的が労働者の適性を評価・判断する

ためのものであるときは、期間の満了によりその労働契約が当然に終了する旨の明確な合意が当事者間に成立しているなどの特段の事情が認められる場合を除き、その期間の定めは契約の存続期間ではなく、試用期間と解される（神戸弘陵学園事件：最判平2・6・5労判564号7頁）。この場合、雇止めは本採用拒否（→49頁）として扱われ、これが違法と評価された場合には無期労働契約が存続するという効果がもたらされる。

　(ｲ) **適用の類型と基準**　　労契法19条が適用される場面は2つある。

　1つは「実質無期型」と呼ばれるパターンである。これは、当該有期労働契約が過去に反復して更新されたことがあるものであって、その契約期間の満了時に当該有期労働契約を更新しないことにより当該有期労働契約を終了させることが、期間の定めのない労働契約を締結している労働者に解雇の意思表示をすることにより当該期間の定めのない労働契約を終了させることと社会通念上同視できると認められる場合と規定される（労契19条1号）。契約更新手続が行われずに雇用が継続されてきた場合など、期間の定めが形骸化しているケースがその例である。

　もう1つは「期待保護型」と呼ばれるパターンである。これは、当該労働者において当該有期労働契約の契約期間の満了時に当該有期労働契約が更新されるものと期待することについて合理的な理由がある場合を意味する（労契19条2号）。この合理的な期待の有無は期間満了時を基準に判断される。

　これらの定めの要件を満たすか否かは、当該雇用の臨時性・常用性、更新の回数、雇用の通算期間、契約期間管理の状況、雇用継続の期待をもたせる使用者の言動の有無などを総合考慮して事案ごとに判断される。実質無期型と認められるためには契約の反復更新が条文上必要とされているが、期待保護型についてはたとえ契約更新がこれまで1度も行われたことがなかった場合でも他の事実関係によってこの定めの適用を受ける可能性がある（龍神タクシー事件：大阪高判平3・1・16労判581号36頁）。

　更新回数に上限を設ける取り決め（更新限定条項）がある場合や、有期労働契約について当該契約期間が満了した場合には更新しないことをあらかじめ合意しておくこと（不更新条項）がある場合、雇用継続に対する期待の有無はどのように判断されるだろうか。裁判例は、初めて当該有期労働契約を締

結した時点で「契約は 5 年までとする」等の更新限定条項が存在していた場合には期待の有無を判断する事実の 1 つとして評価し(カンタス航空事件：東京高判平 13・6・27 労判 810 号 21 頁)、労働者が自由意思に基づいて更新限定条項に同意した場合には、これによって合理的期待は消滅したと解する傾向にある(近畿コカコーラ・ボトリング事件：大阪地判平 17・1・13 労判 893 号 150 頁等)。

　　㋒ **合理性と相当性**　　労契法 19 条を適用する基準を満たすと、その雇止めについて「客観的に合理的な理由を欠き、社会通念上相当であると認められない」か否かが争点となる。この文言は解雇権濫用法理(労契 16 条)のそれと同じであり、もともと解雇権濫用法理の類推適用という形で展開してきた経緯から、ここで考慮される判断要素や基本的な考え方も解雇権濫用の有無を判断するときと類似する。

　　ただ、どの程度の事実があれば違法評価を受けるかについて、解雇権濫用の有無を判断するときと差はあるだろうか。最高裁は、経済的理由に基づく雇止めの適法性を判断するにあたり、比較的簡易な採用手続で締結された短期的有期労働契約での雇止めと終身雇用の期待の下に締結されている無期労働契約での解雇とはおのずから合理的な差異があるとして、無期契約労働者に希望退職を募らずに行われた雇止めを適法と判断した(日立メディコ事件：最判昭 61・12・4 労判 486 号 6 頁)。今日終身雇用制度は一般的なものではなくなり、基幹的労働に従事することを期待されて採用される有期契約労働者も多いことから、両者の差は事案に即した相対的なものといえよう。特に解雇と社会通念上同視できる実質無期型の雇止めについては両者の差は小さくなる。

　　経済的理由に基づく雇止めの場合には整理解雇法理の適用がある(三洋電機事件：大阪地判平 3・10・22 労判 595 号 9 頁)。ただし、雇止めの違法性の認定基準については、解雇のそれと区別するものが多い。

第 3 節　派遣労働

Ⅰ　派遣労働の特徴

　　労働関係の当事者は、労働契約関係にある労働者と使用者の 2 者が通常である。しかし派遣労働では、①派遣労働者、②派遣元、③派遣先の三者が登

場する。派遣労働者は、派遣元と労働契約を締結し、派遣元から賃金を受領するが、労務は派遣先に提供する。派遣先は派遣元と派遣契約を締結して、いかなる業務に何人の派遣労働者の派遣を求めるか、対価（派遣料金）はいくらか等について取り決め、派遣されてきた派遣労働者を指揮命令する（この仕組みは間接雇用と呼ばれる）。このように三者関係を通じて、労働契約関係と指揮命令関係が別になる点に派遣労働の特徴がある。

　派遣労働は、労働者にとって、やりたい仕事を派遣元に申し出ておけば自分の興味や専門性に合った仕事を見つけ出してもらえるメリットがある。しかし三者関係を形成することで、労働者の雇用に関する責任の所在が不明確になりやすいという問題もある。派遣先は実際に派遣労働者を使用している主体であるが、雇用に関する義務を負う根拠となる労働契約関係はない。他方、派遣元は派遣労働者の就労環境を支配しておらず、派遣先の指揮命令が不当と考えられる場合でも、顧客である派遣先に対して十分な交渉力を有するとは限らない。さらに派遣先が派遣労働者の利用にあたり派遣元に支払った額の一部が中間マージンとして控除されるため、派遣労働者の手元に届く賃金は派遣先が支払った額よりも常に小さくなる。

Ⅱ　派遣労働法の展開

　派遣労働は以上のような問題点を有するため、労働者供給（供給契約に基づいて労働者を他人の指揮命令を受けて労働に従事させること）の一種として全面的に禁止されていた（職安44条）。ところが派遣労働は、企業にとって採用コストを下げて即戦力のある人材を迅速に確保し、雇用量の調整を容易にするなどの利便性があることから社会に事実上広まった。そのため全面禁止から、派遣労働を承認した上で規制を講じるという方針転換が行われた。この結果、1985年に職安法の労働者供給の定義から派遣労働が除外され（職安4条7項）、派遣労働法（今日の「労働者派遣事業の適正な運営の確保及び派遣労働者の就業条件の整備等に関する法律」）が制定された。

　1985年当時は、前述した問題性や正社員が派遣労働者に置き換えられる（常用代替）可能性を懸念して、派遣労働はソフトウェア開発や事務用機器操作などの専門的な13業務（1986年に16業務、1996年に26業務に改正）に限って

3年を限度に認められていた（ポジティブリスト方式）。しかしバブル崩壊後の経営環境の激化を背景に雇用のいっそうの柔軟化を求める企業のニーズが高まり、1999年改正では港湾運送、建設、警備、医療関係、製造工程（製造工程を除いて、現在の派遣対象除外業務。派遣4条1項）以外はすべて派遣労働者を用いることができるネガティブリスト方式へと転換された。2003年の改正では、単純作業であることが多い物の製造に関する業務への派遣も認められ、派遣期間も専門26業務については事実上無制限に、これ以外についても1年の期間が3年に延長された。

　こうした規制緩和の結果、派遣労働者の数が増加し、極端に雇用期間の短い日雇派遣や、派遣先が派遣労働者を指揮命令するにもかかわらず、請負の形式を装って派遣労働法の規制を免れようとする偽装請負などの問題が発生した。2008年のリーマンショックによる世界的不況時には、派遣労働者の雇用が失われ（いわゆる派遣切り）、社宅を失った派遣労働者が年末の日比谷公園に「年越し派遣村」を作るなどの社会問題にもなった。これを受けて2012年に日雇派遣の原則禁止、マージン率の公開、違法派遣における直接雇用申込みなし制度など規制を強化する改正が行われた。

　その後再び規制緩和を求める声が強まり、2015年に全ての労働者派遣事業を許可制として、派遣労働者のキャリアアップや均衡待遇に関する法整備を進めつつ、専門26業務の区別を廃止し、同一の使用者の下で長期に勤務する道を残す派遣労働者の個人単位の期間制限と派遣先の事業所単位の期間制限へと規制の仕組みを転換した。2018年には、他の非典型雇用と平仄を合わせる形で、例外規定を設けたうえで、派遣労働者と派遣先労働者との均等・均衡待遇が義務化された。

Ⅲ　派遣労働法の規制
1．派遣事業の適正化

　労働者派遣は、(1) 自己の雇用する労働者を当該雇用関係の下に、かつ、(2) 他人の指揮命令を受けて、当該他人のために労働に従事させることをいい、(3) 当該他人に対し当該労働者を当該他人に雇用させることを約してするものを含まないものと定義される（派遣2条1号）。

従来派遣事業は、常時雇用する労働者（常用型）のみを派遣する特定労働者派遣事業とこれ以外の労働者（登録型）も派遣する一般労働者派遣事業に分かれ、事業の実施について前者は届出でよく、後者は許可が必要とされてきた。しかし雇用が安定していると考えられてきた特定労働者派遣事業においても悪質な雇用管理を行う企業が存在し、廃止届を出さない限り事業が存続することによって実態の把握が困難になるなどの問題が指摘されていた。そこで2015年改正は、この区別を廃止し、すべての労働者派遣事業の実施を許可制とした（派遣5条）。許可を得るためには、当該事業が専ら労働者派遣の役務を特定の者に提供することを目的として行われるものでないこと、派遣労働者のキャリア形成支援制度を整備することといった基準を満たさなければならない（同7条1項）。法令や許可条件に反した場合は、事業の停止や、許可の取消が行われる（同14条）。

　また、常用代替を規制する観点から、グループ企業内の派遣企業が当該グループ企業に労働者を派遣する割合は全体の8割以下にしなければならず（派遣23条の2）、ある企業を離職してから1年を経過しない労働者を当該企業が派遣労働者として受け入れることは原則として認められない（同40条の9）。

　派遣労働に関する紛争が生じた場合には、派遣元・派遣先事業主はその自主的解決を求められる（派遣47条の5）。紛争当事者は、都道府県労働局による紛争解決の援助（同47条の7）、調停制度（同47条の8）などの行政による紛争解決の支援を利用することもできる

2．派遣対象業務と派遣期間

　前述のように、現在は港湾運送、建設、警備、医療関係等（禁止業務。派遣4条1項）を除く全ての業務について派遣の対象とすることが認められている。2015年改正以前は、26の専門的業務とこれ以外を区別し、前者については3年の派遣上限期間を設け（ただし更新可能）、後者については同一場所・同一業務について原則1年、派遣先事業場の労働者の過半数代表者等の意見を聴いて最大3年まで勤務することを認めるという規制を講じていた。しかしこの仕組みは専門的業務とそれ以外の業務との区別が明確でないことなどの問題を抱えていた。そのためこの仕組みは2015年改正によって廃止され、専

門的業務を区別するというコンセプトを放棄して、代わって①派遣先事業所単位、②派遣労働者個人単位の派遣期間制限が設けられた。

　まず、①同一事業所における派遣労働者の受け入れは、原則として最大３年間に制限される（事業所単位の期間制限。派遣40条の２第1項・2項）。ただしこの期間は、派遣先事業所の過半数組合、これがない場合には過半数代表者の意見を聴取することにより延長することが認められている（同条3項・4項）。過半数組合等が延長に異議を述べた場合には、派遣先は誠実に延長の理由をその過半数組合等に説明することが求められる（同条5項・6項）が、延長自体は認められ、延長の回数についても上限は無い。派遣可能期間を延長した場合には、派遣先は速やかに派遣元事業主に対し、当該事業所等について期間制限に抵触することとなる最初の日を通知しなければならない（同条7項）。

　次に②派遣先の同一の組織単位における同一の派遣労働者の継続的な受け入れは３年に制限される（個人単位の期間制限。派遣35条の3・40条の3）。ここにいう「組織単位」とは、課やグループなど、派遣先が設定した労働者の配置の区分であって、配置された労働者の業務の遂行を指揮命令する職務上の地位にある者が当該労働者の業務の配分に関して直接の権限を有するもの（同26条1項2号、派遣則21条の2）を意味する。

　これらの派遣期間制限は、派遣労働者が、無期雇用（派遣40条の２第1項1号）、60歳以上（同項2号）、予め終期が明確な有期プロジェクトに従事（同項3号イ）、1か月の労働日数が通常の労働者と比較して相当程度少ない（同項3号ロ）、派遣先労働者の産前産後・育児休業とこれに前後する代替要員休業（同項4号・5号）のいずれかに該当する場合には適用されない。また、派遣終了と次の派遣開始の間の期間が３か月を超えるときは、事業所単位および個人単位のいずれについても前後の派遣期間が通算されず、次の派遣開始から改めて期間制限が起算される（クーリング期間）。日々または30日以内の期間を定めて雇用する日雇派遣は原則禁止される（同35条の4）。

3．紹介予定派遣

　派遣労働法には、派遣期間終了後、派遣先の企業に正社員として雇用されることを予定する紹介予定派遣という制度が用意されている。これは、求職

者と求人側のミスマッチを防止するメリットがあり、採用を予定することから例外的に派遣前に派遣労働者を特定する行為が認められている（派遣26条6項）。反面、この制度が試用期間の代替手段として濫用される危険性もある。

4．派遣労働者の雇用安定

（1）**派遣先による派遣契約解約に関する規制**　　派遣労働者の雇用安定を目的として、派遣元・派遣先は派遣契約の締結にあたり、派遣労働者の就業機会の確保や休業手当の費用負担関係など、派遣契約の解除に伴い派遣労働者の雇用安定に支障が出ないようにするための措置を定めておくことが義務づけられている（派遣26条1項8号）。この定めを置かない場合でも派遣先は、その都合による派遣契約の解除にあたり、同様の措置を講じることを義務づけられる（同29条の2）。

派遣先は派遣労働者の国籍や性別等差別的理由に基づく派遣契約の解除をしてはならない（派遣27条）。派遣元は、派遣先に派遣法等への違反が認められる場合には、派遣契約を解除することができる（同28条）。

（2）**派遣元による雇用安定**　　派遣元は、同一の組織単位に継続して1年以上派遣される見込みがあるなど一定の有期雇用派遣労働者について、派遣先へ直接雇用の依頼や新たな派遣先の提供、派遣元による無期雇用など、雇用の安定を図るために必要な措置（雇用安定措置）を講じるよう努めなければならない（3年以上については義務。派遣30条）。

派遣元は、雇用している派遣労働者のキャリアアップを図るため、段階的かつ体系的な教育訓練、希望者に対するキャリア・コンサルティングを実施する義務を負う（派遣30条の2）。この教育訓練は、派遣元がキャリア形成支援制度として策定した教育訓練計画に基づいて行われる。

派遣元には、派遣先が派遣就業を適正に行うよう適切な配慮をする義務がある（派遣31条）。派遣労働者を雇用、派遣する場合にはその待遇について説明し（同31条の2第1項〜3項）、派遣労働者から比較対象者との待遇の相違の理由の説明を求められたとき（同条4項）には、これを理由として不利益取扱いをしてはならない（同条5項）。また、派遣元は派遣に関する料金額を明示し（同34条の2）、マージン率を公表しなければならない（同23条5項）。さら

に派遣労働者に係る事項について就業規則を作成、変更しようとするときは、派遣労働者の過半数代表者の意見を聴くよう努めなければならない（同30条の6）。

(3) **派遣先の直接雇用義務**　派遣先は、1年以上継続して同一の派遣労働者が従事してきた業務に新たに労働者を雇い入れようとする場合、右派遣労働者が希望した場合にはこの者を雇い入れるよう努める義務を負う（派遣40条の4）。また、旧法においては所定の期間を超えて派遣労働者を受け入れる場合について派遣先事業主から派遣労働者への直接雇用の申込義務が設けられていた。しかしこれらの義務を派遣先が果たさなかったとしても、厚生労働大臣による指導・助言（同48条）やこれに従わない場合の企業名の公表（同49条の2第2項）が行われるだけで、自動的に労働契約が成立するわけではなかった（松下プラズマディスプレイ事件：大阪地判平19・4・26労判941号5頁）。

そこで2012年改正により、申込みを「義務づける」のではなく、申込みを「みなす」という方法で一定の場合に派遣労働者の直接雇用を強制する定めが設けられた。それは、当該派遣労働者の受入が、①禁止派遣業務への派遣の受入、②無許可・無届けの派遣事業者からの派遣の受入、③派遣可能期間の制限を超える派遣の受入、④偽装請負による受入である場合、これら違法派遣であることを無過失で知らない場合でない限り、右役務の提供を受け始めた時点で、右派遣労働者に直接雇用の申込みをしたものとみなすというものである（派遣40条の6）。この条件が満たされた場合、派遣労働者がこれを承諾すれば派遣先との間に労働契約が成立する。この定めは採用の自由の例外として位置づけられる。

(4) **派遣労働者・派遣先労働者の均等・均衡待遇**　派遣元事業主は、その雇用する派遣労働者の基本給、賞与その他の待遇のそれぞれについて、当該待遇に対応する派遣先に雇用される通常の労働者の待遇との間において、当該派遣労働者および通常の労働者の職務の内容、当該職務の内容および配置の変更の範囲その他の事情のうち、当該待遇の性質および当該待遇を行う目的に照らして適切と認められるものを考慮して、不合理と認められる相違を設けてはならない（派遣30条の3第1項）。また、派遣元事業主は、職務の内容が派遣先に雇用される通常の労働者と同一の派遣労働者であって、当該労働

者派遣契約および当該派遣先における慣行その他の事情からみて、当該派遣先における派遣就業が終了するまでの全期間において、その職務の内容および配置が当該派遣先との雇用関係が終了するまでの全期間における当該通常の労働者の職務の内容および配置の変更の範囲と同一の範囲で変更されることが見込まれるものについては、正当な理由がなく、基本給、賞与その他の待遇のそれぞれについて、当該待遇に対応する当該通常の労働者の待遇に比して不利なものとしてはならない（同条2項）。これらの定めは、2018年改正により、前者はもともと配慮義務として規定されていたものを禁止規定化し、パートタイム労働・有期労働に関する均等・均衡処遇を定める仕組みに対応させて、後者について新設したものである。

　ただし、この均等・均衡待遇に関する定めは、派遣元事業主が過半数代表者との間で労使協定を締結し、その内容が遵守されている場合には適用されない（派遣30条の4第1項）。この労使協定には、適用対象となる派遣労働者の範囲（1号）、派遣労働者が従事する業務と同種の業務に従事する一般の労働者の平均的な賃金の額として厚生労働省令で定めるものと同等以上の賃金の額（2号イ）と職務の内容、職務の成果、意欲、能力または経験その他就業の実態に関する事項の向上があった場合に賃金が改善されること（同号ロ）、こうした賃金の決定が公正な評価の下に行われること（3号）、通常の労働者との比較において不合理でない賃金以外の派遣労働者の待遇（4号）、教育訓練の実施（5号）、その他厚生労働省令で定める事項（6号）を記載し、雇用する労働者に周知する必要がある（同条2項）。また、上記の定め以外に、派遣元事業主は派遣先に雇用される通常の労働者との均衡の取れた賃金を決定する努力義務がある（同30条の5）。

　派遣労働者と派遣先労働者は、労働契約締結の相手方が異なる。にもかかわらず両者間の均等・均衡待遇を要請することは、派遣労働者の利用料を直用労働者よりも派遣料金分割高にすることによって、派遣労働者の利用を一時的就労等この割高分を負担してもメリットがある場面に限定する意味を持つ。ひいては常用代替の防止や派遣料金の引き下げ競争の防止を意図する平等取扱いといえる。

　派遣元における均衡待遇の確保が適切に講じられるように派遣先も様々

な義務を負い、2018年改正によりその内容が強化されている。派遣先労働者に業務と密接に関連した教育訓練を実施する場合、これを実施困難な派遣元の求めに応じて、派遣労働者にもこの教育訓練を実施する義務（派遣40条2項）、派遣先労働者が利用する給食施設や休憩室、更衣室について派遣労働者にも利用の機会を与える義務（同条3項）などがある。

(5) **派遣労働契約関係の解消**　　派遣元は派遣労働者と労働契約関係にあり、これを解消することについては、解雇、雇止めなどその法形式に応じた規制がかかる。ここでは派遣労働であることがこの規制の適用においてどのように考慮されるか、直接的な契約関係にない派遣先も雇用に関する責任を負うことがあるのかが問題となる。従来主に問題となってきたのは、有期派遣労働者の中途解約あるいは雇止めである。

中途解約を適法に行うには「やむを得ない事由」（労契17条1項）が必要である。有期派遣労働契約は派遣契約の存在を前提として締結されることが多いが、派遣契約の解約という事情だけでは「やむを得ない事由」としては不十分であり、派遣元における人員削減の必要性や解約に至る手続きの相当性、他の就職先確保に向けた努力など、中途解約の必要性を根拠づける事実の存在が必要となる（プレミアライン事件：宇都宮地栃木支決平21・4・28労判982号5頁）。ただし、登録型派遣における派遣契約と派遣労働契約の関連性に着目して、派遣先における事業の必要性等を判断基礎とする事件もある（社団法人キャリアセンター中国事件：広島地判平21・11・20労判998号35頁）。

雇止めの場合は、まず派遣労働者が雇止め規制（労契19条）の対象となる雇用継続の期待を持ちうるかが問題となる。派遣労働の長期化は常用代替防止の観点から派遣法が予定しないことであることを理由に、そもそも派遣労働者の雇用継続の期待は合理性を有さず、仮に類推適用を認める余地があっても、派遣契約の終了が派遣労働契約を終了させる合理的な理由に該当すると判断された例がある（伊予銀行・いよぎんスタッフサービス事件：高松高判平18・5・18労判921号33頁）。この判断は、派遣法が直接雇用を望ましい雇用形態であることを前提としていることと矛盾する部分がある。

派遣先は派遣労働者と直接的な契約関係にないのが通常である。派遣法違反の事実があったとしても、そのことだけでは派遣労働者と派遣元との労働

契約関係が無効になることはないが、派遣先と派遣労働者との間に黙示の労働契約の成立が認められれば、派遣先に解雇の責任を問うことが可能になる。黙示の雇用関係の成否は、派遣先が当該派遣労働者の採用に関与していたか、給与等の額を事実上決定していたか、派遣元が派遣労働者の具体的就業態様をどの程度決定していたか、常用代替防止を目的とする規制の適用を脱法的に免れるような取扱いがなかったか、などの事実を基礎に検討される（パナソニックプラズマディスプレイ（パスコ）事件：最判平21・12・18労判993号5頁、マツダ防府工場事件：山口地判平25・3・13労判1070号6頁）。

第3部 集団的労働関係法

第1章 労働組合と組合活動

> 本章のねらい
>
> 　賃金や労働時間などの労働条件を改善したいとき、あるいは、解雇や賃金不払いなど職場で起こった問題を解決したいとき、あなたはどうしますか。労働条件の改善や職場で生じた問題を解決するには使用者との話し合いが不可欠です。しかし実際には労働者がたった一人で使用者と対等に交渉することは困難です。そのため、労働者が集まって、集団の力によって使用者と対等な立場で交渉することが必要になります。
>
> 　本章では、労働者の団結体である労働組合がどのように組織化され、どのような活動をしているのかについて学びましょう。

第1節　概　説

Ⅰ　労働組合の意義と機能

　本来、労働者と使用者の関係は自由で対等な契約関係であり、賃金や労働時間などの労働条件は労働者と使用者との間の自由な合意によって決定されるべきである。しかし、実際には、経済的にも交渉力においても劣位にある労働者が1人で使用者と対等に労働条件について交渉することは難しい。そこで、労働者は、労働条件の維持・改善や経済的地位の向上を図るために労働組合を結成し、使用者との交渉を通じて、労働者の経済的利益を追求する。

　労働組合は、賃金や労働時間などの労働条件の維持・改善について使用者と交渉したり、解雇やハラスメントなど組合員の個々人の権利や利益を保護するために活動したりする。また、従業員を代表して企業の経営・生産に関

する事項や職場の諸問題について経営側と協議する機能も有している。このように労働組合は主に企業内においてその機能を発揮する。

この他にも、労働組合は、日本の経済社会における労働者全体の代表として、企業の枠を超えて活動する。労働組合は労働者の経済的地位の向上を図るために、労働者生活に及ぼす影響が大きい政策（労働立法、社会保障、税制など）への働きかけを行うこともある。さらに、労働組合の活動は本来の経済的活動の域を超えて、行政、企業、NPOなどと協働して地域の活性化やボランティア活動などの社会貢献活動、文化的活動にその領域を拡大している。

Ⅱ　労働組合の種類

労働者が誰とどのような組合を結成するか、どの範囲の労働者を組織対象とするかは、労働者の団結権の中核をなすものである。労働組合の組織形態は様々であり、それによって労働組合の機能は異なる。

イギリスで最初に結成された「職能別組合」は、同一職種の熟練工が自分たちの技能に関わる利益を擁護すべく広い地域で組織する組合であった（職種別組合ともいう）。その後、産業の発展による熟練の解体とともに、同一産業に従事する労働者が直接加入する企業横断的な大規模な組合である「産業別組合」が登場した。産業別労働組合は、当該産業に属する労働者を職種の如何を問わず組織対象とするものであり、ヨーロッパ諸国ではこの組織形態が主流になっている。

日本では、特定の企業または事業所で働く労働者を職種の別なく組織した「企業別組合」が一般的である。企業別組合は同一企業（特に大企業）の正社員を中心に組織されているため、当該企業の実態にあった労使交渉を行うことができる一方、会社との結びつきが強く、その影響を受けやすいため、同一産業や職種全体の労働条件を設定する機能が弱い。また、多くの企業別組合が、組合員資格を正社員に限定し、パートタイム労働者などの非正規労働者を排除している。現在、組合の組織率低下や組合員数の減少が指摘されているが、その原因の1つには、このような日本の労働組合の組織形態と企業組織における雇用形態の変化（従業員の非正規化）がある。

企業別組合は個々の労働者が構成員となる労働組合であり、これを「単位

組合」ともいう。単位組合は他の組合とともに連合体を結成し、それが社団としての独立性を有している場合には「連合団体」として労組法上の労働組合（労組2条）と認められる。連合体の代表的なものが、単位組合が産業別に連合体を組織している場合であり、これは「単産」と呼ばれる。単産や単位組合が集まって、労働組合の全国中央組織である「ナショナル・センター」を形成し、労働運動の一体的な推進を図る機能や役割を果たしている。日本の代表的なナショナル・センターとしては、「日本労働組合総連合会」（連合）や「全国労働組合総連合会（全労連）」が存在する。

このほか、日本では、企業の枠を超えて一定の地域で個人加入を原則として組織された「合同労組（ユニオン）」の存在も重要である。また最近は、企業や産業に関わりなく、一定地域において中小企業で働く労働者やパートタイム労働者、派遣労働者、外国人労働者などを組織する「コミュニティ・ユニオン」が重要な役割を果たしている。合同労組やコミュニティ・ユニオンは、企業別組合を組織しにくい中小企業の労働者の駆け込み寺としての機能を果たしており、これら労働者の労働条件の維持・改善や個別労働紛争の解決を図ることを主たる活動としている。

Ⅲ　労組法上の労働組合

1. 意　義

労組法は団結権・団体交渉権・団体行動権（憲28条）を具体的に保障するために、様々な法的保護を規定しているが、労働組合であればどのような組合でも労組法上保護されるわけではない。労組法上の保護を享受する組合とはどのようなものだろうか。

労組法上の労働組合とは、「労働者が主体となって」（主体）、「自主的に」（自主性）、「労働条件の維持改善その他経済的地位の向上を図ることを主たる目的として」（目的）、「組織する団体又はその連合団体」（団体性）をいう（労組2条本文）。また、労組法5条2項は、組合内部の民主的運営を確保するために、組合規約の内容整備について規定している。

労組法2条と5条2項のすべての要件を満たす労働組合を「法適合組合」といい、労組法上の様々な保護や特権（刑事・民事免責、不利益取扱いの禁止、不

当労働行為救済手続き、法人格の取得、労働協約の規範的効力）を享受することができる。他方、労組法2条本文の要件は満たすが、同条ただし書き1号・2号のいずれかまたは双方の要件を満たさない組合を「自主性不備組合」という。この組合は、労組法上の労働組合ではないので、同法上の保護を受けることができない。しかし、同法2条の本文を満たしていれば憲法28条にいう憲法上の労働組合には該当するため、刑事・民事免責や不利益取扱いからの民事上の保護を受けることができる。

2．自主性の要件

　労組法2条は「自主性」の要件を定めている。その趣旨は、労働組合が労働者の真の利益を代表して組合活動や交渉を行う組織であるために、使用者からの独立を求めることにある。反対に、労働組合の結成や運営について使用者の支配を受けている労働組合は「御用組合」として、労組法上の保護を受けることはできない。

　労組法2条ただし書は本文の「自主的」に加えて、①使用者の利益代表者が加入していないこと（1号）、②使用者から経費援助を受けていないこと（2号）を要求している。労組法2条ただし書1号にいう「利益代表者」とは、①役員（取締役、監査役、理事、監事など）、②雇入れ、解雇、昇進、異動について直接の権限を持つ監督的地位にある労働者（人事権をもつ上級管理職）、③職務上の義務と責任が労働組合員としての誠意および責任と抵触する監督的地位にある労働者（人事・労務に関係する下位の職制）、④その他使用者の利益を代表する者である。

　1990年代に企業のリストラの対象が非組合員の管理職に及ぶようになると、管理職が独自に労働組合を結成したり、企業横断的な組合（管理職ユニオンなど）に加入したりするようになった。そのため、管理職が労組法2条ただし書1号にいう使用者の利益代表者に該当するか否かが問題になった。

　肩書上は管理職であるとしても当然に利益代表者になるわけではなく、利益代表者に該当するか否かは、その職務上の権限や責任が組合員であることと直接に抵触するかどうかという観点から実質的に判断する必要がある。会社内で「管理職」とされている者が組織する労働組合につき、労組法2条た

だし書1号の利益代表者に該当する者はいないとして、組合の法適合性が肯定されている(セメダイン事件：東京高判平12・2・29労判807号7頁、最決平13・6・14労判807号5頁)。

また、労組法2条ただし書2号は、団体の運営のための経費の支出につき使用者の経理上の援助を受けないこととする。「経理上の援助」としては、組合用務のための出張旅費・手当の支給、組合専従役員の賃金の負担などをいうが、これらの援助を受けていても直ちに自主性がないとはいえず、実質的に自主性を損なっていなければ労働組合であると解される。また、同条ただし書は、例外的に、①労働者が労働時間中に賃金を失うことなく使用者と協議・交渉すること、②組合の福利基金などに使用者が寄付すること、③最小限の広さの事務所を供与することは経費援助にあたらないとしている。

3．民主性の要件

労働組合が使用者に対抗し、自らの経済的・社会的地位の向上を図るためには、組合員の意思統一と団結が必要である。そのためには、組合員の総意に基づく組織運営と組合民主主義の原則の確立が不可欠である。

労組法5条2項は、組合内部の民主的運営を確保するために、組合規約の内容整備について規定している。これを「民主性の要件」という。組合規約に記載すべき事項として、名称、主たる事務所の所在地、組合員の組合運営への参与・平等取扱いの権利、資格における平等取扱い、役員選挙方法、総会開催、会計監査、規約改正手続きなどが挙げられている。

労組法2条の要件を満たすが、同法5条に定める規約の必要記載事項を満たさない組合を「規約不備組合」という。規約不備組合は労働委員会の資格審査を通過しないため、労組法上の保護を受けることができないが、通常の場合、資格審査実務において補正勧告が出され、組合がそれに応じることによって、労組法上の保護を受けることができる。

4．資格審査

労組法5条1項は、労働組合が労組法上の手続きへの参与と救済を受けるためには、労働委員会に証拠を提出して、同法2条および5条2項の規定に

適合することを立証しなければならない旨規定する。これを「資格審査」という。労組法上の手続きとしては、不当労働行為の申立て（労組27条以下）、法人登記のための資格証明書の交付申請（同11条）、労働協約の地域的拡張適用の申立て（同18条）、労働委員会の労働者委員の推薦手続（同19条の3第2項・19条の12第3項）がある。また、労組法上の救済とは、不当労働行為が認定された場合に労働委員会によって命じられる救済をいう。

第2節　労働組合の結成と内部運営

I　労働組合の組織・運営上の基本原則

　労働組合は任意団体であり、2人以上の労働者が団結すれば自由に労働組合を結成することができる（自由設立主義）。労働委員会による労働組合の資格審査を除けば、届出や許可などの特別の手続きや要件は必要とされない。

　また、労働組合は組合員が平等に組合の意思決定に参加し、多数決に基づく民主的な運営が求められる（組合民主主義）。組合民主主義の内容としては、組合規約を遵守した組合運営、組合員の平等な組合運営参加の権利、平等取扱いを受ける権利、労働組合の統制権などである。

　いずれも憲法28条が保障する団結権から導かれる原則であり、この基本原則に反する組合規約や決議等は、公序違反として効力が否定される。また、労働組合は労働者の利益を代表することを目的とする団体であるので、組合や組合員の利益に反するような行為をしてはならず、また、団体交渉などで組合員の一部に不当に不利益をもたらすことは許されない。

　この組合運営を側面で支えるために、労組法は、労働組合が法人格を取得する方法（同11条）、法人となった労働組合には民法上の社団法人に関する諸規定などを準用すること（同12条の6）、組合員が組合運営に平等に参与し、平等の取扱いを受ける権利（同5条2項3号・4号）、組合員の言論の自由、組合規約の遵守、組合運営上の重要事項に対する組合員の直接参与の手続き（同5条2項5号～9号）などを定めている。

II　労働組合の機関

　労働組合は社団的組織である以上、「意思決定機関」と「執行機関」が必

要である。労働組合の最高の意思決定機関は組合大会（年1回の定期大会である総会と臨時大会）である。定足数や議決方法などは、法律の規定に抵触しない範囲で組合規約で決定される。労組法上規定されている総会決議事項は、労働組合の解散（同10条2号）と基金の流用（同9条）だが、それ以外にも、規約の改正、労働協約の締結・改廃などは大会の専決事項と解されている。また、大会と大会の間に生じる重要事項を決定する中間議決機関は、中央委員会、代議員会、評議員会などと呼ばれる。

「執行機関」は、労働組合の意思決定機関の決定した事項を執行し、かつ対外的に労働組合を代表する。通常、執行機関は、組合委員長、副委員長、書記長の三役と他の執行委員で構成されている。また、「監査機関」は、監査委員ないし幹事が、組合会計を監査し、大会などの機関に報告する任務を負う。

Ⅲ　加入・脱退の自由

1．加入の自由

労働者は自由に労働組合を結成し、加入することができる。労働者が労働組合の構成員になるには、労働者の加入申込と労働組合の加入承諾が必要である。

労働組合は任意団体であるので、組合規約で加入資格を設け、構成員の範囲を自ら決定することができる。資格に合致しない労働者の加入を拒否することもできる。ただし、労働者の人種・宗教・性別・門地・信条などを理由として加入資格を制限することは不公正な差別的取扱いとして違法となる。もっとも、この場合にも、裁判所は組合加入を強制することはできず、労働者は不法行為として損害賠償を請求しうるにとどまる。

2．脱退の自由

労働組合は任意団体であるので、当然に組合員の脱退の自由が認められる。書面による脱退届の提出を労働組合の規約に定めることはできるが、脱退に組合の機関の承認を求める組合規約は脱退の自由を不当に制限するものとして無効である（日本鋼管鶴見製作所事件：東京高判昭61・12・17労判487号20頁）。

最高裁は、労働組合と使用者の合意のうち、労働組合から脱退する権利をおよそ行使しないことを労働者に義務づけて、脱退の効力そのものを生じさせないとする部分は、「脱退の自由という重要な権利を奪い、組合の統制への永続的な服従を強いるものであるから、公序良俗に反し、無効である」と判示した（東芝労働組合小向支部・東芝事件：最判平19・2・2労判933号5頁）。

Ⅳ　労働組合の組織強制
1．「ユニオン・ショップ」とは

　労働組合は自己の組織の交渉力を強化して、使用者との団体交渉においてより有利な労働条件を獲得することを目指している。そのため、入社後一定の期間内に組合に加入しない労働者、もしくは組合から脱退または除名された労働者を解雇することを使用者に義務づけ、組合の組織拡大と強化を図る制度が採用されてきた。これを定めた協約条項を「ユニオン・ショップ協定」という（ユ・シ協定ともいう）。

　組織強制の典型的な形態は、「ユニオン・ショップ」（採用後一定期間内に組合に加入しない者、組合から脱退した者、組合から除名された者は、使用者によって当然に解雇される）と「クローズド・ショップ」（組合員のみの採用を義務づけるもの）である。その他、「オープン・ショップ」（労働組合に加入するか否かの選択は労働者に委ねられているもの）、「エージェンシー・ショップ」（組合加入を免除する代わりに組合費相当額を組合に拠出させるもの）、「宣言ユニオン（ショップ）」（解雇を義務づけるのではなく、単に組合に加入しなければならない旨の定めを置いておくもの）などがある。

2．ユ・シ協定の有効性

　ユ・シ協定は、ユ・シ協定締結組合への加入を強制するために個々の労働者の団結しない自由（消極的団結権）や個々の労働者の組合選択の自由（積極的団結権）を侵害したり、組合に加入していない労働者を解雇するために個々の労働者の勤労権を侵害したりすることから、その有効性が問題になる。

　ユ・シ協定は労働組合の組織の拡大強化を図ろうとする制度であって、憲法28条の団結権（積極的団結権）によって正当化されることや、労組法7条1

号ただし書が一定の条件でユ・シ協定を許容していると解されることから、同協定を有効とする学説がある。他方、ユ・シ協定による組織強制を、いずれかの組合への加入を義務づける「一般的組織強制」と特定の組合への加入を義務づける「限定的組織強制」に区別して、前者は組合選択の自由とユ・シ協定の衝突を回避することができるため有効だが、後者は憲法 28 条の団結権（積極的団結権）に違反して無効であるとする学説がある（同旨のものとして、三井倉庫港運事件：最判平元 12・14 労判 552 号 6 頁）。

　これに対して、憲法 13 条の自己決定の理念および憲法 21 条 1 項の結社の自由をふまえた憲法 28 条は、団結する権利のみならず、団結しない自由（消極的団結自由）をも保障していることから、ユ・シ協定は、使用者に解雇を義務づける限りにおいて、憲法 28 条によって保障される消極的団結自由を甚だしく侵害するものであり、無効であるとする見解もみられる。

　確かに、ユニオン・ショップは、労働者に組合加入を強制することにより、使用者に対して組合組織の拡大強化を図る制度である。しかし、それは、組合が組合員への統制を強める手段としての機能や、労使が一体となって組合の統制に従わない組合員を企業外に排除する機能も果たしている。このようなユニオン・ショップ制度の実態に鑑みると、同制度が組合の組織の拡大強化を図ろうとする制度であると積極的に肯定する考えには疑問が残る。むしろ、使用者による解雇の威嚇の下に特定組合への加入を強制するユ・シ協定は、憲法 27 条 1 項の労働権保障の理念に反し、また個々の労働者の自由や権利を侵害するものであるから、無効になると解すべきであろう。

3．ユ・シ協定の効力の及ぶ範囲

　ユ・シ協定はユ・シ協定締結組合への加入を強制するため、その効力は当該組合に加入していない非組合員や、締結組合から脱退しあるいは除名されて他の労働組合に加入した者に及ぶのかが問題になる。

　ユ・シ協定無効説によると、これらの者に効力は及ばないことになる。これに対して、ユ・シ協定有効説によると、企業内にユ・シ協定を締結した労働組合しか存在しない場合、一定期間内に当該組合に加入しない未組織労働者や当該組合から脱退・除名された労働者に対しては、ユ・シ協定の効力が

及ぶ。ユ・シ協定締結時に、すでに非組合員が別組合を組織している場合には、別組合の団結権を保障する観点から、当該ユ・シ協定はこれらの者には及ばない。また、ユ・シ協定締結後に組合からの脱退者や被除名者が既存の他組合に加入したり、新たな労働組合を結成したりした場合には、労働者の組合選択の自由や他の労働組合の団結権を侵害することは許されないため、ユ・シ協定の効力は及ばない（前掲三井倉庫港運事件）

4．ユ・シ協定に基づく解雇

　ユ・シ協定が有効であることを前提とすれば、それに基づく解雇は有効とされる。しかし、労働組合による除名が無効である場合、ユ・シ協定に基づく解雇の効力が問題になる。学説は、除名が無効であればユ・シ協定に基づく解雇はその前提を欠くことから無効になるとする「牽連説」と、使用者は本来解雇の自由を有していることや、使用者には除名の有効・無効を判断することはできないことから、解雇は除名の効力とは別に有効とする「切断説」がある。最高裁は、労働組合から除名処分を受けた労働者に対する労働協約上のユ・シ条項に基づく解雇の効力が争われた事案において、除名が無効である場合には、他に解雇の合理性を裏づける特段の事由がない限り、解雇権の濫用として無効である、と判断した（日本食塩製造事件：最判昭50・4・25労判227号32頁）。

V　組合員の権利と義務

1．組合員の権利

　組合員は組合の意思形成に関与する権利を有している。具体的には、規約に定められた会議等（大会、代議員会、支部・分会会議）に組合員として参加し、決定に関わることができる。また、組合員は、組合役員の選出に参加する権利（選挙権・被選挙権）や、組合内で平等に取り扱われる権利を有している。ここには、組合員が組合内で不合理な差別を受けず、また、統制処分の際に平等に扱われることが含まれる。これら組合員の権利は組合民主主義の要請に基づくものである。

2．組合費納入義務

　労働組合の財政は、組合員が拠出する組合費によって成り立っている。労働者は労働組合に加入すると、組織運営の財政基盤を確保するために、組合費を納入する義務を負う。通常、組合費については組合規約に定められ、一定額（あるいは賃金の一定割合）が徴収される。徴収方法としては、組合が直接組合員から徴収する方法と、組合が使用者と協定を結び、組合員の賃金から天引きして組合に渡す方法（チェック・オフ）がある。

　組合費には、日常的な組合運営のための費用である「一般組合費」のほかに、組合の事業のために特別の経費を必要とする場合に徴収する「臨時組合費」や、争議資金に備えることを目的とした「特別組合費」などがある。一般組合費は組合の財源となるものであり、組合員がその支払い義務を負うのは当然であるが、特別組合費や臨時組合費の支払いを組合員に義務づけることができるか否かが問題となる。

　最高裁は、労働組合の組合員は組合活動の経済的基礎をなす組合費を納付する義務（協力義務）を負うが、この義務は無制限のものではなく、「具体的な組合活動の内容・性質、これについて組合員に求められる協力の内容・程度・態様等を比較考量し、多数決原理に基づく組合活動の実効性と組合員個人の基本的利益の調和という観点から、組合の統制力とその反面としての組合員の協力義務の範囲に合理的な限定を加えることが必要である」と判示した。その上で、例えば、安保反対闘争のための資金への拠出は強制できないが、安保反対闘争に参加して処分を受けた組合員を救援するための「犠牲者支援資金」や他組合員の闘争に対する「支援資金（炭労資金）」について組合員は協力義務を負う、などと判断した（国労広島地本＜第1＞事件：最判昭50・11・28民集29巻10号1634頁、国労広島地本＜第2＞事件：最判昭50・11・28民集29巻10号1698頁、国労四国地本事件：最判昭50・12・1労判240号52頁）。

Ⅵ　組合に対する便宜供与

1．便宜供与とは

　日本の労働組合の多くは企業別組合であり、日常的に企業内で組合活動を行う。そのため、労働組合は使用者に対して、組合事務所や組合掲示板の貸

与や、組合の会議や集会等を行うために企業の食堂や会議室等の利用を申請することがある。このような組合側からの求めに応じて、使用者が一定の援助を与えることを「便宜供与」という。

　労組法2条2号は使用者からの経費援助を禁止しているが、同号ただし書は例外的に使用者の便宜供与を許容している。もっとも、使用者が労働組合に対して便宜供与を与える義務はなく、また、労働組合も当然に便宜供与を請求できるわけではない。例えば、労働組合の役員が従業員たる地位を保持したまま組合業務に専従する「在籍専従」については、組合が当然に請求できるものではなく、それを認めるか否かは使用者の自由に委ねられている。組合掲示板の設置・利用も労働組合が当然に請求しうるものではなく、使用者の承諾が必要になる。また、組合業務のための休暇（組合休暇）が労働協約や就業規則に定められている場合には、組合員に与えられた権利として、使用者は特別の業務上の支障がない限り許可すべきであると解されている。

2．チェック・オフ

　組合費は組合活動の資金源となるので、労働組合は組合費を確実に徴収する必要がある。そのため、労働組合と使用者の協定により、使用者が組合員の賃金から組合費を天引きし、それを一括して組合に引き渡す方法を採用することがある。これを「チェック・オフ」という。組合は組合費徴収のための人手や費用を節約しながら組合費を確実に徴収できるし、組合員は組合費納入の手間を省き、組合費の納入遅滞による組合員資格喪失という危険を回避することができる。

　労基法24条1項は賃金全額払いの原則を規定しており、例外として賃金を控除するには、事業場において過半数を組織する労働組合、これが存在しない場合には過半数代表者との書面協定（労使協定）を締結する必要がある。チェック・オフも賃金全額払い原則の適用を免れるためには、同条1項ただし書の労使協定の手続きを充足する必要がある（済生会中央病院事件：最判平元12・11労判552号10頁）。

　使用者が有効なチェック・オフを行うためには、チェック・オフ協定のほかに、使用者が個々の組合員から、賃金から控除した組合費相当分を労働組

合に支払うことについて委任を受けることが必要である。この委任がないときには、使用者は組合員の賃金からチェック・オフをすることはできない。組合員は使用者に対しいつでも支払委任を撤回して、チェック・オフの中止を申し入れることができ、中止の申入れがされたときには、使用者は組合員に対するチェック・オフを中止しなければならない（エッソ石油事件：最判平5・3・25労判650号6頁）。

Ⅶ　労働組合の財産

1．組合財産の帰属

　労働組合の財政基盤の主たるものは、組合員が納入する組合費である。組合の財政は組合の活動にとって重要な意義を有するものであり、その状況や収入・歳出等の会計は組合大会に付議される（労組5条2項7号）。

　労働組合が法人である場合（労組11条）には、組合財産は組合自体の単独所有となる。これに対して、法人格なき労働組合の財産については、学説上「単独所有説」と「総有説」との争いがある。最高裁は、法人格なき組合の財産を総有財産と考え、脱退が分裂に該当するかどうかを問わず、組合財産の組合員らの分割請求権を否定した（品川白煉瓦事件：最判昭32・11・14民集11巻12号1943頁）。

2．労働組合の分裂

　労働組合内部に組合活動の中で運動方針などをめぐって複数の集団派閥が発生し、対立抗争の末に、一方の集団派閥が新組合を結成して2つ以上の組合に分裂することがある。この場合、解散決議が適法になされていれば問題はないが、解散決議がなされなかったときに、特にその財産の帰属が問題となる。

　最高裁は、法的な意味での「分裂」概念導入の可能性を認めつつも、「旧組合の内部対立によりその統一的な存続・活動が極めて高度かつ永続的に困難となり、その結果旧組合員の集団的離脱及びそれに続く新組合の結成という事態が生じた場合に、はじめて、組合の分裂という特別の法理の導入の可否につき検討する余地を生ずる」として（名古屋ダイハツ労組事件：最判昭49・

9・30労判218号44頁）、「分裂」法理を適用するための条件をきわめて高度に設定し、結果的に旧組合に属した財産は当然にそのまま旧組合に帰属すると判断した。

3．労働組合の解散と組織変更

労組法は、労働組合の解散事由として、①規約で定めた解散事由が発生した場合、または、②組合員または構成団体の4分の3以上の多数による総会の決議がなされた場合（労組10条）を定めている。解散した法人である労働組合は、清算の目的の範囲内で、清算の結了に至るまで存続する（同13条）。法人である組合の残余財産は、規約で指定した者に帰属する（同13条の10）。指定する方法を定めなかったときは、代表者が総会の決議を経て財産を処分できる（同13条の10第2項）。処分されない財産は国庫に帰属する（同13条の10第3項）。法人でない組合の場合もできるだけ法人である組合の上記方法に準じた処理が望ましいとされている。

また、労働組合が存続中にその組織の形態を変更することを「組織変更」という。構成員の範囲の変更、単位組合から連合体への改組、連合体から単位組合への改組、単位組合から連合体への加入、単位組合の連合体からの離脱、単位組合から別組合の下部組織への改組などがある。組織変更後の組合は変更前の組合と同一性を認められ、変更前の組合財産や労働協約を承継する。

Ⅷ 労働組合の内部統制

1．統制権の法的根拠

労働組合は交渉力を確保してその機能を発揮するために、組合員を統制力によって組織することが必要である。そのため、労働組合は、組合規約で「組合員が組合の統制を乱したときはこれを制裁する」旨を規定し、これに違反した組合員に対して、制裁処分（除名・権利停止・制裁金賦課など）を加えることがある。これを労働組合の「統制権」という。

統制権の法的根拠について学説は、労働組合に限らずおよそ団体はその目的達成のために内部規律を維持すべく統制権を必要とするという「団体固有

権説」、組合が一般的な結社と異なり、憲法の団結権保障に根拠をもつ闘争団体であることから、特に強い統制力が認められる団体であるとする「団結権説」、労働者が組合に加入するにあたり、組合規約を承認して組合の一定範囲の統制に従い、違反に対する制裁に服することを約したという労働者の加入意思にもとづいて、規約に定める統制権が行使されるとする「規約準拠説（または契約説）」が主張されてきた。最高裁は、労働組合は憲法28条による労働者の団結権保障の効果として、その目的を達成するために必要であり、かつ、合理的な範囲内においては、その組合員に対する統制権を有するとして、憲法28条の団結権にその根拠を求めている（三井美唄労組事件：最大判昭43・12・4刑集22巻13号1425頁）。

2．統制権の範囲と限界

　労働組合に統制権が認められるとしても、組合が組合員に対して違法な行為を強制したり、労働者の基本的権利を奪ったりすることは許されるべきではない。統制処分は組合員に重大な不利益をもたらす恐れがあるため、一定の司法審査に服することになる。

　最高裁は、公職選挙に際して組合の方針に反して立候補しようとする組合員にこれを断念するよう勧告または説得することは許されるが、その域を超えて、立候補を取りやめることを要求し、これに従わないことを理由に統制違反者として処分することは、組合の統制権の限界を超えるものとして許されないとした（前掲三井美唄労組事件最判。同最高裁判決を引用して、組合員の選挙活動を一般的・包括的に禁止する旨の決議は組合の統制権の限界を超えて無効であるとしたものとして中里鉱業所事件：最判昭44・5・2労旬別708号4頁がある）。また、労働組合の違法な争議指令に従わなかった組合員に対する除名処分の効力が争われた事案において、組合の指令が客観的に違法であれば組合員はそれに服従する義務はないため、これに従わない者への統制処分は無効であるとした裁判例がある（大日本鉱業発盛鉱業所労組事件：秋田地判昭35・9・29労民集11巻5号1081頁）。

3. 統制処分の手続き

統制処分については、組合規約に統制事由や統制処分の種類、手続きなどが定められていることが多い。統制処分の種類としては、除名、権利停止、制裁金、戒告、けん責などがある。統制処分の最終的な決定機関は最高議決機関である大会である。統制処分は組合員に不利益を課すものであるから、適正手続きの原則が適用され、被処分者に弁明の機会が与えられなければならない。また、同一の理由にもとづいて繰り返し別の処分が行われてはならない（一事不再理の原則）。

第3節 企業内組合活動

Ⅰ 企業内組合活動の法的性格

労働組合は、労働者の労働条件の維持改善という目的を達成するために、日常的な組合活動を通じて使用者に対して要求実現を働きかけていく。日本の労働組合の多くは企業別組合であるため、労働組合は日常的な活動から争議時における活動まで、企業施設を利用して行うことが多い。一般的には、企業施設を利用した各種会議・集会の開催、組合費の徴収、組合ニュースの配布や掲示板などを利用した情報宣伝活動、就業時間中のリボン等着用行為、ビラ貼り・ビラ配布、企業内の抗議行動などである。

このような組合活動の権利を保障する法的根拠はどこに求められるだろう。集会や組合費の徴収など日常的な組織運営のための活動や、ニュース配布や組合掲示板など組合員に対する情宣活動は、団結を維持していくための組合活動であるから、憲法28条の団結権に根拠を置く。

他方、労働組合が使用者に要求実現を求める過程で行うビラ貼りやリボン着用などの圧力行為には2つの性格がある。1つは、組合員に限らず広く企業内の労働者に対して組合の団結力を積極的にアピールするための活動として行われる場合であり、この場合には憲法28条の団結権の保障に含まれる。もう1つは、腕章やゼッケンなどの着用を含むリボン闘争や、争議中の大量のビラ貼りなど、闘争手段としての性格をもつ場合である。これらの活動は、団結の維持・運営に必要な組合活動とは性格を異にし、争議状態下における組合活動であるため、しばしば使用者側の権益と抵触する。直接的に

業務の阻害を目的としたものではないから争議行為とはいえないが、法的には、広く組合活動の自由を保障し、免責権としての性格をもつ団体行動権の一内容として理解すべきであろう（組合活動と争議行為の関係については316頁も参照）。

Ⅱ　組合活動と企業秩序

1．組合活動と使用者の権利の抵触

　企業レベルの組合活動をめぐっては、労働組合の組合活動権と使用者の様々な権限（法益）との衝突が問題になる。この点、企業別組合は企業施設を利用することが組合活動にとって不可欠であることから、団結権ないし組合活動権に基づき、組合は企業施設を一定程度利用する権限を有し、使用者は、正当と認められる組合活動について不当に抑圧しないよう、組合の施設利用を受忍する義務があるとする見解（受忍義務説）や、施設利用の目的、態様、方法などからみて組合活動に必要があり、また業務運営や施設管理に実質的な支障を与えていない場合には、無断で企業施設を利用することの違法性が阻却されるとする見解（違法性阻却説）が主張された。

　これに対して、最高裁（国鉄札幌運転区事件：最判昭54・10・30労判392号12頁）は、企業は事業の円滑な運営を図るために、それを構成する人的要素と物的施設を総合して企業秩序を定立する権限を有することを強調したうえで、労働者・労働組合は企業秩序のもとに事業の運用に供されている物的施設を、使用者の許諾なしに組合活動のために利用することは許されず、労働組合が使用者の許諾を得ないで、企業施設を利用して組合活動を行うことは、その利用を許さないことが使用者の施設管理権の濫用と認められるような特段の事情がないかぎり正当性を有しないとした（許諾説）。

　労働者は企業及び労働契約の目的上、必要かつ合理的なかぎりでのみ企業秩序に服するのであり、企業の一般的な支配に服するものではない（富士重工業事件：最判昭52・12・13民集31巻7号1037頁）。また、最高裁のように広範な企業秩序定立権を認めることは、企業内組合活動の権利を基本的に否定ないし縮減させることを意味する。企業別組合にとって企業内における組合活動がその存続のために不可欠であることを考慮するならば、使用者の施設管理

権と、団結権や団体行動権で保障された組合活動権を比較衡量して、両者の調整を図ろうとする受忍義務説が妥当であるといえる。

2．ビラ貼り

ビラ貼りは、組合員や他の労働者への情報伝達のほか、争議時などに組合員の闘争意欲を喚起したり使用者に対して圧力をかけたりする示威行動として行われる。ビラ貼りは、使用者の管理する企業施設と接触し美観上の問題を生じさせる可能性があるため、労働組合が無許可で行うビラ貼りと使用者の施設管理権の衝突が問題となる。

判例は、企業施設内に無許可でビラを貼付した組合員に対する戒告処分の効力が争われた事案について、労働組合が使用者の許諾を得ないで企業施設を利用して組合活動を行うことは、その利用を許さないことが使用者の施設管理権の濫用と認められる特段の事情がない限り正当性を有しない、と判示した（前掲国鉄札幌運転区事件）。

労働組合のビラ貼りが客観的に許容限度を超えており、不当とみなされる場合は、使用者は組合に対してビラの撤去を請求する、あるいは、自力で撤去することは否定されない（ビラの自力撤去を適法とした裁判例として、エッソ石油事件：東京地判昭63・1・28労判515号53頁）。しかし、ビラ貼りが正当である場合には、撤去請求も自力撤去も許されず、使用者によるビラ撤去請求や自力撤去は支配介入の不当労働行為（労組7条3項）になる可能性がある。

3．ビラ配布

ビラ配布は、組合員や他の労働者への情報伝達として行われる。ビラ貼りとは異なり、企業施設の機能を損なう恐れが少なく、企業の施設管理権に対する侵害の程度は低いが、休憩時間中にビラを配布すると、労働者の休憩時間の自由利用を妨げたり、ビラの内容によっては企業の名誉・信用を失墜させたりするおそれがある。そのため、使用者は、労働組合のビラ配布を禁止する、あるいは、事前許可制をとることがある。

判例は、職場内での無許可のビラ配布行為について、形式的に就業規則の規定に違反するように見える場合でも、ビラ配布が工場内の秩序を乱すおそ

れのない特別の事情が認められるときは、規定の違反になるとはいえないと判示した（明治乳業事件：最判昭58・11・1労判417号21頁）。また、私立学校の教職員による職員室内での無許可のビラ配布に対する懲戒処分につき、ビラ配布が形式的に就業規則に違反するようにみえる場合でも、ビラの内容や配布の態様等から、それが学校内の職場規律を乱すおそれがなく、また生徒に対する教育的配慮に欠けるおそれのない特別の事情が認められるときは、規定違反を理由に懲戒処分をすることは許されない、と判示した（倉田学園事件：最判平6・12・20労判669号13頁）。

Ⅲ　就業時間中の組合活動

　労働者は、労働契約に基づき、所定の就業時間中、使用者の指揮命令（業務命令）に従って労務を提供する義務を負う。これを「職務専念義務」という。狭義の意味では、勤務時間および職務上の注意力のすべてをその職責遂行のために用いる（国公101条1項、地公35条）ことをいい、広義の意味では、労働者は労働契約に基づいて就業時間中は与えられた職務に専念する義務を負うことをいう。

　職務専念義務が問題になるのは、組合員が組合活動として就業時間中にリボン、プレート、ワッペン、バッジ、鉢巻、腕章等を着用しながら業務に従事する「服装闘争（あるいはリボン闘争）」の場面である。服装闘争の目的は、組合員の士気の高揚、使用者への心理的圧力、顧客・第三者へのアピール等にある。これに対して、使用者がそれを取り外すよう命令したにもかかわらず、労働者がこの業務命令に従わないときに、使用者の業務命令に反した組合活動が労働契約違反になるかについて争いが生じる。

　最高裁は、団結活動は組合が自己の負担で行うのが原則であり、勤務時間中の組合活動は使用者の負担でなされ経済的不公平さを欠き、たとえ労務給付に影響を与えないとしても誠実に労務に服すべき義務に反するとして違法な行為であると判断した（大成観光事件：最判昭57・4・13労判383号19頁）。また、最高裁は、職務専念義務を「職員がその勤務時間及び職務上の注意力のすべてをその職務遂行のために用い職務にのみ従事しなければならないことを意味する」ものとし、プレート着用行為は「身体活動の面からだけみれ

ば作業の遂行に特段の支障が生じなかったとしても、精神的活動の面からみれば注意力のすべてが職務遂行に向けられなかったものと解される」として、職務専念義務に違反すると判示した（目黒電報電話局事件：最判昭52・12・13労判287号26頁）。

この2つの最高裁が示した職務専念義務は、労働者に非常に高度な精神的集中を求めるものであるが、職務専念義務を厳格に解すると、労働者の使用者に対する全人格的従属を強いることになる。労働者の職務専念義務は、労働契約上要請される労働を誠実に履行する義務にすぎず、労働契約上の義務と何ら支障なく両立し使用者の業務を具体的に阻害することのない行為は、就業時間中になされても必ずしも職務専念義務に違背するものではない（大成観光事件最高裁伊藤裁判官補足意見）との意見はきわめて重要である。

Ⅳ　労働組合の言論活動

労働組合もしくは組合員が、会社の労務・経営政策や役員・管理職を批判する言論活動は、労働組合・労働者による表現の自由の行使であると同時に、団結権・団体行動権の行使である。しかし、その内容が他人の名誉や信用を侵害したり、会社に不利益を及ぼしたりする場合には、懲戒処分の対象となることがある。

判例は、ビラ約350枚を社宅に配布した労働者に対する譴責処分の効力が争われた事案について、「職場外でなされた職務遂行に関係のない労働者の行為であっても、企業の円滑な運営に支障を来すおそれがあるなど企業秩序に関係を有するものである」から、「そのような行為をも規制の対象とし、これを理由として労働者に懲戒を課すことも許される」と判示した（関西電力事件：最判昭58・9・8労判415号29頁）。判例は、労働者が企業の円滑な運営を図るために広く企業秩序を守る義務を負うことを強調して、組合および労働者個人の企業批判活動に対し厳しい態度をとる傾向にある。

また、役員・管理職などの個人の名誉や企業の名誉・信用は保護されるべき法益であり、この観点から、労働組合・労働者による批判活動には制約が生じざるを得ない。しかし、労働者・労働組合の言論が企業の犯罪行為や反社会的行為に対する内部告発の意味を持つ場合には、批判活動の正当性の問

題となる。この場合、正当性評価で重視されるのは、批判内容の真実性、使用者による反論可能性、表現方法の限界を逸脱していないかどうか、それが企業に及ぼした影響、そうした表現方法の経緯等を加味して判断されるべきである。

第2章　不当労働行為

> 本章のねらい
>
> 　労働組合は、労働条件の維持改善を求めて、使用者と団体交渉を行ったり、様々な組合活動を行ったりします。このような労働組合や組合員の活動に対して、「労働組合の組合員であることを理由として解雇された」、「解雇されたので組合を通じて団体交渉を申し入れたが、会社が拒否した」、「上司から、組合を脱退するよう強要された」など、使用者が組合活動に対して様々な抑圧や妨害、干渉を行うことが問題になります。労働組合や組合員に対するこのような使用者の行為に対して、どのような救済を図ることができるでしょう。この章で考えてみましょう。

第1節　不当労働行為概説

Ⅰ　不当労働行為制度の意義・沿革・目的

1．意　義

　使用者が労働組合の存在や組合活動を嫌い、組合活動に対して様々な抑圧や妨害、干渉を行うことは、憲法 28 条が保障する団結権・団体交渉権・団体行動権 (労働三権) を侵害する行為である。憲法が保障する労働三権の実効性を確保するために、労組法は、使用者の労働組合や労働者に対する次のような行為を「不当労働行為」として禁止している (労組 7 条)。すなわち、①組合員であることを理由とする解雇その他の不利益取扱い (同条 1 号)、②正当な理由のない団体交渉の拒否 (同条 2 号)、③労働組合の運営等に対する支配介入および経費援助 (同条 3 号)、④労働委員会への申立て等を理由とする不利益取扱い (同条 4 号) である (不当労働行為の類型については 274 頁以下)。これらの使用者の行為があったと思われる場合には、労働者または労働組合は、使用者の不当労働行為を除去するよう労働委員会に対して救済を求めることができる。これを「不当労働行為救済制度」という (不当労働行為の救済については 283 頁)。

2．沿　革

　1945（昭20）年に制定された労組法（旧労組法）は、組合員たることを理由
とする不利益取扱いと、組合に加入しないこと又は脱退することを雇用条件
とすること（黄犬契約）を禁止し、この違反に対しては、6か月以下の禁錮ま
たは500円以下の罰金に処する旨規定していた（科罰主義）。

　現在の不当労働行為制度は、1949（昭24）年の労組法改正に際して、アメ
リカの1935年全国労働関係法（ワグナー法）の不当労働行為制度をモデルに
して導入されたものである。旧労組法と比較すると、2つの点で大きな変更
がもたらされた。1つは、不利益取扱いと黄犬契約に加え、団交拒否や支配
介入・経費援助も禁止の対象としたことである。もう1つは、救済の仕組み
について科罰主義を廃止し、代わりに、不当労働行為によって生じた状態を
労働委員会が救済命令によって直接是正すること、すなわち、不当労働行為
がなかった状態に復せしめる「原状回復」を目的とする行政救済制度として
創設したことである。

3．目　的

　不当労働行為制度は、労組法が、裁判所による救済の他に労働委員会によ
る救済という特別の制度を創設したものである。不当労働行為制度の目的に
ついて、学説は、①憲法28条の団結権等の保障を具体的に実現するために
設けられた制度であるとするもの（団結権保障説）、②団結権保障を前提とし
た公正な労使関係秩序の実現を図るための制度（団結権保障（秩序）維持説）、な
いし、職場における労使関係ルール違反の規制を目的とする制度であるとす
るもの（公正労使関係秩序説）、③憲法28条を基礎として、労組法が円滑な団
体交渉関係の実現のために特別に政策的に創設したものであるとするもの
（団体交渉重視説）などが主張されている。

　判例は、労働委員会の救済命令の目的は、使用者による組合活動侵害行為
によって生じた状態を直接是正することにより、「正常な集団的労使関係秩
序の迅速な回復、確保を図ること」にあるとする（第二鳩タクシー事件：最判昭
52・2・23民集31巻1号93頁）。

Ⅲ　不当労働行為の主体

　労組法7条は「使用者」による不当労働行為を禁止している。一般に、「使用者」とは、労働契約上の雇用主をいうが、それに限定されるわけではない。近年、雇用形態・就労形態の多様化や企業組織の再編が進み、同条における「使用者」の範囲をどのように画するかをめぐって議論がある。

1．学　説

　学説は、①不当労働行為の責任主体としての使用者を労働契約上の雇用主とする説、②不当労働行為制度は労働関係上の諸利益を直接に脅かすような形態での反組合的行為を排除または防止することを目的とすることから、「労働関係上の諸利益に何らかの直接的な影響力ないし支配力を及ぼしうる地位にある一切の者」も不当労働行為制度上の使用者たりうるとする説（支配力説）、③労働者の自主的な団結と、団結目的に関連して対抗関係に立つ者と定義する説（対抗関係説）、④「労働契約関係ないしはそれに隣接ないし近似する関係を基盤として成立する団体的労使関係の一方当事者」とする説（労働契約基準説）などが主張されている。

2．判例・裁判例

　(1) 業務請負における発注会社の使用者性　労組法7条の「使用者」は通常は雇用関係の当事者としての事業者をいうが、直接の雇用関係にはない事業主であっても、団結保障の趣旨や不当労働行為制度の目的に照らして、使用者と認められることがある。例えば、下請会社から派遣された社外工の受け入れの打切りに関する団交拒否が争われた事案で、受け入れ企業を労組法7条の使用者にあたると判断したもの（油研工業事件：最判昭51・5・6労判252号2頁）や、キャバレーでバンド演奏に従事する専属楽団員の団交拒否事案で、経営者の使用者性を肯定したもの（阪神観光事件：最判昭62・2・26労判492号6頁）がある。また、最高裁は、事業主が雇用主との間の請負契約により派遣を受けている労働者をその業務に従事させている場合において、「雇用主以外の事業主であっても雇用主から労働者の派遣を受けて自己の業務に従事させ、その労働者の基本的な労働条件等について、雇用主と部分的とはいえ

同視できる程度に現実的かつ具体的に支配、決定することができる地位にある場合には、その限りにおいて、右事業主は同条の「使用者」にあたる者と解するのが相当である」とした（朝日放送事件：最判平 7・2・28 労判 668 号 11 頁）。

　　(2) 近い将来もしくは過去の使用者性　　近い将来において労働契約関係が成立して使用者となることが確実な者は、労組法上の使用者としての責任を負うことがある。

　例えば、会社合併の直前に、吸収会社が被吸収会社の労働者が組織する労働組合に対して不当労働行為を行った場合に、吸収会社は使用者とみなされる（日産自動車事件：東京地労委昭 41・7・26 命令集 34=35 集 365 頁）。また、派遣先会社は近い将来直用化を予定している派遣労働者との関係で労組法 7 条の使用者にあたるとして、派遣先が派遣労働者の組織する労働組合との団交を拒否した行為は同条 2 号の不当労働行為に該当するとした裁判例がある（クボタ事件：東京地判平 23・3・17 労判 1034 号 87 頁）。

　なお、病院の譲渡に伴う譲受事業主による採用時の組合差別（青山会事件：東京高判平 14・2・27 労判 824 号 17 頁）や、国鉄の分割・民営化における特定組合の組合員に対する採用拒否(JR 北海道・JR 貨物不採用事件：最判平 15・12・22 民集 57 巻 11 号 2335 頁）については、不当労働行為の不利益取扱い（→ 277 頁）で取り上げる。

　また、過去の使用者が不当労働行為法上の「使用者」となるかが問題となることもある。例えば、会社が労働者を解雇したため、被解雇者の属する組合が会社に対して解雇撤回や退職条件に関する団体交渉を申し入れた場合には、会社は団体交渉に応ずべき使用者にあたる（反復更新されて雇用されてきた季節労働者の再雇用について、当該労働者を雇用していた企業は組合との関係で使用者にあたるとしたものとして、万座硫黄事件：中労委昭 27・10・15 命令集 7 集 181 頁がある）。最近では、会社の工場で石綿を使う作業に長年従事し、その後退職した元従業員らが加入する労働組合が、会社に対し、会社における石綿使用の実態を明らかにするとともに、補償制度等を求めて会社に団体交渉を要求したが拒否された事案において、元従業員は労組法 7 条 2 号の「使用者が雇用する労働者」であり、会社は団交応諾義務があると判断した（住友ゴム工業事件：大阪高判平 21・12・22 労判 994 号 81 頁、最判平 23・11・10 労判 1034 号 98 頁は会社の上

告受理申立てを退けた）。

　（3）**親会社等の使用者性**　　親会社等（支配会社）が株式保有、役員派遣、下請関係などによって子会社等（従属企業）を支配している場合に、親会社等を労組法7条の使用者とみなすことができるかが問題となる。以前は実質的な影響力・支配力を根拠に使用者性を肯定する労働委員会命令がみられた（最近でも、大阪証券事件：中労委平15・3・19命令集125集1139頁、シマダヤ事件：中労委平16・12・15命令集130集1118頁、富士通・高見澤電機製作所事件：長野地労委平17・3・23命令集131集854頁などがある）。

　しかし、下級審では、朝日放送事件最判の基準を用いて、労働者の労働条件等について「雇用主と同視できる程度に現実的かつ具体的に支配、決定」できる地位にはないとして支配会社の使用者性を否定するものが多い（大阪証券取引所事件：東京地判平16・5・17労判876号5頁、ブライト証券ほか事件：東京地判平17・12・7労経速1929号3頁、高見澤電機製作所ほか2社事件：東京地判平23・5・12判時2139号108頁、同事件東京高判平24・10・30別冊中労時1440号47頁）。

　もっとも、朝日放送事件最判は、他企業に雇用される労働者を利用する者の使用者性に関する判断基準を示したものであり、異なる企業間の支配・従属関係が問題となる親会社等の使用者性について応用することには批判もある。ある企業（支配企業）が、株式所有や役員派遣などによって従属企業を支配している場合、従属会社の労働条件決定やそこで生じた問題を解決するためには、支配企業との団体交渉が不可欠である。したがって、支配企業は従属会社への支配力や影響力に応じて、使用者として団体交渉義務を負うべきである。

3．使用者への帰責

　労組法7条は「使用者」の一定の行為を不当労働行為として禁止している。判例上、不当労働行為の責任主体は法人または事業主に限定されると解されているため（済生会中央病院事件：最判昭60・7・19民集39巻5号1266頁）、管理職等によってなされた不当労働行為を使用者に帰責できるかが問題となる。

　この点、部長や課長などの職制の行為も、使用者の指示にもとづくか、行為者自身が使用者の意を体して行われたとして、使用者に帰責される。また、

使用者の労務管理に関する計画や方針の決定に直接または間接に関与している職制も、経営組織上の地位や権限の内容が重要な意味をもつから、その者の言動も使用者に帰責されると解されている。

　判例は、使用者の利益代表者（労組2条ただし書1号）に近接する職制上の地位にある者が使用者の意を体して労働組合に対する支配介入を行った場合には、使用者との間で具体的な意思の連絡がなくとも、使用者の不当労働行為と評価することができるとした（JR東海（新幹線・科長脱退勧誘）事件：最判平18・12・8労判929号5頁）。ここでいう「意を体して」とは、不当労働行為についての使用者との具体的な意思の連絡がある必要はなく、別組合の組合員として行ったとか個人的関係から行ったことが明らかという特段の事情がない限り、他組合を好ましくないと思う意向が認められることで足りるとされている。

第2節　不当労働行為の成立と類型

Ⅰ　不利益取扱い

1．不利益取扱いの成立要件

　労組法7条1号は、不利益取扱いの不当労働行為が成立するための3つの要件を規定している。すなわち、(1) 労働者が労働組合の組合員であること、労働組合に加入しもしくはこれを結成しようとしたこと、労働組合の正当な行為をしたこと、労働者が労働組合に加入せず、もしくは労働組合から脱退することを雇用条件とすること（黄犬契約）、(2) その「故をもって」、(3) 解雇その他の不利益な取扱いをすることを禁止している。また、労働者が都道府県労委・中労委に不当労働行為救済もしくは再審査の申立てをしたこと、もしくは、労働委員会における調査・審問等に際して証拠の提示や発言をしたことを理由として、解雇その他の不利益取扱いをすることも禁止されている（同条4号）。

　労組法7条1号にいう「労働組合」は労組法上の適格組合であることが必要であり、労働組合が救済申立てを行うときは資格審査を受けていなければならない。ただし、労働者が申立人となって救済を受けようとするときは、適格組合としての要件を満たしていなくてもよい（同項ただし書）。

「労働組合の…行為」とは、基本的に、組合の機関決定や指令にもとづく行為、労働組合が自ら活動として認める行為、組合活動に関連する活動で組合が関与したもの（組合が後援・支持した文化活動など）である。組合員が執行部を批判する活動やその他自発的な活動をすることも、労働組合とのかかわりをもつ限り、労働組合の行為と解される。少数派の自発的活動であっても、「労働者の生活利益を守るための労働条件の維持改善その他の経済的地位の向上を目指して行うものであり、かつ、それが所属組合の自主的、民主的運営を志向する意思表明行為であると評価」できるものであれば、労働組合の行為と認める裁判例がある（千代田化工建設事件：東京高判平7・6・22労判688号15頁）。

労働組合の「正当な」行為とは、不当労働行為制度上、組合活動等が不利益取扱いから保護されるべき行為であるか否かという観点から、個々の行為をめぐる事情を考慮して個別・具体的に評価されるべきであるとされる（就業時間中の組合活動の正当性については266頁、施設利用の組合活動については265頁、争議行為については318頁、労働組合の政治活動については319頁参照）。

2．不当労働行為意思

（1）不当労働行為意思の意義　労組法は、組合の加入・結成や正当な組合活動の「故をもって」（7条1号）、また労働委員会への申立て等の行為を「理由として」（同条4号）、解雇その他不利益取扱いを禁じている。「故をもって」とは、そのことを「理由（動機）として」という意味であり、使用者が労働者の組合活動等の事実を認識し、それを理由として不利益取扱いに及ぶ意思のことを「不当労働行為意思」という。

使用者に不当労働行為の意思があったかどうかは、使用者の内心の問題であるため、それを直接に証明することはできない。そのため、不当労働行為の成立要件として、使用者の不当労働行為意思が必要であるか否かが問題となる。

学説は、労働者が組合員であること、あるいは、労働組合の正当な行為をしたことと不利益取扱いとの間に客観的な因果関係があれば良いとする「意思不要説」と、労組法7条1号は組合の加入・結成や正当な組合活動の「故

をもって」、解雇その他の不利益取扱いをすることを禁止していることから、一般には不当労働行為意思の存在が必要であるとする「意思必要説」がある。使用者の内心は外部に表れた間接事実から総合的に判断するしかなく、その判定においては、従前からの労使関係の経緯や、労働組合に対する日頃の使用者の態度などが重要な要素になる。

(2) 動機（理由）の競合　　組合員に対する不利益取扱いについて、使用者の不当労働行為意思が認められるとともに、他の理由（例えば勤務態度や非違行為など）も認められる場合に、不利益取扱の不当労働行為が成立するか否かが問題になる。これを、「動機（理由）の競合」という。例えば、組合の執行委員長が勤務態度不良を理由に解雇されたが、会社は日頃から組合を嫌悪しており、組合の中心人物である委員長を排除したいと意図していたケースである。この場合、当該不利益取扱いの理由のうちいずれが決定的であるかを探求すべきとする見解（決定的原因説）と、組合活動がなかったなら不利益取扱いがなされなかったと認められるときは不当労働行為の成立を認める見解（相当因果関係説）が主張されている。

最高裁は、組合活動家に対する配転命令が争われた事案において、会社の反組合活動の意思が、配転の業務上の必要性よりも優越し、配転を行うに至らしめた決定的な動機であったとするには、客観的、具体的根拠が十分ではないとして、不当労働行為意思の認定を否定した高裁判決の結論を支持した（東京焼結金属事件：東京高判平4・12・22労判622号6頁、最判平10・4・28労判740号22頁）。

(3) 第三者からの強要による不利益取扱は不当労働行為になるのか　　取引先や融資先などの第三者が労働者の正当な組合活動を嫌悪し、取引契約の解除や融資の打ち切りなどの経済的圧力のもとに使用者に対して組合員の不利益取扱いを強要することがある。強要によるとはいえ取引先の意図を承知して使用者がそれを受け入れたものとして、使用者の意思内容を形成したとみることができる。

最高裁は、第三者たる取引先会社の要求が労働者の正当な組合活動等への嫌悪に基づくものであることを知りつつ不利益取扱いを行ったのであれば、それがそのまま使用者の意思内容を形成しているとして、不当労働行為意思

を認めた（山恵木材事件：最判昭 46・6・15 民集 25 巻 4 号 516 頁）。

3．不利益取扱いとは

　労組法 7 条 1 号および 4 号は、解雇その他不利益な取扱いを禁止している。具体的には、①解雇、懲戒処分、休職、配転、出向、降格など「人事上の待遇に関する不利益取扱い」、②減給、賞与支給の遅延、賃金・一時金の査定差別など「経済的な不利益取扱い」、③不当に低い職務等に配置したり、仕事を与えたりしないなどの「精神的不利益取扱い」（西神テトラパック事件：東京高判平 11・12・22 労判 779 号 47 頁）、④組合員と非組合員間の査定・昇格・昇進差別や、労働組合の幹部や活動家を組合員資格のないポストに昇格させることなど「組合活動上の不利益」（朝日火災海上保険事件：東京地判平 13・8・30 労判 816 号 27 頁）がある。

　また、労働者の不採用あるいは本採用の拒否は不利益取扱いにあたるかが問題となる。使用者には採用の自由があるので、誰を採用するか（しないか）は、使用者が自由に決めることができる。しかし、労働者の不採用（ないし採用拒否）も、組合活動を理由とするなど特段の事情の存在が認められれば、不利益取扱いの不当労働行為に該当する。例えば、季節労働者の労働組合への加入を理由とする採用拒否は不利益取扱いにあたる（前掲万座硫黄事件）。また、医療法人間の事業譲渡において、事業譲受人が組合員を不採用としたことは組合活動を嫌悪して解雇したに等しいものであるとして、労組法 7 条 1 号の不利益取扱いに該当するとした裁判例もある（前掲青山会事件）。

　これに対して、最高裁は、JR 発足後の採用差別が争われた事案において、使用者の採用の自由や労組法 7 条 1 号の文言を根拠として、それが従前の雇用契約関係における不利益な取扱いにあたるなどの特段の事情がない限り、採用拒否は不当労働行為に該当しないとした（前掲 JR 北海道・JR 貨物不採用事件）。これは国鉄民営化という特殊な事情の下での判断であり、他の多くの事案（例えば、季節労働者の再雇用拒否や事業譲渡・合併の際の採用拒否など）にまで一般的に応用しうるものではない。

４．黄犬契約

労組法７条１号後段は、黄犬契約による不当労働行為を定めている。黄犬契約とは、使用者が労働者を雇用する際に、労働者が労働組合に加入しないこと、もしくは、労働組合から脱退することを雇用条件とすることをいう。歴史的にも、雇入れという労働者の対抗力が最も弱い時に使用者が組合活動を抑止することが多かったことから、それを禁止するために設けられた規定である。労働組合への加入・脱退だけではなく、組合に加入して積極的な活動はしないという趣旨の約定も、同じく禁止されると解される。

Ⅱ　団交拒否

労組法７条２号は、使用者が雇用する労働者の代表者との団交を「正当な理由がなくて拒むこと」を禁止している。同条によると、使用者は自己の雇用する労働者に対してのみ団体交渉義務を負うのが原則だが、労働契約に隣接する関係にある者や、雇用に近似する関係にある者なども、「使用者」として団体交渉義務を負うことがある。

Ⅲ　支配介入・経費援助（便宜供与含む）

労組法７条３号前段は、労働者が労働組合を結成し、もしくは運営することを支配し、またはこれに介入すること（支配介入）を、また、同条同号後段は、労働組合の運営のための経費の支払いにつき経理上の援助を与えること（経費援助）を不当労働行為として禁止している。

１．支配介入

（１）支配介入の態様　　支配介入には様々な態様がある。例えば、労働組合の結成に対する支配介入（組合結成のあからさまな非難、組合結成の中心人物の解雇または配転、従業員への脱退や不加入の勧告ないし働きかけ、親睦団体を結成させることなど）、労働組合の運営に対する支配介入（組合活動家の解雇・配転、正当な組合活動に対する妨害行為、組合幹部懐柔のための買収・供応、脱退勧奨、役員選挙など組合の内部運営への介入、別組合の結成援助・優遇など）がある。組合員個人に対する不利益取扱いは、同時に労働組合に対する干渉行為であることが多いため、

労組法7条1号および3号の不当労働行為として救済の申立てがなされることが多い。

(2) 支配介入の意思　労組法7条1号および4号とは異なり、同条3号は因果関係を要件としていない。そのため、支配介入の不当労働行為の成立については、使用者の支配介入の意思が要件となるのかが問題となる。

　最高裁は、客観的に組合活動に対する非難と組合活動を理由とする不利益取扱の暗示とを含むものと認められる発言により、組合の運営に対し影響を及ぼした事実がある以上、たとえ、発言者にこの点につき主観的認識ないし目的がなかったとしても、労組法7条3号にいう組合の運営に対する介入があったものと解するのが相当である、と判断している (山岡内燃機事件：最判昭29・5・28民集8巻5号990頁)。また最高裁は、労組法7条3号の支配介入の不当労働行為意思とは、直接に組合弱体化ないし具体的反組合的行為に向けられた積極的意図である必要はなく、その行為が客観的に組合弱体化ないし反組合的な結果を生じ、または生じるおそれがあることの認識、認容があれば足りる、とした (日本アイ・ビー・エム (組合資格) 事件：東京高判平17・2・24労判892号29頁)。

(3) 支配介入行為への使用者の帰責　支配介入行為は経営者自身によってのみならず、管理監督者、一般従業員、別組合員などによっても行われる。法人の取締役等や使用者の利益を代表する者 (労組2条ただし書1号) に該当する者 (部長、工場長、人事労務に関与して影響力を持つ者) の行為は、個人的立場によるとみるべき事情があるときを除き、原則として使用者の責任とされる。最高裁は、「労働組合法2条2号所定の使用者の利益代表者に近接する職制上の地位にある者が使用者の意を体して労働組合に対する支配介入を行った場合には、使用者との間で具体的な意思の連絡がなくとも、当該支配介入をもって使用者の不当労働行為と評価することができる」と判示している (前掲JR東海事件)。

(4) 使用者の発言　労使の団交決裂が予想される段階で、使用者が労働組合の対応を批判したり、威嚇したりする内容の発言や文書を示すことがある。使用者が労働組合の活動を批判することは組合に対する干渉になるが、他方で、使用者の発言を支配介入として禁止することは使用者の言論の自由

を侵害しうる。そのため、労働組合に対する使用者の発言が支配介入となるのはどのような場合かが問題となる。

　学説は、①使用者の反組合的発言は一般的なものであれ具体的なものであれ、組合の結成・運営に影響を与える可能性のあるものであれば支配介入となりうるとする見解、②使用者の発言は一般的な労使関係のあり方に関するものであれ、組合の具体的方針を批判するものであれ、原則として支配介入にはならず、ただ、報復、暴力の威嚇または利益の供与を示唆している場合にのみ支配介入になるとする見解がある。最高裁は、団交決裂が予想される中での社長の発言が不当労働行為に該当するかどうかについて、「言論の内容、発表の手段、方法、発表の時期、発表者の地位、身分、言論発表の与える影響などを総合して判断し、当該言論が組合員に対し威嚇的効果を与え、組合の組織、運営に影響を及ぼすような場合は支配介入となる」と判示した（プリマハム事件：最判昭57・9・10判時832号103頁）。

2．経費援助

　使用者が労働組合に経費の援助をすることは、一見すると、労働組合の利益になるように思われる。しかし、労働組合に対する経費援助は、使用者や労働組合の意図いかんにかかわらず、労働組合の自主性と独立を阻害するおそれがある。そのため、労組法7条3号は、労働組合の運営のための経費の支払いにつき経理上の援助を与えることを不当労働行為として禁止している。ただし、①労働者が労働時間中に賃金を失うことなく使用者と協議・交渉すること、②組合の福利厚生基金などに使用者が寄付すること、③最小限の広さの組合事務所を供与することは、経費援助にはあたらない。これに対して、在籍専従者の給与や組合用務の出張費用などを会社が負担することは経費援助にあたると解されている。

第3節　複数組合併存下の不当労働行為

Ⅰ　中立保持義務

　X社に多数組合Aと少数組合Bが併存する場合、A組合とB組合は使用者に対して平等の権利を有しており、各組合はX社と労働条件について独

自に交渉することができる。また、X社は、A・B両組合に対して平等取扱い・中立保持を義務づけられている。しかし、X社は、職場の統一的な労働条件を形成するために、A組合との団体交渉や合意を重視して、B組合にも同じ条件で妥結するように迫ったり、組合間の交渉力の差異から労働条件に格差が生じたりすることがある。この場合、少数組合に対する支配介入や不利益取扱いの不当労働行為は成立するだろうか。

団体交渉は使用者と労働組合の自由な取引の場であり、そこにおいて各組合が異なる方針や状況に基づいて選択した結果であれば、本来、不当労働行為の問題は生じない。しかし、最高裁は、「使用者は、いずれの組合との関係においても誠実に団体交渉を行うべきことが義務づけられ」、また、団交に限らず、「すべての場面で使用者は各組合に対し、中立的態度を保持し、その団結権を平等に承認、尊重すべきものであり、各組合の性格、傾向や従来の運動路線のいかんによって差別的な取扱いをすることは許されない」として、少数派組合の組合員に残業を指示しなかったことは労組法7条3号の不当労働行為にあたるとした（日産自動車事件：最判昭60・4・23労判450号23頁）。

使用者の中立保持義務は便宜供与にも及ぶ。最高裁は、労働組合が併存する場合に、一方の組合には特別な条件なしに組合事務所や掲示板を貸与しながら、他方の組合に対してその貸与を拒否したことに合理的理由はなく、組合弱体化の意図を推認させ、労組法7条3号の不当労働行為にあたるとした（日産自動車村山工場事件：最判昭62・5・8労判496号6頁）。

Ⅱ　差し違え条件

X社が、「3年間一切の争議行為をしない」という条件を多数組合Aと少数組合Bに提示し、受け入れて妥結したA組合には一時金を支給し、受け入れなかったB組合には一時金を支給しなかった。このように、使用者は、複数組合併存下での団体交渉において、一定の条件（差し違え条件）を提示し、労働者および労働組合がその条件を受諾しない場合には交渉や妥結を拒否したり、労働条件に差異を設けたりすることがある。差し違え条件の提示は、特定の組合に対する差別的取扱いや支配介入にあたるだろうか。

学説は、①労働組合の団体交渉における政策の自主的選択の結果や交渉力

の問題であり、使用者の不当労働行為法上の責任は生じないとする説、②組合並存下の労使関係におけるこの種の不当労働行為を、協調的な多数組合に加担する使用者による戦闘的な少数組合への組織攻撃と捉え、少数組合に対する差別的取扱・支配介入行為（労組7条1号・3号違反）とみる説、③誠実交渉義務という観点から使用者の交渉の仕方・態度の問題として捉え、使用者の誠実交渉義務が尽くされずに、少数組合との自主団交がなされなかったことにより格差が生じた場合には、不当労働行為（同条2号違反）を認定できるとする説がある。

　最高裁は、一時金交渉において、使用者が複数組合に「生産性向上に協力する」という条件を提示し、多数組合とは妥結したが、少数組合と妥結するに至らず、一時金に格差が生じたことについて、使用者が少数組合を弱体化する意図のもとに合理性のない前提条件に固執したのは不当労働行為にあたるとした（日本メールオーダー事件：最判昭59・5・29労判430号15頁）。他方、複数組合併存下において、使用者が多数組合と歩合給の引き下げと新たな勤務シフトによる36協定を締結したが、少数組合とは合意が得られず、少数組合の組合員に時間外労働を禁止した事案について、最高裁は、そうしなければ、少数組合に有利な条件を認めることとなり、また、会社の態度は不誠実とまではいえず、組合弱体化の意図は認められないとして、不当労働行為にはあたらないとした（高知県観光事件：最判平7・4・14労判679号21頁）。

Ⅲ　査定差別における大量観察方式

　組合員と非組合員との間における査定に基づく賃金・昇格差別等が問題になることがある。しかし、査定の結果は個人により異なるので、集団的査定差別が行われたのか、また、その査定差別は不利益取扱いや支配介入にあたるのかが問題となる。

　労働委員会は、このような査定差別の不当労働行為について、申立人側の証明負担を軽減して、実態に即した解決を図るために、「大量観察方式」という審理方式を採用している。すなわち、労働組合が、①組合員の査定結果が全体として、同期同学歴の非組合員集団の査定結果より低位にあること（集団的低位性）、②使用者が組合を嫌悪していたことの2つが立証されれば、

労組法7条1号違反の事実を一応推認し、使用者が査定結果に合理的理由があることを立証しない限り不当労働行為の成立を認めるというものである。

最高裁（紅屋商事事件：最判昭61・1・24労判467号6頁）は、労働組合が併存する会社において、一方組合と他方組合との賞与の平均人事考課率に顕著な格差がみられる事案において、大量観察方式により組合間差別を認定した労委命令を支持して、不当労働行為の成立を認めた。

もっとも、企業規模が小さいとか、比較対象の労働者が少数しか存在しない場合には、大量観察方式の手法を採用することは難しい。最近は、能力主義や個別人事が普及して、集団的均質性の認定が必ずしも容易でない事例が増えている。裁判例のなかには、能力や成果主義などが同等であることを組合員側が証明するように求め、不当労働行為の成否を否定したものがある（国民生活金融公庫事件：東京高判平16・11・17労判902号127頁）。また、等級、昇給および賞与に関する不利益取扱いの不当労働行為を主張する者が、組合員に対する低査定の事実と、組合員が組合員以外の者と能力や勤務実績において同等であることを、「自己の把握しうる限りにおいて具体的事実を挙げて立証」する場合に限り、能力・勤務実績が同等であると推認でき、これに対して、使用者の側で組合員の能力、勤務成績等が組合員以外の者より劣ることを具体的に反証する必要があるとした裁判例がある（オリエンタルモーター事件：東京高判平15・12・17労判868号20頁）。

第4節　不当労働行為の救済

I　行政救済

労組法が予定する不当労働行為の救済方法が、労働委員会による行政救済である（労組27条以下）。

1．救済の申立人・被申立人

救済の申立てができるのは、不当労働行為の対象となった労働者または労働組合である。労働組合が救済申立てをする場合には、労働委員会による資格審査を受けなければならない（労組5条1項）。労働委員会は資格審査に不備がある場合には、組合に補正を勧告することができる（労委則24条）。被申

立人は不当労働行為の主体たる使用者である。

労組法7条1号の不利益取扱いについては、労働者個人が救済を申し立てることもできるが、同条3号の支配介入は労働組合に対する不当労働行為であることから、労働者個人による救済申立てができるかが問題となる。最高裁は、労組7条3号について、労働組合と並んで組合員個人も申立て適格を有することを認めている（京都市交通局事件：最判平16・7・12労判875号5頁）。

労組法7条2号の団交拒否の当事者は労働組合であり、組合員個人による救済申立ては認められないとされている。

2．管轄（救済申立先）

不当労働行為の救済申立ては、原則として、労働者・使用者の住所地、労働組合の事務所の所在地、または不当労働行為の行為地にある都道府県労働委員会（都労委）になされる。全国的に重要な事件については、中央労働委員会（中労委）が管轄する（労組法施行令27条）。

労組法は、労使関係について専門的な行政機関である労働委員会を設け、裁判所とは異なる簡易な手続きによる迅速かつ弾力的な救済を図っている。労働委員会は、公益代表（公益委員）、労働者代表（労働者委員）、使用者代表（使用者委員）の三者から構成されている。この三者構成によって、労使の実務家の知識や経験を十分に踏まえた、労使関係の実情により適合した不当労働行為事件の解決が期待されている。

3．申立期間

救済の申立ては、不当労働行為が行われた日（継続する行為にあってはその終了した日）から1年以内に行う必要がある（労組27条2項）。

昇給・昇格差別事件における「継続する行為」について、最高裁は、昇給に関する考課査定において組合員であることを理由として低査定した場合、その賃金上の差別的取扱いの意図は賃金支払いによって具体的に実現されるから、その査定と毎月の賃金支払いとは一体として一個の不当労働行為をなすものみなすべきであり、その査定にもとづく賃金が支払われている限り不当労働行為は継続するとした（紅屋商事事件：最判平3・6・4労判595号6頁）。

4．審査手続

　労働委員会は申立てを受けたときは遅滞なく調査を行い、必要があると認められるときは審問を行う（労組 27 条 1 項）。調査は、両当事者の主張と争点を整理し、立証計画を明らかにさせて、審問が円滑に行われるよう準備する手続きである。審問は、証拠を取り調べて、申し立てられた不当労働行為の成否に関する事実を認定する手続きである。審問は公開で行われ、当事者双方は証拠を提出し、相手方の申請した証人に対して反対尋問をする十分な機会を与えられる。

　労働委員会は、事件の内容に照らして、申立書その他当事者から提出された書面等により、命令を発するに熟すると認められるときは、審問を経ないで命令を発することができる（労委規 43 条 4 項）。また、労働委員会は、審査の途中で、いつでも当事者に対して和解を勧告することができる（労組 27 条の 14 第 1 項、労委規 45 条の 2）。

5．救済命令

　労働委員会は、審問手続きを終えると、労使委員の意見を聴いたうえで、公益委員による合議で事実を認定し、それに基づいて申立人の請求する救済の全部もしくは一部を認容し、または申立てを棄却する命令を発する（労組 27 条の 12 第 1 項・3 項）。

　救済命令の具体的内容や救済の方法について労組法上定めはなく、労働委員会の裁量に委ねられている。労働委員会は不当労働行為がなかった状態に戻す「原状回復」を目的として、具体的事案に即して命令文を案出する。

　最高裁は、不当労働行為が成立する場合にいかなる内容の是正措置を命ずるかについて、不当労働行為による被害の救済としての性質をもつものでなければならないとする一定の限界を説きながら、労働委員会に広い裁量権を認めている（第二鳩タクシー事件：最大判昭 52・2・23 民集 31 巻 1 号 93 頁）。

　救済命令の内容は不当労働行為のタイプによって異なる。解雇については、現職（または現職相当職）への復帰と解雇以降の賃金相当額（バックペイ）の支払いが命じられる。最高裁は、解雇期間中の賃金からの中間収入の控除の要否および金額を決定するにあたっては、被解雇者個人の経済的被害の側面と

解雇が組合活動一般に対して与える侵害の側面から総合的な考慮を必要とするのであって、いずれか一方の考慮を怠り、または救済の必要性の判断において合理性を欠くときは、裁量権の限界を超え、違法になると判示した（前掲第二鳩事件。同様に、中間収入の控除を認めた判例として、あけぼのタクシー事件：最判昭62・4・2労判500号14頁がある）。

　団交拒否の不当労働行為の場合には、一定の事項について誠実に団交することを命じる団交応諾命令が出される。支配介入の不当労働行為の場合には、支配介入にあたる特定行為の禁止命令や、今後支配介入にあたる行為を行わない旨の文書を事業場内に掲示する命令（ポスト・ノーティス命令）が出される。

　昇給・昇格差別の救済命令について、最高裁は、一時金にかかる査定差別の認定について大量観察方式を是認し、平均考課率の差を差別された組合員の考課率に上積みして、差別された組合員の一時金の額を再計算して支給額との差額を支給する旨の救済命令を労働委員会の裁量権の行使により許されるとした（前掲紅屋商事事件）。

6．再審査手続

　都道府県労委の命令に不服がある当事者は、中央労働委員会に再審査の申立てをするか、あるいは、裁判所に対してその取消しを求める行政訴訟を提起することができる。使用者については、中労委への再審査申立てまたは取消訴訟のいずれか一方しか許されない（労組27条の15・27条の19）。再審査申立て期間は、労使双方とも、命令の交付を受けたときから15日以内である。中労委の再審査手続きについては初審手続きが準用される（27条の17）。

7．取消訴訟

　中労委の再審査命令に不服がある当事者は、命令の取消しを求める行政訴訟（取消訴訟）を提起することができる。取消訴訟は、都道府県労委命令に対して提起することもできる。

　使用者による取消訴訟は、命令の公布の日から30日以内に（労組27条の19）、労働者・労働組合による取消訴訟については、処分のあったことを知った日から6か月以内に（行訴14条1項）訴訟を提起しなければならない。

取消訴訟の被告になるのは、命令を出した都道府県労委あるいは中労委が所属する都道府県あるいは国である。また、使用者による取消訴訟では救済申立人たる労働者・労働組合が、労働者・労働組合による取消訴訟では被申立人たる使用者が、それぞれ補助参加人として訴訟に参加することができる。

　使用者が取消訴訟を提起した場合に、当該命令を発した労働委員会は、使用者に対して、判決が確定するまで労働委員会の出した命令の全部または一部に従うように命じることができる（労組27条の20）。これを「緊急命令」という。使用者が緊急命令に違反した場合には、行政罰である過料の制裁が課される（同法32条）。

Ⅱ　司法救済

　労組法7条各号は憲法28条の団結権を具体化したものである。判例は、これらの規定が私法的効力をもつことを認めている（医療法人親光会事件：最判昭43・4・9民集22巻4号845頁、国鉄団交拒否事件：東京高判昭62・1・27労判505号92頁）。したがって、同条各号に違反する不当労働行為は、基本的に私法上違法・無効と評価される。

　不当労働行為について裁判上いかなる救済がなされるかは、不当労働行為の類型によって異なる。労組法7条1号及び4号の不利益取扱いに該当する法律行為は無効であり、労働者は裁判所に対して、従業員たる地位の確認ないし地位保全を求めることができる（医療法人新光会事件：最判昭43・4・9民集22巻4号845頁は、不利益取扱い禁止規定に違反する解雇を無効と判断した）。また、労組法7条1号及び3号に反する差別待遇については、労働者及び労働組合は使用者に対して、不法行為（民709条）による損害賠償を請求することができる。最高裁は、職制上司による脱退勧誘を当局が容認、期待ないし助長したことは支配介入にあたる旨の原審の判断を適法として、慰謝料の支払いを認めた（全税関横浜支部事件：最判平13・10・25労判814号34頁）。

　また、正当な理由のない団交拒否に対して、労働組合は、使用者または使用者団体に対して、団交を求めうる地位の確認請求ないしその地位を仮に定める仮処分申請をすることができる（→296頁）。

第3章　団体交渉

> 本章のねらい
>
> 　労働組合は使用者と対等な立場で労働条件について交渉することにより、より良い労働条件を獲得することができます。しかし、組合が団体交渉を求めても使用者がそれを拒否したり、あるいは、組合が賃金要求に関連して資料の提示や説明を求めても使用者がそれに応じなかったりということがあります。また、職場に複数の組合が併存している場合に、使用者と友好的な関係にある組合とだけ団体交渉を有利に進めようとすることも少なくありません。
>
> 　このような団体交渉をめぐる諸問題について本章で考えてみましょう。

第1節　団体交渉概説

Ⅰ　団体交渉の意義・形態

　団体交渉とは、労働組合またはそれに準ずる団体が、労働条件の維持・改善や労働者の権利、労使関係のルールなどについて、使用者ないし使用者団体と行う交渉である。使用者に対して弱い立場にある労働者は、労働組合を結成し、使用者と対等の立場で団体交渉することによって、労働条件の維持・改善その他労働者の地位の向上を図ることができる。

　憲法 28 条は団体交渉を行うことを勤労者の権利として保障している。これを受けて、労組法 1 条は、「労働者が使用者との交渉において対等の立場に立つことを促進することにより労働者の地位を向上させること」や「使用者と労働者との関係を規制する労働協約を締結するための団体交渉をすること」を目的としている。また、労組法 7 条 2 号は、使用者による正当な理由のない団交拒否を不当労働行為として禁止している。

　このように団体交渉は労働条件に関する労働者の交渉力強化の手段であり、労使の対立的な取引の場である。また今日、団体交渉は労働条件の維持・改善にとどまらず、労使関係のルールを形成したり、職場内の問題について話し合いによって解決したりするなど、企業内労使コミュニケーションの場と

しても機能している。

II 団体交渉の形態

団体交渉の形態は労働組合の組織形態や方針などによって異なり、「企業別交渉」と「産業別交渉」に大別される。

「企業別交渉」は、当該企業の従業員の労働条件や待遇などについて、従業員を組織している労働組合が使用者との間で行う交渉である。日本では労働組合の多くが企業別組合であるため、企業別交渉の形で行われることがほとんどである。企業別交渉では企業の実態にあった交渉を行うことができるが、反面、当該産業分野や他の企業の動向を把握した交渉を行うことができないという短所もある。また、企業内に複数の組合が併存する場合に、複数組合が協議のうえ、共同して交渉を行うことがある。これを「共同交渉」という。最高裁は、会社の従業員で組織された2つの組合が共同して申し入れた団体交渉を拒否した事案において、当該2組合間にいまだ共同交渉が許されるべき条件、すなわち統一意思と統制力が確立していない限り、団交拒否は不当労働行為にあたらないと判示した（旭ダイヤモンド工業事件：最判昭60・12・13労判465号6頁）。

「産業別交渉」は、産業別の労働組合が産業別の使用者団体との間で当該産業の労働者に共通の労働条件その他の事項について行う交渉である。例えば、産業別組合もしくは産業別連合体と使用者団体が交渉する「統一交渉」、産業別連合体と企業別組合が共同して個別使用者と交渉する「共同交渉」、産業別連合体の統制のもとに、傘下の各企業別組合が共同してそれぞれ対応する使用者との間で行う「集団交渉」、産業別連合体と個別企業が交渉する「対角線交渉」などがある。

春闘 *column*

毎年春（2月頃）に、労働組合が経営側に対して一斉に賃上げ（ベースアップ）や労働時間の短縮など労働条件の改善を要するために交渉を行う。これを「春闘」という。労働組合側は「春季生活闘争」、経営側は「春季

労使交渉」と呼ぶ。

　1955 年に全国金属労働組合や日本電気産業労働組合など 8 つの労働組合が協力して賃上げなどを行ったのが春闘の始まりと言われており、半世紀以上の歴史がある。企業別労働組合が主流の日本では、個々の企業ごとの交渉力に差があり、交渉力も弱いという弱点があるため、毎年同じ時期に各企業や各産業が団結して交渉力を高めることによって、要求を実現しようとする狙いがある

　まず、毎年 1 月に経団連が春闘への姿勢を示し、これを受けて自動車や電気機器、鉄鋼などの大手製造業が交渉を開始する。大手企業の春闘によってその年度の賃金相場を決定した後、中小企業がその基準をもとに春闘を行い、おおむね 3 月頃に終了する。

　マスコミの取り上げ方によって春闘＝賃金交渉というイメージが強いが、春闘は労働条件全般を交渉する場である。春闘によって年度初めに労働条件の基本方針を決めることができるし、労働組合のない企業には春闘により形成される相場が自社の労働条件決定の基準になる。社会情勢の変化に伴い、春闘での交渉内容も年々変化している。今後も春闘には多くの社会的役割が期待される。

Ⅲ　団体交渉と労使協議制

　企業内における労使交渉の場として団体交渉の他に「労使協議制」がある。団体交渉は労働条件の維持改善等を主たる目的とする労使交渉であり、労使双方が合意しないときには争議行為の可能性がある。他方、労使協議制は、団体交渉と異なり、争議権をもたず、労働者の代表と使用者が企業経営上の諸問題、とりわけ労働者の雇用・労働条件や生活上の利害関係に直接・間接に影響する諸問題について、情報や意見を交換する制度である。

　ヨーロッパ諸国では、職業別ないし産業別の団体交渉とは別に、企業ないし事業所において経営・労働関係上の労働者の利益代表機関を法によって制度化している。例えば、ドイツでは、産業別組合と使用者団体の間で団体交渉が行われる一方で、人事や経営事項等を協議するために、各事業所に従業員を代表する事業所委員会が設置されている。

日本でも労働組合が存する企業の大半に労使協議機関が置かれているが、労働組合が企業ごとに組織されているため、団体交渉と労使協議制の区分が不明瞭である。労使協議において、団体交渉で扱われる内容を取り扱うこともあるし、団体交渉のルールや団交事項の整理などを行う場合もある。企業によっては、すべての交渉事項を労使協議制の下で話し合い、解決しなかった内容に関しては団体交渉で行うこともある。団体交渉と労使協議制は相互に補完し合う性質を持っている。

第2節　団体交渉の当事者と交渉担当者

　団体交渉の「当事者」とは、自らの名において団体交渉を行い、その成果である労働協約の締結主体となる者をいう。当事者のために団体交渉を現実に行う者は「交渉担当者」といわれる。

I　当事者

1. 労働者側の当事者

　労働組合は労働者が自主的に結成した団結体であり（憲28条）、通常は労組法2条に定められた労働組合がそれにあたる。日本では労働組合の多くが企業別組合であり、企業別交渉が一般的であることから、団体交渉の当事者となるのはほとんどの場合、単位組合である。企業別組合が加盟する上部団体も、労働組合の定義を満たし、規約を具備している場合には、固有の団交権を有する。また、企業別組合の支部・分会などの下部組織も、独自の規約、組織、財政基盤などを持ち、それ自体で労働組合としての実体を有している場合は、団交当事者となりうる。

　企業内に複数の組合が併存するときに、特定の組合と使用者との間で、当該組合を唯一の交渉相手と認め、他の組合と交渉しない旨を取り決めることを「唯一交渉団体条項」という。この条項は、他の労働組合の団体交渉権を不当に侵害するものとして法律的には無効であり、使用者が唯一交渉団体条項を理由に、他の組合の団体交渉申し入れを拒否することはできない。

2. 使用者側の当事者

使用者側の当事者は、使用者（企業または個人経営者）または使用者団体である。使用者団体が団体交渉の当事者となるためには、団交を行いうる統制力を備え、定款・規約にその旨が明記されていることが必要である。

Ⅱ　団交の交渉担当者

1. 労働者側の担当者

労働者側で団交を担当する権限を有するのは、労働組合の代表者またはその委任を受けた者である（労組6条）。具体的には、組合三役（委員長、副委員長、書記長）、および、執行委員などである。組合員以外にも、上部団体の役員や下部組織、弁護士などに委任することもできる。使用者は、委任を受けた上部団体役員等が同席することを理由に団体交渉を拒否することはできない。

上部団体の役員など第三者の団体交渉への参加を禁止するために、労働協約のなかに、団体交渉を第三者に委任することを禁止する旨の規定を設けることがある。これを「第三者委任禁止約款（条項）」という。委任禁止が労働組合の自主的判断に基づく場合には無効とはいえないとする見解もあるが、委任の禁止は憲法28条の団体交渉権の不当な制限であり、当事者の自主的な合意とみることは困難であることから、無効と解される。

2. 使用者側の担当者

使用者側の交渉担当者については労組法6条のような規定がないので、交渉担当者を誰にするかは使用者が自由に決めることができる。会社の代表者以外の者（労務担当役員、人事部長など）に相当の交渉権限を与えて交渉担当者とすることができる。しかし、使用者側の団交担当者は、実質的な交渉を実現するために交渉権限を有する者でなければならない。そのため、会社側の交渉担当者が交渉権限を要する事項や委任された範囲内での事項について持ち帰って検討するということを繰り返し、いたずらに交渉を引き延ばす場合には、不誠実団交の不当労働行為と判断されることがある（不誠実団交については294頁参照）。

第3節　団体交渉事項

　団体交渉の対象事項は労使が自主的に決めることである。使用者が労働組合の団交要求に応じる限り、すべての事項を団交の対象事項とすることができる。このうち、使用者が団交応諾義務を負う事項を「義務的団交事項」、労使が任意に団交の対象となしうる事項を「任意的団交事項」という。

　「義務的団交事項」とは、労働条件その他の待遇や労働者の地位・身分など労働者の経済的地位に関する事項、もしくは、労働組合と使用者間の団体的労使関係の運営に関する事項であって、かつ、使用者に処分可能なものである (エス・ウント・エー事件：東京地判平9・10・29労判725号15頁)。解雇された労働者や退職した元従業員が加入して団交の申込みをしたときにも、使用者は団交応諾義務を負うとされている。具体的には、賃金、労働時間、安全衛生、福利厚生などの労働条件、懲戒、解雇の基準、退職、雇止めなど労働者の地位に関する事項、企業内組合活動の権利や便宜供与、労働協約の改訂にかかわる事項などをいう。

　非組合員の労働条件も義務的団交事項となるかが問題となる。団体交渉は当該組合の組合員の経済的地位の向上に重要な関係をもつ事項を対象とする。そのため、非組合員の労働条件は当然に団交事項にあたるものではない。しかし、それが将来にわたり組合員の労働条件、権利等に影響を及ぼす可能性が大きく、組合員の労働条件との関係が強い場合には、義務的団交事項に該当する (根岸病院事件：東京高判平19・7・31労判946号58頁は、新規採用者の初任給引き下げを義務的団交事項であると判断した)。

　また、経営事項や管理運営事項が団交の対象となるかが問題となる。例えば、生産設備や生産の方法、工場の移転、経営幹部の人事、事業譲渡、会社組織の変更、業務の外注・下請化などは、使用者の経営権に属する専権事項であり、団体交渉の対象にならないとする見解がある。しかし、これらの問題も、労働者の労働条件に影響を及ぼす限りにおいては、義務的団交事項となる。球団の事業譲渡について、労働組合との義務的団交事項であるとした裁判例 (日本プロフェッショナル野球組織事件：東京高決平16・9・8労判879号90頁) がある。

第4節　団体交渉の開始手続

団体交渉の開始手続、時間帯、場所、出席者、予備折衝の有無などの団交のルールについては基本的に当事者の自治に委ねられている。団交のルールについて労使慣行が成立している、あるいは、労働協約で取り決められている場合は、労使間の自主的ルールとして尊重される。また、団交の開始に先立って行われる事前の打ち合わせや予備折衝によって当事者が自主的に決定することもある。

通常は、団体交渉の開始前の予備折衝において、担当者、団交事項、日時、場所、時間など団体交渉のルールについて協議する。使用者が、団体交渉の場所、時間、交渉人数などに関して自ら主張するルールに固執し、ルールに関する合意の不成立を理由として団体交渉を拒否することは、不当労働行為とみなされる（商大自動車教習所事件：東京高判昭62・9・8労判508号59頁）。また、労働組合が当日の団体交渉を開催条件のルールに関する事務折衝に切り替えてほしいと要求したのに、学園が応じなかったことは、団体交渉の開催条件に関する交渉を正当な理由なく拒否したものと評価されてもやむをえないとした裁判例がある（普連土学園事件：東京地判平7・3・2労判676号47頁）。

第5節　誠実交渉義務

使用者は、労働者の代表者と誠実に交渉しなければならない義務を負う。使用者が正当な理由なく団交を拒否することは不当労働行為として禁止されている（労組7条2号）が、使用者が労働組合からの団交の申し入れに対して誠意をもって交渉に当たったとは認められない場合も、団交拒否として不当労働行為となる。

誠実交渉義務の具体的内容について、裁判例は、「使用者は、自己の主張を相手方が理解し、納得することを目指して、誠意をもって団体交渉にあたらなければならず、労働組合の要求や主張に対する回答や自己の主張の根拠を具体的に説明したり、必要な資料を提示するなどし、また、結局において労働組合の要求に対し譲歩することができないとしても、その論拠を示して反論するなどの努力をすべき義務があるのであって、合意を求める労働組合の努力に対しては、右のような誠実な対応を通じて合意達成の可能性を模索

する義務がある」と判示した（カール・ツァイス事件：東京地判平元・9・22労判548号64頁）。

　誠実交渉義務は、労働組合の主張に対し誠実に対応することを通じて、合意達成の可能性を模索する義務である。したがって、使用者が合意達成の意思のないことを最初から明確にした態度で交渉に臨む場合、交渉権限のない者によって見せかけだけの団体交渉を行う場合、組合の要求・主張に対する回答・説明・資料提示など具体的対応が不足している場合などは、誠実交渉義務に違反する。

　もっとも、誠実交渉義務は、譲歩や妥結義務までを認めるものではない。使用者が十分な説明や資料を提示して団交に応じ、これ以上交渉を重ねても進展する見込みがない段階に至った場合は、団交を打ち切っても誠実交渉義務に違反しない。最高裁は、労使双方が議題について、「いずれかの譲歩により交渉が進展する見込みはなく、団体交渉を継続する余地はなくなっていたというべきである」として、使用者はそれ以上の団体交渉を続ける義務はないと判断した（池田電器事件：最判平4・2・14労判614号6頁）。

第**6**節　団体交渉拒否の救済

1．労働委員会による救済

　使用者が、雇用する労働者の代表からの団体交渉の申込みを正当な理由がなく拒否した場合には、団交拒否の不当労働行為となる（労組7条2号）。この場合には、労働組合は労働委員会に対して不当労働行為の救済申立てを行うことができる（同27条）。労働委員会は、申立てを審査し、それに理由があると認めたときには、具体的事案に応じて適切な救済命令を発する。例えば、使用者が組合からの団交申入れに対して団体交渉の席に着くこと自体を拒否する場合には、労働委員会は使用者に対して「団交応諾命令」（「使用者は団交を拒否してはならない」、「団体交渉に応ぜよ」など）を発する。使用者が団交に応じたものの、誠実交渉義務に違反する場合には、「誠実に団体交渉に応じなければならない」旨の命令を発することもある。また、使用者がいったんは団交に応じても、将来再び団交を拒否されるおそれがある場合には、「ポストノーティス」（不当労働行為の事実を認め、今後そのような行為を行わない旨を述べ

た文書を労働委員会の指定する場所に掲示すること）が命じられる。

2．裁判所による救済

（1）団交応諾仮処分と地位確認請求　　使用者による団交拒否に対して、労働者・労働組合は裁判所に司法救済を求めることができるだろうか。具体的には、団体交渉請求権を被保全権利とする団交応諾仮処分が認められるか否かが問題となる。

　学説は、①憲法28条および労組法上の不当労働行為禁止規定を、労働委員会による行政救済の根拠規定であるだけでなく、私法上の強行規定であるとして、私法上の団交請求権を肯定する見解、②憲法28条は団体交渉に関する具体的な権利義務まで設定したものではなく、労組法上の不当労働行為禁止規定も使用者の公法上の義務を課しているに過ぎないことから、私法上の団交請求権を否定する見解、③私法上の団交請求権とそれを被保全権利とする団交応諾仮処分を否定しつつ、団交を求めうる地位の確認請求および仮処分を認める見解がある。

　かつて団交応諾仮処分を認める裁判例もみられたが（住友海上火災事件：東京地決昭43・8・29労民集19巻4号1082頁）、その後、団体交渉請求権の法的根拠が不明確であることなどから、私法上の具体的請求権を被保全権利とする仮処分申請を却下する裁判例があらわれた（新聞之新聞社事件：東京高決昭50・9・25労民集26巻5号723頁）。最高裁は、労組法7条の規定は「労働組合と使用者との間でも私法上の効力を有するもの、すなわち、労働組合が使用者に対して団体交渉を求める法律上の地位を有し、使用者はこれに応ずべき法律上の地位にあることを意味するものと解すべき」とする原審の判断を維持して、労働組合が団体交渉を求めるべき地位にあることの確認請求について肯定した（国鉄団交拒否事件：東京高判昭62・1・27労判505号92頁、最判平3・4・23労判589号6頁）。

（2）損害賠償請求　　労働組合または労働者は、正当な理由のない団交拒否あるいは不誠実団交に対して、憲法28条または労組法7条2号違反を理由として、使用者に損害賠償を請求することができる。使用者が正当な理由なく団体交渉を拒否することは、憲法28条の保障する団体交渉権の侵害で

あり、民法709条の要件を満たしている場合には、労働者・労働組合は損害賠償を請求することができる（スカイマーク事件：東京地判平19・3・16労判945号76頁）。損害賠償請求の内容は、団交拒否と相当因果関係が立証できる実損の他に、団交拒否による社会的地位の低下という無形損害に対する慰謝料請求を含むと解される（無形の損害を認めたものとして、本四海峡バス事件：神戸地判平13・10・1労判820号41頁、神谷商事事件：東京高判平15・10・29労判865号34頁などがある）。

第4章　労働協約

本章のねらい

　労働組合は「労働条件の維持改善」を目的として団体交渉をするので、個々の労働者では獲得できないような労働条件を実現できるはずです。当然、組合と使用者との団体交渉の結果である労働協約には労働者に有利な労働条件が書かれているはずだと思っていたのに、なんで労働協約によって自分の労働条件が不利益に変更されるの?!、なんて驚くことがあるかもしれません。しかも、自分は労働組合に加入していないから関係ないと思っていたのに、不利な協約条件が組合に所属していない者にも適用される?!、なんてことがないとも限りません。本章では労働協約について学ぶとともに、労働協約をめぐる様々な問題について考えてみましょう。

第1節　労働協約概説

I　意義と特徴

　労働協約は、労働組合と使用者が、賃金・労働時間などの労働条件や、団体交渉のルールや組合活動等について団体交渉を行い、合意に達した事項を書面に作成し、両当事者が署名または記名押印したものをいう（労組14条）。労働協約が締結されると、その有効期間中は一定の労働条件が保障される。そのため、労働協約は公正で安定的な労使関係を築くことができ、労使双方に利益をもたらすものである。

　労働協約の実態は労働組合の組織形態に規定されており、労働協約の機能や法的取扱いに大きく影響する。例えば、欧州諸国においては、産業別もしくは職業別に組織された労働組合と使用者団体が労働協約を締結している（「産業別協約」ないし「職業別協約」）。これらの協約は、当該産業ないし職業における労働者の労働条件の引き上げに重要な役割を果たすとともに、労働条件の引き下げ競争を排除するカルテル的機能を有している。

　これに対して、日本の労働協約の大部分は、企業別に組織された企業別組合と使用者との間で締結されている（企業別協約）。この協約は、各企業の労

働条件を直接決定する役割を果たしているため、企業独自の問題に対応しやすいというメリットを有している。また、企業別協約は、労使の関係を規律することによって企業の平和を維持し、労使関係を安定させたり、労使間の紛争を回避・解決したりする機能を有している。反面、企業別協約は企業内の労働条件基準を設定するため、産業別協約や職業別協約のようなカルテル的機能を有していないことや、労働協約と就業規則の機能が重複するため複雑な問題が生じることがある。また、企業別組合は正社員を中心に組織されているため、パートタイム労働者やアルバイトなどの非正規労働者の労働条件を決定する機能を十分に果たしていないという問題も指摘されている。このような企業別協約の特徴を踏まえて、日本の労働協約制度を理解することが重要である。

Ⅱ　労働協約の法的性質論

　労働協約は、労働者と使用者が団体交渉を経て、集団的に合意に至った内容を書面に作成したものである。日本では、企業別に組織された企業別組合と使用者との間で締結された企業別協約が一般的であり、労働協約も当該企業における個々の労働者の労働条件を直接決定するものとなっている。このように、労働協約は締結当事者である労働組合と使用者との間の契約としての効力を有するだけでなく、第三者である組合員と使用者との関係を直接規律する特別の効力が認められている。そこで、このような特別な効力を持つ労働協約の法的性質をどのように理解するかが問題となる。

　かつては、労働協約は一種の社会自主法であり、慣習法と同じく法令２条（法適用３条）にもとづいて法規範的効力を持つとする見解（社会自主法説）、労働協約は当事者の法的確信に支えられているがゆえに法規範的効力をもつとする見解（法的確信説）、労使が協定によって自らの関係を規整する法規範である労働協約を設定しうるという労働慣習法が存在するという見解（白地慣習法説）が主張されてきた。

　これに対して、実定法に法規範としての根拠を求める説もある。憲法28条の団結権等の保障によって労働協約の規範的効力が根拠づけられるとする見解（憲法28条説）や、規範的効力の根拠を労組法の規定に求め、労組法

16条によって労働条件に関し協約当事者に法規範性を有する基準を定める法的権能が付与されたとする見解（労組法16条説）が主張されており、後者が学説の多数説となっている。

第2節　労働協約の成立要件

Ⅰ　労働協約の締結当事者

有効な協約が成立するためには、労働協約の当事者が協約締結能力を有しており、かつ、実際に協約の締結に携わる代表者が正当な締結権限を有していることが必要である。

労働協約を締結する当事者は、「労働組合と使用者又はその団体」である（労組14条）。労働協約を締結する当事者としての「労働組合」は協約締結能力を有している必要があるため、労組法2条本文の自主性要件を具備した組合でなければならない。自主性不備組合については、実質的に自主性が確保されていれば労働協約の締結当事者として認められるべきであるとする見解と、労働協約の締結資格はないとする見解がある。

単位組合が加盟する連合団体（上部団体）も、労組法2条の要件を満たしていれば協約締結能力が認められる。ただし、連合団体が単なる連絡・協議機関にすぎず、実質的な統制力を持たない場合には、協約締結能力を有しない。単位組合の支部・分会などの下部組織についても、規約、役員、独自の意思決定機関など協約上の権利・義務の主体となりうるための組織をもち、独自の団体交渉権が付与されている場合には、協約締結能力が認められる。

また、「使用者」とは、個人企業であればその企業主個人、法人ないし会社企業であればその法人ないし会社である。労働協約の締結能力を有する「使用者団体」とは、定款や規約または慣行により構成員である使用者のために統一的な団体交渉を行い、労働協約を締結することが予定された団体である。

Ⅱ　労働協約の要式性

労働協約は書面に作成され、署名または記名押印しなければならない（労組14条）。同条の趣旨は、労働協約が労使双方の権利義務関係を規制すると

同時に、多数の労働契約関係を規律するという特殊な効力を有していることから、団体交渉で交渉した内容について後日紛争が生じないように、その内容および確定意思を明確にしておくことにある。労使間の合意により書面に作成されていれば、「賃金協定」「確認書」「覚書」などの名称を使用してもよい。

　要式性を欠く労働協約の効力について、学説においては、規範的効力は労組法が創設したものではないことから、書面化されない合意にも規範的効力を認める見解と、労働協約の規範的効力は労組法が創設した特別な効力であるから、労組法14条の要件を満たさない合意は規範的効力を持たないとする見解がある。判例は、書面に作成され、かつ、両当事者がこれに署名しまたは記名押印しない限り、仮に、労働組合と使用者との間に労働条件その他に関する合意が成立したとしても、これに労働協約としての規範的効力を付与することはできないと判示した（都南自動車教習所事件：最判平13・3・13労判805号23頁）。

　もっとも、この判例は、要式性を欠く契約としての効力については明らかにしていない。本来、労働組合と使用者の合意は両当事者間の契約としての性格をもつものであるから、労組法14条の要件を満たさず労働協約の規範的効力が否定される場合であっても、契約としての効力は認められるとする裁判例がある（書面合意はないものの、10年以上の間一定の賞与支給率が労使慣行化していたことから、年末一時金を支給する内容の労働契約が成立していた事案として、秋保温泉タクシー事件・仙台地判平15・6・19労判854号19頁、同仙台高判平16・7・29労判878号86頁がある）。

第3節　労働協約の効力

Ⅰ　規範的効力

1．規範的効力と規範的部分

　労組法16条は、①労働協約に定める労働条件その他の労働者の待遇に関する基準に違反する労働契約の部分は無効となる（規範的効力）、②無効となった部分は労働協約の基準の定めるところによる（直律的効力）、③労働契約に定がない部分についても同様とする（補充的効力）ことを規定している。

本条の趣旨は、労働協約に強い効力を認めことによって、団体交渉による労働条件決定を促進し、労使間の実質的対等関係を樹立することにある。

労働協約のうち規範的効力が認められるのは、「労働条件その他の労働者の待遇に関する基準」（労組16条）である。具体的には、賃金、労働時間、休日、休暇、安全衛生、災害補償、人事に関する条項（服務規律、懲戒、配転、出向、昇進、休職、解雇等）、福利厚生（社宅、保養施設等）などである。労働協約においてこれらを記載した部分を、「規範的部分」という。

このうち、人事に関する条項、特に　解雇、懲戒、配転等の人事に関して労働組合との協議・同意を義務づける条項（協議・同意条項）は、組合員の待遇に大きな影響を及ぼすものであるため、その効力をめぐって問題が生じる。協議・同意条項は、労働組合を当事者とする人事処遇手続きを定めたものに過ぎず基準とはいえないとして規範的効力を否定する見解があるが、同条項は組合員個人の利益を保護することを目的とする規定であり、手続きに関する基準として規範的効力を認める見解もある。

協議・同意条項は手続きに関する基準であり、労組法16条の「基準」に該当するので、使用者は労働契約上、労働組合と協議することなく、また、同意を得ることなく、組合員に対して人事措置を発動できない。したがって、そのような同意や協議のない措置は無効となる。もっとも、組合が解雇絶対反対の態度に固執し協議に応じない場合に、使用者が協議を断念して解雇を行っても協議義務違反とはならないとした判例がある（池貝鉄工事件：最判昭29・1・21民集8巻1号123頁）。

2．外部規律説と内容説（化体説）

労働協約の規範的効力によって労働契約を直接規律することについては、「外部規律説」と「内容説（化体説）」という考え方がある。「外部規律説」は、労働協約はあくまで労働契約を外部から規律するに過ぎないとする説であり、「内容説（化体説）」は、労働協約が定める基準が個々の労働契約の内容になるとする説である（外部規律説をとる裁判例として京王電鉄事件：東京地判平15・4・28労判851号35頁、化体説をとる裁判例としては明石運輸事件：神戸地判平14・10・25労判843号39頁がある）。

両者の差異は、後述する余後効、協約基準の切下げなどへの影響に関する理論構成に生じる。ヨーロッパ諸国のように最低基準を定める協約とは異なり、日本で支配的な企業別協約は労働条件の標準を規定し、協約基準が労働契約内容となることが多いことや、労働契約中の違反部分を無効としてその部分を労働協約の基準に置き換えるという労組法 16 条の文言から、内容説（化体説）が理論的に説明しやすい。

3．有利原則

労働協約の規範的効力に関しては、労働契約との関係が問題になる。労組法 16 条によれば、労働契約の内容が、労働協約に定める基準に「違反する」場合、その部分は無効となる。同条にいう労働協約に定める基準に「違反する」部分は、労働契約の内容が協約の基準を下回る場合だけではなく、それを上回る場合も含むのか、すなわち、労働協約より有利な労働条件を定める労働契約も無効とするのかが問題となる。

これは労働協約がどのようなレベルで締結されているかによって異なる。ドイツやフランスのように労働協約が産業別レベルで締結されている国では、産業別労働協約は産業における労働条件の最低基準を定めるにとどまるため、個別企業はこの協約を基礎として各企業の事情に即した労働条件を労働契約によって形成する余地が残されている。ドイツでは労働協約法において、協約上の労働条件が最低基準にすぎず、労働契約でそれより有利な定めをすることは有効であると明記されている（有利性原則）。これに対して、日本の労組法は有利性原則を定めていないため、問題が生じる。

有利性原則を肯定する見解は、労働協約は労働条件の維持改善を図るための手段であるから、労働協約より有利な領域では契約自由を認めるべきであるとする。これによれば、協約は不利な契約を協約基準まで引き上げる効果しかないことになる（片面的効果）。これに対して、有利性原則を否定する見解は、日本の企業別協約は最低基準の設定ではなく、労働条件を画一的・標準的な基準として直接決定することを意図していることや、有利原則を肯定すると労働組合の集団的規制力が損なわれることから、労働協約は有利にも不利にも拘束力をもつとする（両面的効果）。

もっとも、両説とも、協約当事者の意思を第一次的基準にする点では共通していることから、近年は、協約当事者の意思解釈の問題として処理すべきであるとする見解が主張されている。これによると、労働協約を締結する当事者が有利原則を認める趣旨のもとで労働協約を締結したと評価できる場合には有利原則が肯定されることになるが、反対に、労働協約の締結当事者の意思が明らかでない場合には有利原則が否定され、当該労働協約に両面的効力を認める趣旨のもとで労働協約が締結されたと解される。

　労働条件の個別化が進み、労働協約よりも有利な特約を有する労働契約を締結する労働者が増加することによって、有利原則を認める基盤がますます広がると思われる。

Ⅱ　協約自治の限界

　労働協約になにをどのように設定するかは原則として協約当事者の自由である（協約自治の原則）。しかし、労働協約の規範的効力によって、労働者の権利・利益が大きく影響を受けることになるため、協約自治にも一定の限界が存在する。

1．外在的制約

　労働協約といえども労基法や均等法などの強行法規や公序良俗（民90条）に違反してはならないという外在的制約がある。判例は、産前産後休業（労基65条）や年次有給休暇（同39条）による休業等を欠勤扱いとし、前年の稼働率によって従業員を翌年度の賃金引上げ対象者から除外する旨の労働協約規定は、労基法や労組法で保障された権利行使を抑制し、権利保障の趣旨を実質的に失わせるものというべきであるから、公序に反し無効である、と判示した（日本シェーリング事件：最判平元・12・14労判553号16頁）。

2．内在的制約

　個々の労働者の処分に委ねられるべき事項については、多数決原理になじまず、協約当事者に処分権限がないので、労働協約の規範的効力は認められない。組合員個人に既に発生した退職金債権の額を引き下げる協約の効力

（香港上海銀行事件：最判平元・9・7労判546号6頁）や、組合員の雇用関係を終了させる協約の効力（北港タクシー事件：大阪地判昭55・12・19労判356号9頁）は否定される。

　また、労働協約に使用者の配転、出向、時間外労働命令に従う義務（義務創設条項）が設けられることがある。最高裁は、このような義務創設条項に規範的効力が生じることを肯定的に捉える傾向にある（東亜ペイント事件：最判昭61・7・14労判477号6頁、新日本製鐵（日鐵運輸第2）事件：最判平15・4・18労判847号14頁、日立製作所武蔵工場事件：最判平3・11・28労判594号7頁）。これに対して、労働協約は労働条件の集団的規制ないし多数決原理になじむ事項を対象とするにとどまり、個人の利害に関する事項を規制することはできないとする学説がある。配転、出向、時間外労働などは個人の意思が尊重されるべき事項であるから、協約によって個人に義務を負わせることはできないと解するのが妥当であろう。

3．労働協約による労働条件の不利益変更

　労働協約は、労働組合が労働条件の維持改善を目指して使用者と交渉し、その結果締結されたものである。しかし、労働協約によって労働者の労働条件が不利益に変更されることがある。このように従前の労働条件を不利益に変更する労働協約にも規範的効力が及ぶのかが問題となる。

　かつての裁判例は、労働組合はそもそも労働条件を不利益に変更する労働協約を締結する権限を有していないとして、規範的効力を否定したが（大阪白急タクシー事件：大阪地決昭53・3・1労判298号73頁）、その後の裁判例は、労働協約によって変更された労働条件が不利益であっても、特定の労働者の不利益取扱いを意図しているなど、明らかに不合理とみられる特段の事情がない限り、新しい協約は規範的効力を有するとした（日本トラック事件：名古屋地判昭60・1・18労判457号77頁）。最高裁は、労働協約に定める基準が労働条件を不利益に変更するものであることの一事をもってその規範的効力を否定することはできないが、「特定の又は一部の組合員を殊更不利益に取り扱うことを目的として締結されたなど労働組合の目的を逸脱して締結された」場合には、労働協約の規範的効力を否定する考え方を示した（朝日火災海上保険（石

堂）事件：最判平9・3・27労判713号27頁は、労働組合の目的を逸脱して締結されたものとはいえないとして規範的効力を肯定した）。

　その後の判例・裁判例も労働協約の不利益変更の効力を原則的に肯定しつつ、その判断にあたっては、組合内部の意思形成過程における民主的手続きを重視する傾向にある。組合規約で定められた組合大会での決議・承認を経ずに締結された労働協約について、労働組合の協約締結権限に重大な瑕疵があるとして規範的効力を否定したもの（中根製作所事件：東京高判平12・7・26労判789号6頁、最決平12・11・28労判797号12頁で確定。鞆鉄道＜第1＞事件：広島高判平16・4・15労判879号82頁等）、反対に、組合規約上の大会決議を経ていなくても、長年にわたる慣行により、中央委員会で決議し、その他にも組合員の意見聴取の機会を設けていた場合に、労働協約の規範的効力を肯定したもの（箱根登山鉄道事件：東京高判平17・9・29労判903号17頁）がある。

　問題は、民主的な手続きを経て決定されたとしても、一部の組合員に著しい不利益を課すような協約条項の規範的効力は認められるかである。近年の裁判例は、労働条件を不利益に変更する労働協約については、労働組合の意思形成過程の民主的手続きを重視し、付随的に協約内容の合理性を審査して協約の規範的効力を判断している（前掲中根製作所事件、前掲鞆鉄道事件）。学説は、労働協約の内容審査を認めるかについて、協約自治原則の観点から消極的に解する立場と、組合員の実質的平等の原則や労働組合の公正代表義務、信頼保護原則の観点から積極的に解する立場がある。

　労働協約は、組合員を代表する労働組合が、労働者と使用者間に存在する交渉力格差を集団的な交渉によって解消し、よりより労働条件を獲得しようとするものであり、組合員の労働契約の規律を目的としている。これを前提として労働協約の規範的効力が承認されているのであるから、組合員に著しい不利益を課す協約条項はこの前提条件を欠くものである。したがって、この観点からも労働協約の内容審査は積極的に解されよう。

Ⅲ　債務的効力

1．債務的効力と債務的部分

　労働協約の「債務的部分」は、労働組合と使用者との間で設定した団体的

労使関係の運営に関するルールを規定した部分である。具体的には、非組合員の範囲、ユニオン・ショップ協定、便宜供与（在籍専従・組合事務所・掲示板・組合休暇など）、労使協議制、団体交渉のルール（委任禁止条項・団体交渉の時間など）、平和条項、争議行為等の制限、争議行為中のルール、人事（配転、出向、解雇等）に関する事前協議や同意条項等が規定されている。債務的部分の効力について法律上の定めはないが、通説・判例は、労働協約締結当事者である使用者と労働組合間を拘束する契約としての効力（債務的効力）を認めている。

　協約当事者は、労働協約の規定全般について、契約当事者として規定内容を遵守し履行する義務を負う。したがって、一方当事者（労働組合ないしは使用者）は、他方当事者が協約規定に違反した場合には、その履行を請求し、または不履行によって生じた損害の賠償を求めることができる。

2．平和義務・平和条項

　（1）平和義務とは　　「平和義務」とは、労働協約を締結した当事者が、労働協約の有効期間中に、当該労働協約の中に定められた事項の改廃を目的とした争議行為を行わない義務をいう。労働協約が労使間の平和協定としての性格を有し、一定事項を約定した以上、労働協約の有効期間中はその内容を尊重し続けるのが信義則上当然である。したがって、協約に明記されていなくても当然に生ずる義務であると解される。

　平和義務は、労働協約に規定された事項についてのみ生じる相対的なものであることから、「相対的平和義務」呼ばれる。これに対して、協約に定められているか否かにかかわらず、協約期間中はあらゆる事項について一切の争議行為を行ってはならないという義務を、「絶対的平和義務」という。絶対的平和義務については、協約当事者がこれに合意したとしても憲法 28 条によって保障された争議権の重要性に鑑みて無効とする見解と、使用者と対等な立場に立つ労働組合が合意した以上は有効であるとする見解がある。

　（2）平和義務違反の争議行為　　平和義務違反は協約当事者の債務不履行責任を生じさせるので、協約の一方当事者が平和義務違反を行った場合、他方の当事者は違反を行った当事者に対し、債務不履行に基づき、平和義務違

反によって生じた損害の賠償を請求できる。損害賠償の範囲は、平和義務違反の行為によって引き起こされた全損害とされる。

　また、平和義務違反の争議行為に対して差止請求が認められるかについては争いがある。平和義務を「協約自体の尊重を目的とする労働法に特有の義務である」としてこれを否定する裁判例があるが、平和義務も契約上の義務である以上、履行請求権を認めるべきであるとする学説もある。ただし、その場合には、重大な権利侵害があり、かつ差止めを認めなければ、回復不能な甚大な損害が発生する恐れがある場合にのみ差止請求が認められるべきであるとして、その必要性の判断を厳格に解する裁判例がある（ノース・ウエスト航空事件：東京高決昭48・12・27労判193号24頁）。

　平和義務違反の争議行為を理由とする懲戒処分の可否について、最高裁（弘南バス事件：最判昭43・12・24民集22巻13号3194頁）は、平和義務に違反する争議行為はたんなる契約上の債務の不履行であるから、これにより企業秩序の侵犯にあたるとすることはできず、また、個々の組合員がかかる争議行為に参加することも、労働契約上の債務不履行にすぎないとして、平和義務違反の争議行為に参加したことのみを理由とする懲戒処分はできないとした。

　(3) 平和条項（争議調整条項）　「平和条項」（争議調整条項）とは、労使間の紛争が生じた場合でも、いきなり争議行為に訴えるのではなく、あらかじめ一定の手続き（一定期間の協議・あっせん・調停・予告など）を経なければ争議行為に訴えないことを定めた条項をいう。例えば、「会社及び組合は、団体交渉において解決されなかった場合のほか、争議行為を行わない」とか、「争議行為を行うときは、あらかじめ団体交渉を経ていなければならない」等と規定されている。

　平和条項は争議行為自体を禁止するものではない。平和条項には、①調整期間中だけ争議行為を行わないとするもの、②争議を行うにはあらかじめ調整を申請し、それが不調に終わった場合でなければならないとするもの、③争議を行うには調整を申請し、それが不調に終わった場合でも再交渉を今一度行った後でなければならないとするもの、などがある。

第4節　労働協約の一般的拘束力

　労働協約は、それを締結した使用者と労働組合の組合員のみに適用されるのが原則である。ただし、一定の条件を満たした場合には、それ以外の者（非組合員）にも労働協約が拡張適用されることがある。これを「労働協約の一般的拘束力」という。

　労働協約の一般的拘束力については、「事業場単位の一般的拘束力（労組17条）」と「地域的な一般的拘束力（同18条）」の2種類がある。日本では企業別協約が支配的であるため、拡張適用は事業場単位のものがほとんどである。

Ⅰ　事業場単位の一般的拘束力

1．趣　旨

　労組法17条によれば、「一の工場事業場に常時使用される同種労働者の4分の3以上の数の労働者が一の労働協約の適用を受けるに至った」場合には、その事業場に使用される組合員以外の労働者にも、その協約が適用される。

　本条の趣旨について、①少数労働者の労働力の安売りを阻止することによって多数組合の労働条件規制力を強化するため、②未組織労働者の労働条件を引き上げてこれを保護するため、③多数組合が合意した協約条件を事業場内の公正な労働条件基準とみなして、それにより労働条件を統一するため、などの学説がある。最高裁（朝日火災海上保険（高田）事件：最判平8・3・26労判691号16頁）は、本条の趣旨を「主として一の事業場の4分の3以上の同種の労働者に適用される労働協約上の労働条件によって事業場の労働条件を統一し、労働組合の団結権の維持強化と事業場における公正妥当な労働条件の実現をはかることにある」と解している。

2．要　件

　本条により一般的拘束力が生じるための要件は、「一の工場事業場に常時使用される同種の労働者の4分の3以上の数の労働者が一の労働協約の適用を受けるに至った」ことである。

　「一の工場事業場」とは、企業ではなく、企業を構成する個々の工場や支店等の事業場を指す。また、「常時使用される」労働者か否かについて、日

雇労働者や臨時労働者は「常時使用される」といえるかが問題となるが、雇
用上の地位や名称、雇用形態、期間の有無等にかかわらず、実質的に常時使
用されているか否かを基準にすると解されている。したがって、有期契約が
反復更新されている場合には実質上常時使用されている者と解される。また、
契約社員、パートタイム労働者、アルバイト等は「同種の労働者」といえる
かについては、基本的には協約の適用対象者を基準として判断することにな
るが、労組法 17 条の趣旨を踏まえれば、労働協約の適用予定者や組合の組
織対象者に限定すべきではなく、客観的に同様の立場にあると考えられる者
を同種の労働者とみるべきである。

3．拡張適用の効果

　本条の要件を満たした場合には、常時使用される他の同種の労働者にも当
該労働協約に定める基準が適用されることになる。拡張適用されるのは労働
協約の規範的部分に限られる。

　問題は、労働条件が引き下げられる場合にも、当該労働協約の規範的効力
が未組織労働者に及ぶのかである。未組織労働者への拡張適用を否定する学
説は、未組織労働者が自らの利益を労働組合内部で反映する機会はなく、他
方、労働組合も未組織労働者の利益に配慮すべき立場にない等の事情から、
労働協約の拡張適用によって労働条件の引き下げは認められないとする。こ
れに対して、未組織労働者への拡張適用を肯定する学説は、未組織労働者の
意見を反映するための手続きがとられ、その利益が公正に調整されている場
合には、例外的に労働条件の引下げを認めてよいとする。

　前掲朝日火災海上保険（高田）事件の最高裁判決は、①本条の文言上、労
働協約の規範的効力が同種労働者にも及ぶ範囲について限定していないこと、
②労働協約の締結にあたっては、その時々の社会的経済的条件を考慮して、
総合的に労働条件を定めていくのが通常であるから、その一部をとらえて有
利、不利ということは適当でないこと、③本条の趣旨は、事業場の労働条件
を統一し、労働組合の団結権の維持強化と事業場における公正妥当な労働条
件の実現を図ること、という 3 点を指摘して、拡張適用による労働条件の不
利益変更を肯定した。しかし、最高裁は同時に、未組織労働者は、労働組合

の意思決定に関与する立場になく、また、労働組合は未組織労働者の労働条件を改善しその他の利益を擁護するために活動する立場にないことから、労働協約を特定の未組織労働者に適用することが著しく不合理であると認められる特段の事情があるときは、協約の規範的効力を当該労働者に及ぼすことはできない、と判断した。

　また、少数組合に所属する組合員に対しても拡張適用されるかが問題となる。学説は、①労組法17条の趣旨は公正労働条件の定立にあるので、少数組合の組合員にも一般的拘束力は及ぶとする見解、②少数組合の組合員にとって有利になる限りで一般的拘束力が及ぶとする見解、③少数組合が労働協約を締結していない場合にのみ一般的拘束力が及ぶとする見解、④団結平等主義を尊重して、少数組合の組合員には一般的拘束力は及ばないとする見解がある。

　裁判例は、少数労働者が多数組合とは別個に自主的な労働組合を結成し、その団結権、団体交渉権にもとづき独自の判断によって同様の労働協約を締結している場合には、多数組合の労働協約を少数労働者に拡張適用することは許されない（桂川精螺製作所事件：東京地判昭44・7・19労民集20巻4号813頁）として、③の立場をとるものや、少数組合の組合員に賃金協定の一般的拘束力を及ぼすことは、少数組合が独自に会社と団体交渉を行い、労働条件の維持改善を図る努力をすることを無意味ならしめる結果となることから、労働組合の有する団結権・団体交渉権を保障する観点からみて許されない（大輝交通事件：東京地判平7・10・4労判680号34頁）として、④の立場に立つものがある。

Ⅱ　地域単位の一般的拘束力

　労組法18条は、①一の地域において従事する同種の労働者の大部分が一の労働協約の適用を受けること（実質的要件）、②当該協約の当事者の双方または一方の申立てに基づき労働委員会が決議を行うこと（手続的要件）、③厚生労働大臣または都道府県知事が決定すること（手続的要件）という3つの要件を満たした場合に、当該地域において従業する他の同種の労働者およびその使用者も当該労働協約の適用を受ける、とする。その趣旨は、協約基準を

下回る労働条件での雇用を排除することで、協約が適用される使用者と適用されない使用者間での公正な競争を確保すること、また、未組織労働者の労働条件を引き上げることで、これらの労働者の保護を図ること、にある。

企業別協約が支配的なわが国では、企業横断的な労働協約の例はほとんど見られず、本条による拡張適用の例は少ない。

第5節　労働協約の終了・更新

労働協約は、①有効期間の満了、②解約・解除、③当事者の変動などにより終了する。

Ⅰ　終了事由

1．有効期間の満了

労働協約に有効期間の定めのある場合には、有効期間の満了により終了する。有効期間を定める協約については、3年を超えることができず、3年を超える場合は、3年の有効期間を定めたものとみなされる（労組15条1項・2項）。本条の趣旨は、労使を取り巻く状況が変化する中で、不合理に長期間協約に拘束され続けることを防止し、長期的な労使関係の安定化を図ることにある。有効期間については、「労働協約は発効日から○年間有効」「○年○月○日まで有効」など確定期限を付すものと、「……が終了（完了）するまで」など不確定期限を付すものがある。

労働協約に期間の定めがある場合には、有効期間の満了により失効する。しかし、労働協約の有効期間満了後も、新しい協約が締結されるまでの間、無協約状態にならないように、当事者の合意によって、有効期間を延長したり、労働協約を更新したりする条項を定めておくことができる。これを、「自動更新条項」や「自動延長条項」という。

「自動更新条項」は、労働協約の内容について協約当事者の一方または双方から改廃の通告がない限り、有効期間が満了した労働協約をそのまま一定期間有効なものとする旨規定したものをいう。自動更新においては、労働協約の内容は更新前と変わらないが、形式上は別の労働協約が新たに締結されたものとみなされる。

「自動延長条項」は、一定の期間に限ってその効力を延長する、あるいは、期間を定めないでその効力を延長して、効力を存続させる旨規定したものをいう。前者の場合には、延長後の労働協約は期間の定めのある労働協約になる。この場合、元の有効期間と合わせて3年を超えることができない。延長された労働協約は、延長期間が満了すれば、当然に失効する。後者の場合には、延長期間に入った後は、期間の定めがない労働協約と同様の取扱いを受ける。したがって、当事者のいずれか一方は、解約しようとする日の少なくとも90日前に署名または記名押印した文書で相手方に予告すれば、解約することができる。

2．解約・解除

有効期間を定めない協約については、当事者の一方が、解約しようとする日の少なくとも90日前に署名または記名押印した文書を相手方に予告すれば解約することができる（労組15条3項・4項）。本条の趣旨は、即時解約による労使関係の混乱を回避するとともに、協約終了に向けた準備期間を与えて協約終了の局面における労使の安定を確保することにある。したがって、予告なしの即時解約または予告期間が90日より短い場合には、90日の期間の経過により解約の効力が生じるとすれば足りると解される。

労働協約の一方的な解約を行う場合には、原則として当該労働協約の全体の解約を行わなければならないが、例外的に労働協約の一部の解約が許される場合がある。裁判例（日本アイビーエム：東京高判平17・2・24労判892号29頁）は、「一つの労働協約において複数の事項が協定されている場合…労働協約全体が一体をなすものとして成立するのが通例であるから、一方当事者が自己に不利な条項のみを取り出して解約することは原則として許されない」が、その条項の労働協約の中での独立性の程度、その条項が定める事項の性質を考慮して、例外的に協約の一部解約が許される場合があるとする。

また、この他にも、協約締結当事者の一方に、労働協約を存続させることができないほど重大な義務違反があり、協約の存続が無意味になった場合（労働協約違反を理由とする場合）や、労働協約締結時に予測することができないほど事情が変わった場合または労働協約の労使関係安定機能を犠牲にする

のもやむをえないと考えられるほどの非常事態が発生した場合（事情変更による場合）には、他方当事者は解約することができる。

Ⅱ　協約終了後の法律関係

　労働協約は有効期間満了によって失効する。そのため、労働協約失効後に新しい労働協約が締結されるまでの無協約状態を回避するために、労働協約の中に暫定効力条項（協約が失効した場合に、新たな協約が締結されるまでの間は、これまでの協約基準による）を設けておくことがある。

　協約失効後も労働協約の規範的効力は存続するだろうか（いわゆる「協約の余後効」）。これは、労働協約の規範的効力の性質をどのように理解するかに関連する問題である。

　労働協約の規範的効力について労働協約の契約への化体を認める「化体説」によれば、協約が定めていた労働条件はすでに個々の労働契約の内容となっているので、新たな労働協約の締結まで一時的に無協約状態になった場合でも、それまでの労働条件が存続するとする。これに対して、「外部規律説」によれば、労働協約の失効により規範的効力が消滅し、労働契約の当該部分がいったん空白になるとする。もっとも、この場合、労働契約の継続的性質や労働契約当事者の合理的意思を媒介として、従前の労働条件をできるだけ維持するのが当事者の合理的な意思であると解釈することによって、従前の労働協約に定める基準が労働契約の内容となり、労働関係を規律し続けることになる。

　裁判例（鈴蘭交通事件：札幌地判平11・8・30労判779号69頁）は、協約失効後も労働契約の内容を規律する補充規範が必要であることに変わりなく、就業規則等の補充規範足り得る合理的基準がない限り、従来の協約内容が暫定的に当事者間の労働契約を補充して労働契約関係を規律するとした。

　労働協約の債務的部分については、労働協約が失効すれば、その法的根拠が失われるが、それまで続いてきた労使間のルールが労使慣行になり、一定の権利の存続が認められることもある。

第5章 争議行為

> 本章のねらい
>
> 　労働組合が使用者との団体交渉において合意・妥結に至らなかった場合に、組合は自己の主張や要求を使用者に受け入れさせるために争議行為を行うことがあります。争議行為は、労働組合と使用者が対等の立場で団体交渉を行い労働条件の維持改善を目指すための不可欠の手段であるといえます。しかし、争議行為は使用者の業務を阻害して多大な損害を与えたり、取引先などの第三者に対して損害を与えたりする可能性があるため、様々な問題が生じます。このような労働組合による争議行為にどのような法律上の保護が及ぶのかについて、本章で考えてみましょう。

第1節　争議行為概説

Ⅰ　日本の争議行為の実態

　争議行為とは、労働組合その他の労働者集団が、労働条件の維持改善などの要求実現や抗議などを目的として行うストライキその他の集団行動である。争議行為は資本主義社会における労働者と使用者の利害の対立から不可避的に生じる社会現象であり、労働組合にとって要求実現の最大の武器である。

　日本の争議行為は、1960年代から70年代にかけて顕著な増加傾向を示した。特に、オイル・ショック後の不況から企業による人員整理が頻発したことを受けて、1974年にピークに達した。しかしそれ以降顕著な減少に転じ、最近ではストライキが話題になることもほとんどなくなった。争議行為が著しく減少している理由は、①労働組合の組織率の低下や労働条件決定の個別化に伴う労使紛争の「集団から個別へのシフト」、②企業別組合が大企業の正社員を中心に組織化されており、近年労働者人口の中で比率を高めている非正規労働者や中小企業の労働者との分断が、労働者の連帯による団体行動を抑制していること、③企業別労使関係において労使協議制を主要な手段とした労使の協力体制が発達・普及したこと、④公務員の争議行為が禁止されていること等にある。争議行為の減少により、争議行為が社会的に話題にな

ることもなくなった結果、争議行為そのものを知らない若者が増えてきている。

II　争議行為の概念

　一般に、労働組合その他の労働者集団が労働者の要求の実現を目的として、集団的に就労を拒否したり（ストライキ）、業務の正常な運営を妨げたりする行為を争議行為という。労組法は争議行為について特に定義をしていないため、争議行為の概念や争議行為以外の組合の行為（組合活動）との関係がこれまで論じられてきた。

　労調法7条は、争議行為を、「同盟罷業、怠業、作業所閉鎖その他労働関係の当事者が、その主張を貫徹することを目的として行う行為及びこれに対抗する行為であって、業務の正常な運営を阻害するもの」と定義している。この規定を参考にして、争議行為を「労働者の団結体が団結目的を達成するためにその統一的意思決定に基づいてなす集団的行為であって業務の正常な運営を阻害する行為」とする学説がある。この見解は、争議行為の類型（ストライキ、怠業、ピケッティングなど）で絞りをかけるのではなく、種々の業務阻害行為が争議行為となりうるとする。そのため、例えば、一般的には「組合活動」の一態様であるリボン闘争も業務を阻害していれば争議行為となり、業務を阻害するものでなければ組合活動になる。

　他方、争議行為を、集団的労務不提供（ストライキや怠業）とその経済的圧力を維持強化するための付随的行為（ピケッティング、ボイコット等）と理解する学説がある。これは争議行為を一定の類型の行為に限定するものである。これによれば、リボン闘争は、業務を阻害するか否かにかかわらず、争議行為ではなく、組合活動の正当性として判断されることになる。

　争議行為は憲法28条の団体行動権によって保障される行為であり、同条の団体行動権は「争議権」を保障したものと理解されている。しかし、同条の団体行動権によって保障されうる行為は争議行為に限ったものではない。リボン闘争やビラ貼りは、憲法28条の団結権によって保障される組合活動であるが、これらが争議時に圧力行動として行われた場合には、闘争手段としての性格をもつ。これらの行為は、同じ組合活動でも、団結の維持・運営

に必要な狭義の組合活動（団結体の結成・加入、集会、情宣活動など）とは性格を異にする。争議時のリボン闘争やビラ貼りなどの労働組合の行為が直接的な業務の阻害を意図したものではなくても、結果的に「業務の正常な運営を阻害するもの」であれば、法的には団結権保障ではなく、団体行動権の一内容として理解されるべきである。したがって、争議行為の内容をあらかじめ一定の行為類型に限定するのではなく、必要とされる目的ごとに具体的に考えるべきであろう。

　本章では、団体行動権により保障される行為のうち、集団的労務不提供とそれを維持強化するための付随的行為としての「争議行為」を取り上げることとする（団体行動権により保障される争議行為以外の行為（企業内組合活動）については、263頁を参照）。

Ⅲ　争議行為の法的保護

　争議行為は労働組合が意図的に業務阻害を発生させて使用者に損害を与えるものであることから、歴史的には、争議行為に刑事責任が科されたり、契約違反ないし不法行為を理由として損害賠償責任の追及が行われたりした。そのため、憲法28条は、使用者に対して従属的地位に置かれた労働者が、自己の労働条件決定や経済的地位の向上に実質的に関与するには争議行為が不可欠であることから、争議権を労働者の権利として保障した。

　基本権としての争議権保障の効果として、以下のような保護が認められる。

　第1に、労組法1条2項は、正当な業務による行為について違法性阻却を定める刑法35条が労働組合の正当な行為にも適用されることを定めている。したがって、正当な争議行為は、強要罪（刑223条）や威力業務妨害罪（同234条）などの刑事上の責任を免れることができる。正当な争議行為は刑法上の違法性を阻却され刑罰を科されない。

　第2に、本来、同盟罷業や怠業などの争議行為は、民事上は労働契約違反の債務不履行や不法行為にあたる。しかし、労組法8条は、争議行為のなかで正当性が認められるものについては債務不履行や不法行為の責任を免れることを定めている。

　第3に、正当な争議行為を理由として使用者が当該労働者に対して不利益

な取扱い（解雇や懲戒処分等）をすることは、公序（民90条）に反し、あるいは、労組法上の不利益取扱い禁止規定（労組7条1号）に反し、私法上の効力としては無効になる。

第2節　争議行為の正当性

Ⅰ　正当性の判断基準

通常、争議行為は、相手方である使用者や第三者に大きな不利益や損害をもたらすことから、市民法上は違法と評価され、刑事・民事責任や懲戒処分の対象となりうる。しかし、争議行為が「正当」なものである場合には、憲法や労組法による法的保護を受けることによって違法性が阻却される。問題は、争議行為が正当性なものか、すなわち、争議行為の正当性の判断基準である。以下では、争議行為の正当性について、争議行為の主体、目的、手続き、手段・態様の4つの側面で検討する。

Ⅱ　主体による正当性

憲法28条の勤労者の団結体であれば争議行為の主体となりうる。いわゆる憲法組合や争議団の争議行為も正当性を有する。

独立の労働組合たる下部組合が上部組合の承認を得ないで独自に行うストライキ（非公認スト）は、当該争議行為の主体が労働組合であるので団体交渉の主体となりうるが、下部組合が上部団体の統制下にある限りは、その規約と統制に従ってのみ争議権を行使しうるので、正当性は認められない。また、組合員の一部集団が組合所定機関の承認を得ないで独自に行うストライキ（山猫スト）は、争議行為の主体が労働組合ではないことから、原則的に正当性を認められない。

Ⅲ　目的による正当性

憲法28条は争議行為の目的を特に限定していない。しかし、団体行動権は労働者の労働条件の維持改善その他経済的地位の向上を実現するために労働者に保障された権利であるので、争議行為もこれを主たる目的とするものであれば、正当性が認められるといえる。

1．政治スト

政治ストとは、国または地方公共団体など公の機関を相手に政治的目的のために行われるストライキである。学説は、使用者が団体交渉を通じて処理できない事項を要求していることから正当性を有しないとするもの（否定説）、現代社会においては労働者としての利益・要求と政治的問題が不可分であることなどを理由に、政治目的の争議行為も憲法28条の保障の範囲に含まれ、正当と解するもの（憲法28条説）、政治ストのうち、労働法令の制定要求や改悪反対など労働者の利益や地位と密接にかかわる「経済的政治スト」と、それとは直接かかわらない純粋な政治目的の「純粋政治スト」に区別し、前者は憲法28条による保障の範囲内のものとして正当性が認められるとする説（政治スト2分説）がある。

最高裁は、使用者との団体交渉によっては解決し得ない事項を目的とする争議行為には争議権保障の効果は及ばず、政治ストの正当性を否定する立場に立つ（全農林警職法事件：最判昭48・4・25刑集27巻4号547頁、三菱重工長崎造船所事件：最判平4・9・25労判618号14頁）。

2．同情スト

同情ストとは、他の企業の労働者の労働争議支援を目的としたストライキをいう（「支援スト」ともいう）。同情ストについては、団体交渉による解決可能性をもたないので当然に正当性を認められないとする説と、無条件に同情ストを認めるのではなく支援労働者の利害関係の程度や連帯性の程度が密接である場合にのみ憲法28条により正当性が認められるとする説がある。裁判例は、「他の労使間の労働争議を支援するために行われる争議行為（いわゆる同情スト）は、労働関係の当事者間の団体交渉によって自主的に解決する途もないような争議行為であり、争議権の濫用」であるとして、正当な争議行為とは認められないとする（杵島炭鉱事件：東京地判昭50・10・21労民集26巻5号870頁）。

Ⅳ　手続による正当性

争議行為は使用者の業務に影響を与える圧力手段であるので、争議権を行

使するためには、団体交渉を経ていること、争議行為の内容（争議行為の対象部門・対象労働者・開始時期・終了時期等）を明らかにして事前通告を行うこと、労働協約上の手続きを履践すること等が必要である。

　信義則上、争議行為を開始する前に使用者に要求を伝え、かつ、団交において要求の実現を図ることが求められる。したがって、団体交渉を経ない争議行為は原則として正当性が認められない。ただし、争議行為は目的達成のための最後の手段ではないので、いったん団体交渉が開始され、その直後に開始された争議行為には正当性が認められると解されている。

　また、予告や通告の争議行為も、それが法律や協約によって義務づけられていない限り、原則的には正当性を否定されない。この場合、使用者の事業運営に混乱や麻痺をもたらしたか、そのような混乱を意図されたものであるか等が正当性判断のポイントになる。裁判例は、予告していた開始時間を12時間前倒しして、開始5分前に通告して実施されたストライキについて正当性を否定した（国鉄千葉動労事件：東京高判平 13・9・11 労判 817 号 57 頁）。

　また、平和義務・平和条項違反の争議行為について、労働協約の法的性質を法規範と解する説は、平和義務違反は正当性を認められず、平和条項違反の争議行為は手続違反にすぎず正当性に影響しないとする。これに対して、労働協約の法的性質を契約と解する説は、平和義務・平和条項違反は契約違反にすぎず、正当性に影響ないとする。最高裁は、平和義務・平和条項に違反する争議行為の正当性を否定している（弘南バス事件：最判昭 43・12・24 民集22 巻 13 号 3194 頁）。

V　手段・態様による正当性

　争議行為が正当であるためには、その手段や態様も正当と評価されなければならない。争議行為は、ストライキ、怠業、ピケッティング、職場占拠・生産管理、遵法闘争などの様々な態様によって行われる。争議行為はいかなる手段・態様で行われた場合に正当性が認められるだろうか。

1．ストライキ・怠業

　ストライキは集団的な労務の不提供を意味する。政治スト、同情スト、全

面スト（団結体の構成員全員によるスト）、部分スト（団結体の構成員の一部によるスト）、指名スト（時間を区切って行われるスト）等、様々な目的・態様で行われる。

ストライキは、それが単純な労務の不提供にとどまり、他人の生命や身体を危険にさらしたり企業に回復困難な損害を与えたりしない限り、原則として正当な争議行為と認められる。ただし、ストライキの主体や目的によって正当性が認められない場合もある。

怠業は、作業能率の低下や特定業務の拒否等によって、使用者の指揮命令に従いつつ、不完全な労務提供をする争議手段である。サボタージュとも呼ばれる。怠業は不完全な労務提供といった消極的な態様にとどまる限りは正当性が認められる。例えば、業務に関わる法令や規則を遵守し、場合によっては法令や規則の過剰な解釈によって業務能率を停滞させる「順法闘争」は正当な争議行為である。これに対して、故意に不良品を製造するなどの積極的怠業は正当性が否定され、刑事・民事免責を受けることができないこともある。

2．ピケッティング

ピケッティングは、本来、ストライキが行われている事業所に労働者の見張りを置いてスト破りの就労阻止、他の労働者へのストライキ参加の促進、一般人へのストライキのアピールなどをする行為をいう。日本の企業別組合は、ストライキの実効性を確保するために、スト参加労働者がスクラムを組んでスト破り労働者の就労や原材料の入荷・製品の出荷などを阻止するなど、実力を伴なう行動がとられることが多かった。

しかし、このようなピケッティングは必然的に業務阻害を伴うものであるため、いかなる態様のピケッティングであれば正当性が認められるかが問題になる。

学説は、ある程度の実力行使も正当と認められるとする見解（実力行使許容論）と、平和的説得の限度を超えるピケッティングは原則として正当でないとする見解（平和的説得論）がある。前者の実力行使の範囲については、①多数のピケ員を集合させて、スト組合に対する支持者の多いことを示すことによって、ピケの相手方に対して「当事者の自由意思によって出入りを決定で

きる余地を残す程度に働きかける」という集団的なデモンストレーションのみ許容されるとするものと、②暴力の行使には至らない、ある程度の実力行使を認めるものがある。

　タクシー乗務員組合によるストライキ期間中の車両確保戦術の正当性が争われた事案について、労働者がストライキの期間中、説得活動の範囲を超えて営業用自動車等をその排他的専有下に置き、自動車の運行を阻止する行為は正当な争議行為ではないとした（御国ハイヤー事件：最判平4・10・2労判619号8頁）。

　争議中も使用者は操業の自由を、他の労働者は就労の自由を有しているので、それを妨害する行為がすべて正当化されるわけではない。しかし、争議中に脱落した組合員への説得がストライキの実効性を確保するために不可欠であるなどの事情が認められる場合には、正当性を否定されるべきではないだろう。

3．職場占拠

　職場占拠とは、組合員が事業場や職場を占有し、組合員以外の者の入場を実力で阻止することをいう。職場占拠はピケッティングの延長上に要求実現のための圧力手段として行われることや、使用者による操業継続やスト破りを阻止するために行われることがある。使用者の占有を排除せず、操業を妨害しない場合には正当性が認められるが、業務を妨げる排他的な職場占拠については正当性が否定される傾向がある。

第3節　正当性のない争議行為の責任
Ⅰ　労働者個人の責任

　正当性のない争議行為が行われた場合、当該行為を行った労働組合が不法行為上の損害賠償責任（民709条）を負うことは明らかである。他方、違法な争議行為に参加した組合員の責任について、使用者は労働組合に対してのみ損害賠償請求が可能であるとする説（組合の単独責任、個人責任は否定）と、使用者は労働組合および組合の構成員（役員・組合員）に対して損害賠償を請求することができるとする説（個人責任を肯定）が主張されている。

裁判所は、個人の私宅周辺で行われた街宣活動等について、「本来的には職場領域で解決されるべき労使紛争を特別の必要性もないのに、個人の私生活の領域に持ち込んで住居の平穏（平穏の私生活を営む権利）を侵害したもので相当性の範囲を著しく超える違法なものである」として、街宣活動の差止請求と損害賠償請求を認容した（旭ダイヤモンド工業事件：東京高判平17・6・29労判927号67頁）。また、無期限ストに突入した組合が店舗（書店）前でピケッティングを張った争議行為をしたため営業ができなかったことによる損害について、労働組合はもちろんのこと、共同不法行為として組合役員および支援者の責任を認めた（書泉事件：東京地判平4・5・6労民集43巻2＝3号540頁）。

Ⅱ　違法な争議行為と懲戒処分

　使用者は違法な争議行為を行った組合員や組合幹部に対する責任追及の方法として懲戒処分をすることがある。これについて学説は、団体の行為として個人の責任を否定する説（個人責任否定説）と、違法争議行為は団体の行為であるとともに個人の行為でもあるので、個人責任を追及できるとする説（個人責任肯定説）がある。個人責任を肯定する立場によると、懲戒処分は企業の秩序や規律の維持の観点から認めるものであるから、違法争議行為が企業秩序を紊乱するとして就業規則の懲戒事由に該当する場合には、使用者は懲戒権を行使できるとする。ただし、この場合、懲戒権の濫用として懲戒処分が無効となる可能性がある。

　裁判例は、懲戒処分の有効性は企業秩序を乱す行為を行った従業員に対してなされるものであって、違法行為を行った組織における地位から直ちに懲戒処分の有効性が導かれるものではないとするものがある（三井造船玉野事件：東京高判昭30・10・28労民集6巻6号843頁）。これに対して、労働組合の組織の地位に基づき、企画、指令、指示等の現実の行為を行った幹部がその行為のゆえに一般組合員より重い責任を負うことから、指導責任を肯定した裁判例もある（ミツミ電機事件：東京高判昭63・3・31労判516号5頁、日本郵政公社事件：東京高判平16・6・30判時1878号146頁）。

第4節　争議行為と賃金

I　争議行為参加者の賃金

　賃金請求権は労務の給付と対価関係にあり（民623条）、労務給付がなされなければ賃金請求権も発生しない（ノーワーク・ノーペイの原則）。ストに参加した労働者はストライキの期間は労務の提供を停止しているため、スト期間中の賃金請求権を有しない。したがって、使用者はストライキによる不就労中の賃金請求権が発生しなかったものとして、予定されていた賃金額からスト期間中の賃金額を控除して支払うことになる。

1．賃金カットの範囲

　ストライキ期間中の控除をなしうる賃金の範囲について、かつての学説では、賃金を従業員たる地位に対応する報償的ないし保障的部分と具体的な労働力の提供に対応する交換的部分とに二分し、争議行為によって失われる賃金は原則として交換的賃金に限られると説く見解が有力に主張されていた（賃金二分説）。最高裁もかつてはこの立場をとっていた（明治生命事件：最判昭40・2・5民集19巻1号52頁）。

　その後、学説において賃金二分説に対する批判が強くなり、最高裁も「ストライキ期間中の賃金削減の対象となる部分の存否及びその部分と賃金削減の対象とならない部分の区別は、当該労働協約等の定め又は労働慣行の趣旨に照らし個別的に判断するのが相当」であるとして、「いわゆる抽象的一般的賃金二分論」を明確に否定した（三菱重工長崎造船所事件：最判昭56・9・18労判370号16頁は、家族手当をカットするという労働慣行は不合理とはいえないとして賃金カットは違法ではないと判断した）。

2．怠業と賃金カット

　怠業は労務提供の不完全履行なので、理論的には不完全な割合に応じて賃金カットをすることができる。しかし、不完全部分の算定が困難であるため、怠業の場合の賃金カットが問題になる。

　判例は、組合員が使用者の出張・外勤命令を拒否して内勤業務に従事した場合の賃金カットについて、内勤業務への従事は債務の本旨に従った労務の

提供とはいえず、また、使用者は労務を受領したとはいえないので、使用者はその間の賃金支払義務を負わないとした（水道機工事件：最判昭60・3・7労判449号49頁）。また、新幹線の運転士が組合の指令に従い減速闘争を予告して就労しようとしたことについて、債務の本旨に従った労務の提供であるとはいえず、使用者が労務受領を拒否して、その時間分の賃金の支払いを拒否したことは正当であるとした例がある（JR東海事件：東京地判平10・2・26労判737号51頁）。

Ⅱ　争議行為不参加者の賃金

1．「部分スト」・「一時スト」と賃金カット

　ストライキは集団的な労務不提供であり、ノーワーク・ノーペイの原則からスト参加者の賃金請求権は発生しない。それでは、労働者の部分スト（組合員のうち一部の者のみに行われるスト）や一部スト（労働者の一部しか組織していない組合が行うスト）により就労できなかった労働者は賃金を請求することができるだろうか。

　部分スト・一部ストいずれも、労働者の従事すべき業務が存在し、就労させることが可能であるにもかかわらず、使用者が就労させないことは、債権者の責に帰すべき事由に基づく労務の履行不能となるため、労働者は賃金請求権を失わない（民536条2項）とする学説がある。他方、部分ストや一部ストの結果、スト不参加者の仕事が客観的にも存在しなくなってしまった場合には、①使用者は団体交渉における譲歩によってストを回避できるのだから、それをしないことは債権者（使用者）の帰責事由に属するとして賃金請求権を肯定する見解、②一部ストにおける非組合員・ストライキ不参加組合の組合員については、争議の意思形成に関与していないので、使用者に履行不能の帰責事由を認めて賃金請求権を肯定する見解、③ストライキは争議権保障によって使用者のいかんともしがたい現象であることや、団体交渉においていかなる回答をするかは使用者の自由である以上、部分スト・一部ストのいずれの場合も使用者に帰責事由のない履行不能（民536条1項）として賃金請求権を否定する見解がある。

　判例（ノース・ウエスト航空事件：最判昭62・7・17労判499号6頁）は、企業ない

し事業場の労働者の一部によるストライキが原因で、ストライキに参加しなかった労働者が労働をすることが社会観念上不能又は無価値となり、その労働義務を履行することができなくなった場合、不参加労働者の賃金請求権の有無は危険負担の原則に従って処理すべきであるとの一般原則を示した（結論として、不参加労働者の賃金請求権を否定した）。

2．「部分スト」・「一部スト」と休業手当

　他方、部分ストや一部ストによって就労できなかったスト不参加労働者に対して、使用者が労基法上の休業手当を支払う義務があるだろうか。

　労基法26条の趣旨（労働者の生活保障の観点から、民法536条2項の債権者の帰責事由を拡大したもの）から、帰責事由には不可抗力に該当しない限り「使用者側に起因する経営、管理上の障害」がすべて含まれる。したがって、部分スト・一部ストによる労務の履行不能（休業）が使用者の帰責事由にあたらないかが問題となる。

　判例は、部分スト不参加者の休業手当請求権について、労基法26条は民法536条2項の適用を排除するものではなく、労働者が使用者に対する賃金請求権を失わない場合には、休業手当請求権と賃金請求権とは競合しうるものであるが、労基法26条にいう「使用者の責に帰すべき事由」は民法536条2項よりも広く、使用者側に起因する経営、管理上の障害を含むものと解するのが相当であるとした。そのうえで、組合が自らの主体的判断とその責任に基づいて行った部分ストは会社側に起因する事象ということはできず、会社がスト不参加者に命じた休業は、会社側に起因する経営、管理上の障害によるものということはできないから、スト不参加者は休業手当を請求することはできないと判断した（前掲ノース・ウエスト航空事件）。

　なお、一部ストによって休業を余儀なくされた他組合の組合員や非組合員には、休業手当請求権は発生すると解されている。

第5節　使用者の争議対抗行為
Ⅰ　操業の自由
　労働組合のストライキ期間中も使用者は自由に操業を継続することがで

きる。使用者は、ストライキ中であっても業務の遂行自体を停止しなければならないものではなく、操業阻止を目的とする労働者側の争議手段に対しては操業を継続するために必要とする対抗措置をとることができる。判例（山陽電気軌道事件：最決昭53・11・15労判308号40頁）は、使用者は、労働者側の正当な争議行為によって業務の正常な運営が阻害されることは受忍しなければならないが、ストライキ中であっても業務の遂行自体を停止しなければならないものではなく、操業阻止を目的とする労働者側の争議手段に対しては操業を継続するために必要とする対抗措置をとることができると解すべきであると判示した。

Ⅱ　ロックアウト
1．ロックアウトの意義
　ロックアウトとは、使用者が労働組合に対抗する圧力手段として労務の提供を集団的に拒絶したり、事業場から集団的に締め出したりする行為をいう。ロックアウトには以下の種類がある。「先制的ロックアクト」とは、労働者がいまだ業務阻害行為を行っていないのに使用者が行うロックアクトをいう。また、「対抗的ロックアウト」とは、労働者が争議行為に入った後に行うロックアウトをいう。対抗的ロックアウトには、「攻撃的ロックアウト」（防御の目的を超えて逆に使用者の主張を組合にのませるためのロックアウト）と「防御的ロックアクト」（労働者の業務阻害行為による損害を軽減して防御するためのロックアウト）がある。

2．ロックアウト権の有無
　学説は、憲法28条は使用者に争議権を保障したものではないことから、使用者のロックアウト権は認められず、民法上の諸原則（民413条（受領遅滞）ないし536条（危険負担））によって解決されるべきとする。これに対して、別の学説は、使用者にも争議権としてのロックアウト権が認められ、正当なロックアウトについては、使用者は市民法上生ずる労務受領拒否の責任を免責されるとする。その理由は、憲法28条の労働者の争議権は労使対等の促進と確保のためであり、究極的には公平の原則に立脚しているのであるから、使

用者にも集団的労働関係における対抗手段すなわち争議行為としてのロックアウトを容認しうるとする。すなわち、労働者の争議権保障の反射的効果として、使用者の労務受領拒否や企業施設の排他的支配が正当化されるとする。最高裁（丸島水門事件：最判昭 50・4・25 民集 29 巻 4 号 481 頁）はこの立場に立つ。

3. ロックアウトの正当性判断

ロックアウトが使用者の争議行為として認められても、それが目的手段の面において正当かつ相当なものでなければならない。

学説は、①使用者の行うロックアウトが実質的衡平の見地から対抗防衛手段として認められるものである以上、「先制的ロックアウト」は正当性のあるロックアウトとしては認められないとする説、②「対抗的ロックアウト」のうち「攻撃的ロックアウト」は正当性を認められないとする説、③「対抗的ロックアウト」のうち「防御的ロックアウト」は正当なロックアウトとして認められるが、「防御的ロックアウト」の正当性が認められるためには、労働組合側の争議行為によって使用者側が受ける打撃の程度が通常受忍すべき限度を明らかに超えているような場合であることが必要とされるとする説がある。

ロックアウトの正当性の有無について、判例は、「個々の具体的な労働争議における労使間の交渉態度、経過、組合側の争議行為の態様、それらによって使用者側の受ける打撃の程度等に関する具体的諸事情に照らし、衡平の見地から見て労働者側の争議行為に対する対抗防衛手段として相当と認められるかどうか」によって決定されるとした（前掲丸島水門事件）。結論的に、最高裁は、使用者の争議行為としてのロックアウト権を承認して、労務受領拒否が相当であると認められる場合には、使用者は正当な争議行為をしたものとして、賃金支払義務を免れると判断した。

事 項 索 引

判 例 索 引

【執筆者紹介】

川田　知子（かわだ　ともこ）
担当：第1部，第2部第2章，第3部
1996年3月　中央大学法学部卒業
2003年3月　中央大学大学院法学研究科博士後期課程単位取得満期退学
現在，中央大学法学部教授
【主要論文】「労働時間短縮請求権と復帰権の検討〜労働者の時間主権の確立を目指して〜」島田陽一・三成美保・米津孝司・菅野淑子『「尊厳ある社会」に向けた法の貢献：社会法とジェンダー法の協働：浅倉むつ子先生古稀記念論集』〔旬報社・2019〕，「無期転換ルールに対抗する合意の効力」新田秀樹・米津孝司・川田知子・長谷川聡・河合塁編著『現代雇用社会における自由と平等—24のアンソロジー——』〔信山社・2019〕，「ドイツ労働法における立法政策と人権・基本権論：最近の立法動向を中心に」日本労働法学会誌129号（2017）等。

長谷川　聡（はせがわ　さとし）
担当：第2部第1章，第3章，第4章
2000年3月　中央大学法学部卒業
2007年3月　中央大学大学院法学研究科博士後期課程修了（博士（法学））
現在，専修大学法学部教授
【主要論文】「労働者の心身状態に関する勤務配慮法理と合理的配慮提供義務の相互関係」新田秀樹・米津孝司・川田知子・長谷川聡・河合塁編著『現代雇用社会における自由と平等—24のアンソロジー——』〔信山社・2019〕，「労働時間法の目的〜史的分析を基礎として」専修ロージャーナル14号（2019），「委託型就業者の法的保護—最低報酬保障，解約・契約更新規制を中心に—」日本労働法学会誌130号（2017）等。

労　働　法

2020（令和2）年10月15日　初版1刷発行
2023（令和5）年4月30日　同　2刷発行

著　者　川田　知子・長谷川　聡
発行者　鯉渕　友南
発行所　株式会社　弘文堂　101-0062　東京都千代田区神田駿河台1の7
　　　　　　　　　　　　　TEL 03(3294)4801　振替 00120-6-53909
　　　　　　　　　　　　　https://www.koubundou.co.jp

装　幀　青山修作
印　刷　三報社印刷
製　本　井上製本所

ISBN 978-4-335-35838-8

弘文堂プレップ法学

これから法律学にチャレンジする人のために、覚えておかなければならない知識、法律学独特の議論の仕方や学び方のコツなどを盛り込んだ、新しいタイプの"入門の入門"書。

＊印未刊